Peter Heyer, Ulf Preuss-Lausitz, Gitta Zielke
Wohnortnahe Integration

Veröffentlichungen der Max-Traeger-Stiftung

Herausgegeben von Dieter Wunder

Band 13

Peter Heyer, Ulf Preuss-Lausitz, Gitta Zielke

Wohnortnahe Integration

Gemeinsame Erziehung behinderter und nichtbehinderter Kinder in der Uckermark-Grundschule in Berlin

Juventa Verlag Weinheim und München 1990

Über die Autoren:
Peter Heyer, Jg. 1931, ist Wissenschaftlicher Direktor am Pädagogischen Zentrum Berlin.
Ulf Preuss-Lausitz, Jg. 1940, Dr. phil., Dipl.-Soz., ist Professor für Erziehungswissenschaft an der TU Berlin.
Gitta Zielke, Jg. 1944, Dr. phil., Dipl.-Päd. und Sonderpädagogin, ist Privatdozentin an der TU Berlin und arbeitet in der integrativen Lehrerfortbildung am Pädagogischen Zentrum Berlin.

CIP-Titelaufnahme der Deutschen Bibliothek

Wohnortnahe Integration : gemeinsame Erziehung behinderter und nichtbehinderter Kinder in der Uckermark-Grundschule in Berlin / Peter Heyer ; Ulf Preuss-Lausitz ; Gitta Zielke. - Weinheim ; München : Juventa-Verl., 1990
(Veröffentlichungen der Max-Traeger-Stiftung ; Bd. 13)
ISBN 3-7799-0816-6
NE: Heyer, Peter [Mitverf.]; Preuss-Lausitz, Ulf [Mitverf.]; Zielke, Gisela [Mitverf.]; Max-Traeger-Stiftung: Veröffentlichungen der Max-Traeger-Stiftung

Umschlaggestaltung: Atelier Warminski, 6470 Büdingen 8
Abbildungen: Die Vignetten vor den einzelnen Kapiteln sind Ergebnisse eines Projekts "Buchstaben-Reime" einer 3. Klasse der Uckermark-Schule.
Printed in Germany

ISBN 3-7799-0816-6

Vorwort des Herausgebers

Als die Uckermark-Grundschule 1982 mit ihrem Schulversuch begann, wurde das Vorhaben zwar von manchem theoretisch gutgeheißen, aber viel Skepsis mischte sich in den Optimismus. Wie anders die Situation bei Abschluß des Berichtes. Die Integration Behinderter in das Regelschulwesen ist eine wichtige pädagogische Bewegung von Eltern *und* Lehrern geworden. Wer 1982 die Integration als Normalzustand forderte, wurde attackiert; wer heute Integration ablehnt, hat es schwer, sich zu rechtfertigen.

An diesem Meinungswandel hat die Uckermark-Grundschule wesentlichen Anteil. Sie hat Pionierarbeit geleistet. Wer eine Schule wie die Uckermark-Grundschule ohne Vorkenntnisse anderer Integrationsversuche besuchte, dem wurde aus der praktischen Tätigkeit von Lehrerinnen und Lehrern mit einem Schlage klar: Integration ist ein umfassender pädagogischer Reformprozeß, von dem Behinderte wie Nichtbehinderte gleichermaßen Nutzen haben. Schule verändert ihre Qualität und wird pädagogisch.

Die Max-Traeger-Stiftung freut sich, den Bericht über die wissenschaftliche Begleitung des Schulversuches veröffentlichen zu können. Die Verbesserung von Schulwirklichkeit ist Satzungsziel der Stiftung. Ich bin überzeugt, dieser Bericht wird mehr und mehr Lehrerinnen und Lehrer überzeugen, daß der Weg der Integration geboten ist.

Dieter Wunder

Vorsitzender des Vorstandes der Max-Traeger-Stiftung

Inhalt

Verzeichnis der Tabellen

1 Einleitung

Der "Schulversuch zur gemeinsamen Unterrichtung und Erziehung behinderter und nichtbehinderter Kinder" an der Uckermark-Grundschule in Berlin-Schöneberg begann 1982. Er wurde von den Autoren dieses Buches wissenschaftlich begleitet. Nach Abschluß dieser sechsjährigen Begleitung legen wir einer breiteren Öffentlichkeit eine Darstellung der gesammelten Erfahrungen vor. Sie sind so aufbereitet, daß sie, wie wir hoffen, von Lehrern, Eltern, Schulträgern, Wissenschaftlern, Bildungspolitikern u.a. gleichermaßen mit Gewinn gelesen werden können.

Der Bericht ist nach Themen gegliedert, innerhalb derer die Ausgangsfragen der Wissenschaftlichen Begleitung, die im Laufe von sechs Jahren gesammelten Informationen und Erfahrungen sowie unsere Empfehlungen für die Weiterentwicklung integrativer Pädagogik und Bildungspolitik zusammenfassend dargestellt werden. Bericht, Einschätzung und Empfehlung sind jeweils deutlich in ihrem Charakter erkennbar.

Aufgabe der Wissenschaftlichen Begleitung war es, zum einen die Uckermark-Schule darin zu unterstützen, die gemeinsame Unterrichtung und Erziehung behinderter und nichtbehinderter Kinder pädagogisch und organisatorisch optimal zu verwirklichen, zweitens die Grundstruktur des Schulversuchs auf seine Übertragbarkeit zu überprüfen und schließlich systematisch Erfahrungen zu dokumentieren und einer kritischen Öffentlichkeit zu präsentieren. Wir haben während unserer Tätigkeit jährlich ausführliche Berichte angefertigt (vgl. Graue Literaturliste) und außerdem unsere Eindrücke kontinuierlich in konkrete Empfehlungen und Beratungen innerhalb der Schule übertragen sowie darüber hinaus Schlüsse für ähnliche Integrationsschulen gezogen. Die wichtigsten Empfehlungen fassen wir im Schlußkapitel zusammen.

Wir haben darauf verzichtet, an diesem Bericht über die integrative Arbeit in der Uckermark-Schule andere Personen, die den Schulversuch aus eigener Erfahrung gut kennen - Schulleitung, Lehrer, Eltern, Schüler, Schulpsychologen u.a. - zu beteiligen. Entwürfe der vorliegenden Kapitel wurden jeweils mit einzelnen besonders kompetenten Personen besprochen und Anregungen eingearbeitet. Selbstverständlich sind im Laufe der Jahre eine Vielzahl von Gesprächen mit einzelnen sowie den besonders angesprochenen Gruppen geführt worden, auf die wir uns im Text direkt und indirekt beziehen.

Schließlich dürfen wir an dieser Stelle denjenigen Dank sagen, die uns während der vergangenen Jahre besonders unterstützt haben. Die Sekretärinnen MONIKA FOIT vom Institut für Erziehung, Unterricht und Ausbildung des Fachbereichs Erziehungs- und Unterrichtswissenschaften der Technischen Universität Berlin, RENATE JAHNKE aus der Uckermark-Schule, HILDEGARD KIANOWSKI und ROSEMARIE FRITZGES vom Pädagogischen Zentrum Berlin, GISELA HARKE und ASTRID FRIEDRICH vom Schulpsychologischen Dienst Schöneberg haben im Laufe der Zeit eine Vielzahl von Texten geschrieben. KLAUS BOGOTZ unterstützte uns bei der computerunterstützten Erstellung der Buchfassung. Die Studierenden SABINE HITZLER und ANDREAS DORN wirkten mehrere Jahre bei der Durchführung und Auswertung von Schülerbefragungen mit, ebenso zeitweise Dr. GÜNTER BERG-LAASE und Dr. URSULA RABE-KLEBERG. Prof. Dr. HANS EBERWEIN vom Institut für Sonder- und Heilpädagogik der Freien Universität Berlin und seine damalige Wissenschaftliche Mitarbeiterin ANNE BELUSA waren an der Vorbereitung des Schulversuchs sowie an der Wissenschaftlichen Begleitung im Schuljahr 1982/83 beteiligt. Das Institut für Erziehung, Unterricht und Ausbildung sowie die Arbeitsstelle 'Integrative Förderung schulschwacher/behinderter Kinder und Jugendlicher' am Fachbereich Erziehungs- und Unterrichtswissenschaften der Technischen Universität Berlin haben fünf Jahre lang personelle und finanzielle Ressourcen in erheblichem Maß zur Verfügung gestellt. Das Pädagogische Zentrum übernahm Kosten und Arbeit für den Druck der gesamten 'Grauen Literatur' einschließlich der fünf Jahresberichte. Dr. ULRICH DIX und später ERIKA HENSEL vom Schulpsychologischen Dienst Schöneberg haben durch ihre Mitwirkung an der Erstellung der Aufnahmegutachten und durch zahlreiche Beratungsgespräche wesentlich zum Gelingen der Arbeit beigetragen. Schließlich ist ganz besonders darauf hinzuweisen, daß unsere Tätigkeit als Wissenschaftliche Begleitung durch die konstruktive Unterstützung des Kollegiums und der Schulleitung der Uckermark-Schule gefördert wurde.

Wir haben uns bemüht, den Bericht verständlich abzufassen, so daß er von allen Interessierten gelesen werden kann. Dennoch wird uns gelegentlich der pädagogische Jargon unterlaufen sein. Auch schreiben wir aus Gründen der Lesbarkeit in der Regel von "Schülern" und "Lehrern" und haben auf geschlechtsspezifische Ausdifferenzierung verzichtet. Wir bitten für beides um Verständnis.

Diese Buchfassung beruht auf einer Vorlage für die Schulverwaltung als Auftraggeber. Sie wurde erheblich verändert und vor allem so bearbeitet, daß sie auch für Nichtberliner verständlich und brauchbar ist.

Aufgrund der besonderen Zuständigkeit und Kompetenz wurden die meisten Kapitel von einzelnen verfasst und erst dann mit den beiden übrigen Mitgliedern der wiss. Begleitung erörtert und bearbeitet. Das Uckermark-Buch wird jedoch von uns in allen Teilen gemeinsam verantwortet.

Wir denken, daß die Erfahrungen in der pädagogischen Praxis der Uckermark-Schule bereits Bedeutung für andere Grundschulen und für die neuere schulpolitische Entwicklung in Berlin gehabt haben. Wir wünschen uns mit der Vorlage dieses Buches, daß die beschriebenen Erfahrungen mit wohnortnaher Integration über Berlin hinaus pädagogisch und bildungspolitisch anregend wirken.

Wir widmen dieses Buch all jenen, die an der Verwirklichung einer vielfältigen gemeinsamen Schule für alle Kinder mitwirken.

Peter Heyer, Ulf Preuss-Lausitz, Gitta Zielke

Berlin, im Oktober 1989

Löwe läuft langsam.

2 Die Uckermark-Schule als wohnortnahe Integrationsschule: Entstehung, Konzept und Weiterentwicklung

(Peter Heyer / Ulf Preuss-Lausitz)

2.1 Entstehung des Schulversuchs

Im August 1982 wurde in den drei Vorklassen und drei ersten Klassen der Uckermark-Grundschule mit der "gemeinsamen Erziehung und Unterrichtung behinderter und nichtbehinderter Kinder", wie es im Genehmigungsschreiben der Berliner Schulverwaltung heißt, als Schulversuch begonnen. Daß dies möglich wurde, hat eine Vorgeschichte, die in die 7oer Jahre und darüber hinaus zurückreicht. Aus vielschichtigen Schulerfahrungen verschiedenster Menschen entstand das Konzept einer (in Berlin sechsjährigen) Grundschule, die ihre pädagogische Arbeit so verändert, daß grundsätzlich alle Kinder aus dem Wohnumfeld gemeinsam lernen können und auch die Kinder mit besonderen Problemen nicht mehr auf andere Schulen überwiesen werden müssen. Der gemeinsame Weg, den das Kollegium der Schule, unterstützende Wissenschaftler, Eltern, das Bezirksamt in Berlin-Schöneberg, bezirkliche Gremien und, nach Überwindung mancher Widerstände, auch die für das Schulwesen zuständige Senatsverwaltung mit Antrag und Genehmigung dieses Schulversuchs einschlugen, ist als Konsequenz der langjährigen kritischen Auseinandersetzung mit den selektiven Tendenzen unseres Schulsystems und mit den integrationspädagogischen Erfahrungen in anderen Ländern anzusehen.

Folgende Einzelaspekte haben in diesem Zusammenhang eine wichtige Rolle gespielt:

* *Die Kritik an der Sonderschule* als einer sozial selektiven und in bezug auf Leistung wenig effektiven Schulform (u.a. BEGEMANN 1970, WEIGT 1977); diese Kritik ging vor allem von der Gesamtschuldiskussion aus und bezog deren Zielsetzungen wie Chancengleichheit und soziale Integration auch auf Sonderschüler (vgl. u.a. zusammenfassend PREUSS-LAUSITZ 1981);

* *Die Kritik an der Grundschule* als einer Schule, die sich auf die Unterschiede der Kinder zu wenig einläßt und sich der Aufgabe, jedem einzelnen Kind pädagogisch gerecht zu werden, durch Sortieren und Aussondern entzieht; diese Kritik führte die Reformdiskussion der vergangenen Jahrzehnte weiter und sah die *Grundschule als Schule für alle Kinder* unter Einbeziehung auch der Kinder mit Behinderungen (vgl. u.a. zusammenfassend GEW 1989, erstmals 1980).

* *Die Auswertung der frühen praktischen Integrationsansätze* in der Nachfolge des Bildungsratsgutachtens von 1973 zur 'pädagogischen Förderung behinderter und von Behinderung bedrohter Kinder und Jugendlicher' (vgl. Dt. Bildungsrat 1973, 1976, GGG 1975/76); hierzu gehören auch die negativen Erfahrungen von Sonderpädagogen, die an Berliner 'Kooperationsschulen' unterrichteten. Kooperationsschulen sind Schulkomplexe, die neben einer Grundschule auch eine Sonderschule - im allgemeinen für Lernbehinderte - im gleichen Gebäude enthalten, z.T. mit gemeinsamem Lehrerzimmer und Rektorat. Diese Erfahrungen wiesen darauf hin, daß aus partieller Gemeinsamkeit, wie sie an den Kooperationsschulen praktiziert wird, kein integratives Verhalten zwischen den Schülern beider Schularten und zwischen den Lehrern entsteht.

* Die positiven Erfahrungen bei der gemeinsamen Erziehung von behinderten und nichtbehinderten *Kindern aus anderen Ländern*, besonders aus Skandinavien, Italien und den USA.

* Die Vermittlung der ersten ermutigenden Erfahrungen der Kolleginnen und Kollegen aus den integrativen Kindergruppen des Berlin-Schöneberger '*Kinderhauses Friedenau*', deren Kinder 1976 erstmals in eine integrative Klasse der *Fläming-Grundschule* übergingen (vgl. u.a. Projektgruppe 1988), sowie später der ersten Berliner Erfahrungen mit dem gemeinsamen Lernen in den Integrationsklassen dieser Schule.

* Der pädagogisch-bildungspolitische Wille einiger Wissenschaftler am Pädagogischen Zentrum und an den Universitäten, ihrer theoretischen Kritik am allgemeinen wie am Sonderschulwesen eine '*konkrete Utopie*' an die Seite zu stellen, nicht zuletzt, um mit herkömmlich wissenschaftlichem Selbstzweifel zu untersuchen, ob diese Utopie auch einer kritischen Wirklichkeitsüberprüfung standhalten würde.

1977 entstand vor dem Hintergrund dieser verschiedenen Zugänge und Motivationen innerhalb der Berliner Gewerkschaft und Wissenschaft (GEW) eine Arbeitsgruppe, die nach intensiv geführten Diskussionen ihre schulpolitischen Vorstellungen zu einem Antrag zusammenfaßte, der auf der Landesvertreterversammlung der GEW im Dezember 1977 bei wenigen Gegenstimmen und Enthaltungen beschlossen wurde. Mit diesem Beschluß wurde der Senat aufgefordert, als ersten Teilschritt einer längerfristigen Planung, die sich auf das gesamte Schulsystem beziehen sollte, 12 Grundschulen ohne

Aussonderung einzurichten (vgl. HEYER 1988a). Zwei Jahre später legte diese Arbeitsgruppe eine konkretere Ausformulierung ihres Konzepts einer "integrativen Schule" vor (vgl. PREUSS-LAUSITZ/BLIN/KROOS/LAU 1979). Der Senat wurde aufgefordert, eine Planungsgruppe zur Integration (unter Mitarbeit der GEW) einzurichten - eine Forderung, die erst 10 Jahre später (1989) unter veränderten politischen Verhältnissen verwirklicht werden sollte. 1979 setzte der sozialliberale Senat weiter auf den Ausbau der Sonderschulen und einzelner Kooperationsschulen. Die Arbeitsgruppe der GEW verbreiterte die Diskussion ihres Konzepts der Schule ohne Aussonderung in der Lehrerschaft, insbesondere durch Vermittlung konkreter Integrationserfahrungen aus anderen Ländern. Eine Projektgruppe aus dem Hochschulbereich erarbeitete ein 'Integrationsszenario' für einen innerstädtischen Bezirk mit 17 Grundschulen, für Berlin-Schöneberg, und spielte durch, was geschehen müßte, wenn ein ganzer Bezirk keine Kinder mehr in Sonderschulen überweisen würde, sondern in den jeweiligen Grundschulen des Wohnumfeldes 'beschulte' - einschließlich der erforderlichen sonderpädagogischen Förderung. Um wieviele Kinder würde es sich überhaupt pro Schule handeln? (Die Anzahl der Sonderschüler im Stadtbezirk war weder den Grundschulrektoren noch dem Bezirksamt bekannt.) Wäre die Angst mancher Lehrer, Eltern und Politiker berechtigt, daß dann 'Kolonnen von behinderten Kindern' auf jede Grundschule zurollten? Müßte das von der GEW vorgelegte Grundmodell auf die konkreten Bedingungen einzelner Schulen hin modifiziert werden, und wenn ja, wie?

Mit Unterstützung bezirklicher und überbezirklicher Stellen konnten folgende Untersuchungen durchgeführt und mit interessierten Personen und Gruppen diskutiert werden:

* Analyse der Wohn-, Sozial- und Bildungsstruktur des Bezirks;
* Einstellungen der bezirklichen Erzieherinnen zur Integration im Vorschulbereich;
* Erhebung der Zahl der behinderten Kinder im Vorschulalter nach Alter, Geschlecht und Behinderungsart im Bezirk, zugeordnet den 17 Einzugsbereichen der Grundschulen;
* Ermittlung der im Stadtbezirk wohnenden Sonderschüler im Grundschulalter, nach Art der Sonderschule und zugeordnet den 17 Einzugsbereichen der Grundschulen;
* Analyse des konkreten Wohnumfeldes der Uckermark-Schule.

Die Ergebnisse wurden schriftlich vorgelegt (vgl. Berichte 1980) und vor allem mit bezirklichen Gremien und Gruppierungen im Bezirk Schöneberg erörtert, u.a. mit dem Bezirkselternausschuß, dem Bezirkslehrerausschuß, dem Schulausschuß des Bezirksparlaments, mit den vier dort vertretenen Parteien und mit dem Stadtrat für Volksbildung. Diese Diskussionen trugen entscheidend zu einer breiteren Akzeptanz der Idee von der gemeinsamen schulischen Erziehung bei. Im Mai 1980 beschloß das Bezirksparlament daraufhin einstimmig, zwei Grundschulen zu suchen, die bereit waren, alle Kinder aus dem Wohnumfeld ihrer Schule aufzunehmen, einschließlich der behinderten Schüler.

Unerwartet schwierig war es, zwei Grundschulen zu finden, die einen integrativen Schulversuch beantragen wollten. Die Uckermark-Grundschule war schließlich die einzige von 17 Grundschulen des Bezirks, die Interesse äußerte. Deren Gesamtkonferenz beschloß im Januar 1981, Integrationsschule zu werden. Die Lehrer/innen dieser Schule arbeiteten seit geraumer Zeit daran, ihren Unterricht stärker auf die Bedürfnisse und Probleme ihrer Schüler zu orientieren; sie überwiesen kaum noch Kinder an Sonderschulen, ohne daß sie der Auffassung waren, damit die Probleme gelöst zu haben. Sie wollten nun auch die behinderten und lernschwachen Schüler ihres Wohnumfeldes dauerhaft aufnehmen, wobei sie es für erforderlich hielten, eine Frequenzsenkung vorzusehen, Sonderpädagogen voll in das Kollegium einzubeziehen, Stundenermäßigung zu erhalten und das Ganze wissenschaftlich begleiten zu lassen. Außerdem wollten sie im Einzelfall eines schwerer behinderten Kindes mitentscheiden können, ob sie sich zum gegenwärtigen Zeitpunkt die Integration zutrauen. Anfang Juni 1981 stellten sie, unterstützt von einem Mitglied der späteren Wissenschaftlichen Begleitung, nach zahlreichen informellen Absprachen mit der Verwaltung ihren offiziellen Antrag auf Genehmigung eines Schulversuchs.

Die Hoffnung, eine schnelle Zustimmung zu erhalten, trog; im Juni 1981 wurde die SPD/FDP-Regierung in Berlin abgelöst. Nachfolgerin des bisherigen Schulsenators RASCH, Mitglied der FDP, wurde Frau Dr. LAURIEN, CDU. Erst nach längeren Verhandlungen über einzelne zwischen Schule und Verwaltung strittigen Punkte genehmigte die Schulverwaltung am 31. März 1982 den Schulversuch. Die Aufnahme der behinderten Kinder aus dem Wohnumfeld der Schule konnte vorbereitet werden.

2.2 Die Entwicklung des Konzepts der integrativen Uckermark-Schule

Im Januar 1981, unmittelbar nach der Grundsatzentscheidung der Gesamtkonferenz, wurde in der Schule eine Arbeitsgruppe gebildet, die den Auftrag hatte, ein innerhalb des Kollegiums konsensfähiges und möglichst konkretes Konzept auszuarbeiten. Diese Arbeitsgruppe sollte zugleich den endgültigen Antrag ausformulieren. Außer Lehrern und Schulleitung der Schule waren an dieser Arbeitsgruppe Rektor und Konrektorin der benachbarten und den Schulversuch unterstützenden Sonderschule für Lernbehinderte, PETER HEYER vom Pädagogischen Zentrum, später auch HANS EBERWEIN vom Institut für Sonder- und Heilpädagogik der Freien Universität und ULF PREUSS-LAUSITZ von der Technischen Universität beteiligt.

Das Konzept sollte von vier Grundsätzen getragen sein:

* Wohnortnähe aller Kinder, auch der behinderten;
* Normalität in Zusammensetzung und Arbeitsbedingungen und damit zugleich die Übertragbarkeit des Ansatzes auf andere Schulen;

* Individualisierung der Förderung;

* Soziale Integration auch über die Schule hinaus.

Es sollte hier also kein 'außergewöhnlicher', sondern ein auf andere Grundschulen übertragbarer Schulversuch geschaffen werden. Ziel war es ja, alle Kinder aus dem Wohnumfeld aufzunehmen, also auch alle behinderten Kinder dieses Einzugsbereichs, alle Klassen der Schule einzubeziehen und nicht nur einen Zug, und damit auch alle Lehrer.

Für den Unterricht bedeutet diese Art 'Normalität' (die keinesfalls üblich ist) eine verstärkte Heterogenität. Sie erzwingt, Binnendifferenzierung zur Alltagsgrundlage (und nicht zum besonderen Ereignis) des Unterrichts zu machen; sonderpädagogische Förderung für einzelne Schüler sollte so weit wie möglich in den Klassenraum hineingeholt werden; sie sollte eng mit der sonstigen Unterrichtsarbeit verzahnt werden.

Normalität sollte auch in anderer Weise Grundlage sein: Der Schulversuch an der Uckermark-Schule war nicht zufällig von Lehrern - und nicht von Eltern - initiiert worden. Die Lehrer hatten den sozialpolitischen Anspruch, hier für alle Eltern etwas pädagogisch Wichtiges zu schaffen, also auch für jene, die aufgrund von sozialen und ethnischen Barrieren wenig Einfluß auf den Schulalltag nehmen.

Nicht zuletzt ging es auch in finanzieller und personeller Hinsicht um 'Normalität'. Zwar konnte das Vorhaben nicht ohne zusätzliche Kosten konzipiert werden; diese sollten sich jedoch in realistischem und vor allem in übertragbarem Rahmen halten. Immer wieder war ja von politischer Seite geäußert worden, Integration sei sehr viel teurer als das Sonderschulsystem. Die Arbeitsgruppe schlug daher vor, Sonderpädagogen-Kapazität im gleichen Umfang, wie er im Sonderschulsystem pro Schüler vorgesehen ist, anzusetzen. (In Berlin beträgt die Lehrer-Schüler-Relation in den Sonderschulen durchschnittlich etwa 1:6.) Nur die Frequenzsenkung sollte als zusätzlicher Kostenfaktor angesehen werden.

'Normalität' sollte auch in der Zusammensetzung der Lehrerschaft herrschen. Wenn alle Klassen integrativ unterrichtet werden - spätestens nach sechs Jahren, wenn alle Eingangsklassen integrativ zusammengesetzt worden sind -, dann darf und soll nicht nur mit außergewöhnlich befähigten und engagierten Lehrern gerechnet werden. Die Arbeitsgruppe schlug daher vor, daß zuerst diejenigen Lehrer in den jeweils drei Integrationsklassen beginnen, die sich dies zutrauen. Die Klassenlehrer des folgenden Jahres sollten sich dadurch auf ihre Aufgaben vorbereiten können, daß sie in den Integrationsklassen des ersten Jahres als Kooperations-Lehrer[1] mitwirkten. Dieses Fortbildungs-Schneeballsystem ist später auch praktiziert worden. Nur zwei der 46 Lehrer wollten nicht integrativ unterrichten und verließen die Schule.

Das integrative Konzept bezog sich nicht nur auf die Lern- und Sozialentwicklung innerhalb der Schule. Zwar konnte die Absicht der Planungs-

---

1 Kooperationslehrer sind Lehrer für die allen Berliner Grundschulklassen zur Verfügung stehenden Teilungsstunden, besonders in den unteren Klassen. Sie werden in der Uckermark-Grundschule nicht zur Teilung der Klassen, sondern ausschließlich für kooperativen Unterricht verwendet.

gruppe, einen Sozialarbeiter zu bekommen, um nachmittägliche Angebote besonders für behinderte und Kinder mit geringen Sozialkontakten einzurichten, nicht verwirklicht werden. Aber der zugrundeliegende Gedanke wurde beibehalten; wenn gemeinsame Unterrichtung nicht nur für das Lernen hilfreich sein, sondern auch der Bildung von Beziehungen und Freundschaften dienen soll, dann hat 'soziale Integration' einen hohen Stellenwert. Soziale Integration bedeutet dabei einerseits, ein Schulleben und ein Klassenklima zu entwickeln, das behinderte, lernschwache und auffällige Kinder aller Art positiv in die informellen Beziehungen der Klasse einbezieht. Es bedeutet aber darüber hinaus, daß diese Beziehungen möglichst auch am Nachmittag, in der Nachbarschaft, eine Fortsetzung finden. Dieser Anspruch ging also erheblich über die sonstigen Zielsetzungen bei Integrationsversuchen hinaus, die sich in aller Regel auf das Klassenklima beschränken. Dies sollte Folgen für das Rollenverständnis der Lehrer haben: Sie sind zwar primär für guten Unterricht zuständig, sollten nun jedoch zusätzlich auch eine Verantwortung dafür übernehmen, in welcher Weise soziale Beziehungen außerhalb der Schule unterstützt werden könnten; eine Verantwortung, die viele Lehrer auch schon ohne den Schulversuch für sich übernommen hatten, wurde nun konzeptioneller Teil des Schulalltags.

Die Idee einer integrativen, wohnortnahen Grundschule für *alle* Kinder ist in verschiedenen Aufsätzen am Beispiel der Uckermark-Schule dargelegt worden (u.a. PREUSS-LAUSITZ 1982, EBERWEIN 1984, ECK u.a. 1984, HEYER 1988b). Ehe im folgenden die konkreten organisatorischen Festlegungen, wie sie genehmigt wurden, zusammenfassend dargestellt werden, sollen diejenigen Konfliktpunkte aufgeführt werden, die nicht einvernehmlich zwischen Schule und Verwaltung gelöst wurden:

* Die Lehrer der Uckermark-Schule wollten - zumindestens für die ersten Jahre des Schulversuchs - eine *Stundenermäßigung* für die Planung und Realisierung des integrativen Unterrichts, und zwar jeweils für die Lehrkräfte, die schon integrativ arbeiten. Die Schulverwaltung stimmte aus finanziellen Gründen diesem Wunsch nicht zu. Schließlich konnten Stunden aus bezirklicher Verfügung bereit gestellt werden. Offiziell blieb es aber beim Verzicht auf Stundenermäßigung.

* Die Genehmigung einer *Sozialarbeiterstelle*. Auch hier waren finanzielle Gründe für die Ablehnung des Antrags entscheidend.

* Die Bewilligung einer halben *Grundschullehrerstelle*. Damit sollte vor allem die schulinterne Fortbildung von einer Person koordiniert und die Schulleitung bei der Gesamtkoordination des Projekts unterstützt werden. Auch hier lagen finanzielle Gründe für die Ablehnung der Beantragung zugrunde. (Diese Aufgaben übernahm später teilweise die Wiss. Begleitung, teilweise wurde sie - als Leitung und Vorbereitung der Projektgruppensitzungen - von einem Lehrer zusätzlich übernommen.)

* Die sofortige Berufung der drei schon in der Planungsphase beratend tätigen Wissenschaftler EBERWEIN, HEYER und PREUSS-LAUSITZ als Mitglieder einer *Wissenschaftlichen Begleitung*. Die Entscheidung über Personen der Wiss. Begleitung wurde im Genehmigungsschreiben ausgeklammert (vgl. dazu Kap. 3).

* Die Einbeziehung von *sog. geistigbehinderten Kindern*. Die Schule war der Auffassung, daß Art und Umfang bestimmter Behinderungsarten kein grundsätzlicher Ausschlußgrund sein dürften. Sie wollte daher selbst entscheiden, ob die pädagogischen Bedingungen so gestaltbar sind, daß alle Kinder aufgenommen werden können. Im Genehmigungsantrag der Schule ist folgendes Verfahren vorgeschlagen worden: "Die Wissenschaftliche Begleitung arbeitet im Zusammenwirken mit den beteiligten Lehrern, ggf. unter Hinzuziehung spezifischer Fachleute, eine Empfehlung zu der Frage aus, ob Kinder mit schweren Behinderungen oder Mehrfachbehinderungen in der integrativen Grundschule angemessen gefördert und betreut werden können. Die endgültige Entscheidung trifft die zuständige Schulaufsichtsbehörde" (wie bei allen anderen 'Gutachtenkindern').

Diese Formulierung sollte Schule und Schulaufsicht von einer prinzipiellen Ja-Nein-Entscheidung befreien und begründete Einzelfallentscheidungen ermöglichen. Sie war gewählt worden, weil im Vorfeld der Beantragung in der Einbeziehung sog. geistigbehinderter Schüler seitens der Verwaltung grundsätzliche Bedenken gegen eine pauschale Zustimmung zur Aufnahme auch sog. geistigbehinderter Kinder geäußert wurden.[2]

Im Februar 1982 - einen Monat vor der endgültigen Genehmigung des Schulversuchs - erhielt die Schule einen Brief von der Senatsverwaltung, in der die Aufnahme geistigbehinderter Kinder grundsätzlich abgelehnt wurde. Zur Begründung wurde u.a. ausgeführt:

> "Es besteht die Gefahr, daß diese (geistigbehinderten - d.V.) Kinder dort - in der Grundschule - defizitär erzogen werden... Erfolgserlebnisse können sich kaum einstellen... Die Wahrnehmungsfähigkeit des geistigbehinderten Kindes wird ständig überfordert... Lebensbewältigung wird behindert und gestört... Die Konstanz der Erziehung wird unterbrochen... Therapiemaßnahmen kann die Grundschule nicht bieten... Somit ist unstreitig, daß geistigbehinderte Kinder...nicht oder nicht hinreichend gefördert werden können... Ich halte es für unverantwortbar, die geistigbehinderten Kinder von den vorhandenen Förderungsmöglichkeiten (in der Sonderschule für Geistigbehinderte - d.V.) contra legem auszuschließen."

In der Schule bestand der Eindruck, daß die Aussagen dieses Ablehnungsbriefs mit den Erfahrungen in der benachbarten Fläming-Schule und in anderen neueren Schulversuchen der Bundesrepublik nicht übereinstimmten, vor allem jedoch eine wesentliche Beeinträchtigung des Grundkonzepts einer nichtaussondernden Stadtteilschule darstellten und den flexiblen und auf den Einzelfall bezogenen Vorschlag im Genehmigungsantrag nicht als einen für beide Seiten tragbaren Ansatz berücksichtigten. Erst nach mehreren Sitzungen des Kollegiums wurden die Überlegungen, unter dieser Einschränkung den Antrag insgesamt zurückzuziehen, fallengelassen. - Heute, nach

---

2 Seit Schuljahr 1989/90 gilt für alle integrativen Klassen und Schulen Berlins, daß das prinzipielle Verbot der Aufnahme sog. geistigbehinderter Kinder aufgehoben und der einvernehmlichen Verständigung zwischen der einzelnen Schule und der Schulaufsicht überlassen ist.

mehr als sechs Jahren integrativer Praxis an der Uckermark-Grundschule, bleibt festzustellen, wie viele Kinder bisher durch diese Einschränkung vom Schulversuch ausgeschlossen wurden: es handelt sich um ein Kind.

2.3 Die genehmigte Struktur des Schulversuchs

Die im März 1982 ausgesprochene Genehmigung wurde auf drei Aufnahmejahrgänge begrenzt. 1985 und 1988 wurden jeweils drei weitere Aufnahmejahrgänge beschlossen. Zugleich wurden einige kleinere Modifikationen geregelt; sie sind jeweils in Klammer angemerkt.

Die Struktur des Schulversuchs an der Uckermark-Grundschule:

* Die Schule wird dreizügig geführt. Alle Klassen werden integrativ unterrichtet, wobei 1982/83 gleichzeitig mit den drei Vorklassen und drei ersten Klassen begonnen wurde.

* Die Klassenfrequenz ist auf 20 begrenzt, die der Vorklassen auf 15.

* In jeder Klasse sind in der Regel zwei Kinder, die laut Gutachten einer zusätzlichen sonderpädagogischen Förderung bedürfen. Sie werden innerhalb der Schule (und in diesem Buch) 'Gutachtenkinder' genannt.[3]

* Die förderdiagnostischen Gutachten werden als gemeinsame Gutachten von der Wiss. Begleitung und der Schulpsychologischen Beratungsstelle geschrieben.

* Alle Kinder kommen aus dem Einschulungsbezirk der Schule; ist noch Platz, können weitere Kinder aus dem erweiterten Wohnumfeld aufgenommen werden. Ansonsten gilt für die Aufnahmen die Grundschulordnung (z.B. was Geschwisterkinder betrifft).

* Für die jeweils drei Klassen eines Jahrgangs steht zusätzlich ein Sonderpädagoge zur Verfügung.

* Für die drei Vorklassen steht zusätzlich eine Vorklassenleiterin mit heilpädagogischer Zusatzausbildung zur Verfügung (ab 1985).

* Die Sonderpädagogen gehören mit allen Rechten und Pflichten zum Kollegium der Schule. Ihre wesentliche Aufgabe besteht in der sonderpädagogischen Unterstützung 'ihrer' Jahrgangsstufe. Sie arbeiten in Abstimmung mit den Klassenlehrern individuelle Förderpläne aus und wirken an deren Umsetzung mit (dazu Kap. 10).

* Der Uckermark-Schule stehen wie jeder anderen Berliner Grundschule zusätzliche Lehrerstunden für Teilungsunterrricht, Förderunterricht, Aus-

---

3 Wir verzichten aus Gründen der Lesbarkeit in unserem Bericht i.d.R. auf die Kennzeichnung dieses durchaus problematischen Begriffs durch Anführungszeichen.

länderförderung und für den fakultativen Unterricht zur Verfügung. Die zusätzlichen Teilungsstunden werden für die Klassenstufen 1 und 2 auf 10 Stunden pro Klasse, für die Klassenstufen 3-6 auf je 5 Stunden pro Klasse festgelegt. Das ist weit mehr, als ihr bei der Klassenfrequenz 20 nach den Berliner Bedingungen für die Grundschule zustehen würden.

* Die Teilungsstunden werden grundsätzlich im team teaching ('Koopunterricht') erteilt; die Klassen werden also nicht in relativ konstante Teilgruppen geteilt, sondern Klassenlehrer und 'Kooplehrer' unterrichten gleichzeitig und gemeinsam. Ausnahmen werden von der jeweiligen pädagogischen Situation abhängig gemacht.

* Alle Kinder erhalten von der 1. Klasse an Zeugnisse in Berichtsform, in denen die Lernfortschritte der einzelnen Schüler beschrieben und zugleich in Beziehung zu den Anforderungen des Rahmenplans gesetzt werden. Ab Klasse 5 werden diesen verbalen Beurteilungen Ziffernzensuren hinzugefügt. Die verbalen Zeugnisse dürfen (seit 1985) nicht in der 'Du-Form' geschrieben werden.

* Der Unterricht orientiert sich an den Rahmenplänen für die Grundschule; er kann im Einzelfall auch auf die Rahmenpläne der Sonderschule für Lernbehinderte bezogen werden; individuelle Abweichungen sind möglich.

* Der Unterricht soll durch Binnendifferenzierung und Individualisierung der Lernanforderungen geprägt sein (vgl. Kap. 6).

* Die Eltern müssen sich bei der Einschulung ihres Kindes schriftlich mit der Teilnahme am Schulversuch einverstanden erklären.

* Der Schulversuch wird wissenschaftlich begleitet. Die Wiss. Begleitung erstattet jährlich Bericht. Die Berichte unterliegen nicht der Abstimmung in Gremien. (Ab Schuljahr 1988/89 wird die Wiss. Begleitung durch eine fachlich-pädagogische Begleitung ersetzt. Hierfür erhielt die Schule eine zusätzliche Sonderpädagogenstelle.)

* Im verlängernden Genehmigungsschreiben von 1988 wurde der Passus aus dem Schreiben des Landesschulrats vom Januar 1987 aufgenommen: "Die Zuweisung zur Sonderschule nach Klasse 6 ist im Bedarfsfall rechtzeitig vorzubereiten, d.h. spätestens mit Beginn des zweiten Halbjahres" (vgl. dazu Kap. 9).

Erol erklärt einem Eisbären ein Eishockeyspiel.

3 Aufgaben und Tätigkeiten der Wissenschaftlichen Begleitung

(Ulf Preuss-Lausitz)

3.1 Zur widersprüchlichen Rolle der Begleitung im Schulversuch

Wissenschaftliche Begleitungen von Schulversuchen bewegen sich in einem komplexen Spannungsfeld unterschiedlicher, teilweise gegensätzlicher Aufgaben und Erwartungen. Wenn die sie tragenden Personen diese Spannung nicht erkennen, aushalten und offensiv gegenüber anderen verteidigen, werden sie die notwendige Balance verlieren und der Komplexität nicht gerecht werden können.

Begleitung ist vieles zugleich: *Beratung* bei der Lösung aktueller Aufgaben vor Beginn und während des Schulversuchs; Mitwirkung bei der *Lösung* aktueller Fragen z.B. in Fallbesprechungen, Jahrgangsrunden oder Gesprächrunden mit einzelnen Lehrergruppen; *Innovationshilfe* durch eigene Initiativen, beispielsweise bei Anregungen für binnendifferenzierenden Unterricht oder durch Beschlußvorlagen für Konferenzen; *Konfliktmanagement*; *Außenvertretung*, etwa durch Darstellung des Schulversuchs in anderen Schulen, gegenüber Besuchern der Schule, gegenüber den Medien oder in öffentlichen Veranstaltungen; *Verhandlungsteilnahme*, etwa durch Teilnahme an Sitzungen der Schulleitung mit der Schulaufaufsicht oder mit bezirklichen Gremien; Initiierung von *Fortbildung*, beispielsweise durch das Angebot eigener Veranstaltungen in der Schule; und nicht zuletzt: *Dokumentation* und *Forschung*.

In diesem komplexen Aufgabenbündel kommt es darauf an, sowohl Nähe als auch Distanz zu den alltäglichen Abläufen innerhalb der Schule aufrechtzuerhalten. Wird die Nähe zu groß, werden die Begleiter/innen von den Lehrern (und Eltern) voll für ihre alltäglichen Handlungsbedürfnisse vereinnahmt. Die Gefahr besteht dann, daß sie von kritischen Beobachtern aus dem politischen und wissenschaftlichem Raum nicht mehr als Forscher und Dokumentaristen ernst-, sondern als Mitglieder der Schule wahrgenommen werden. Wird die Distanz zu groß, so daß sich die Tätigkeit auf das Sammeln und Auswerten quantifizierbarer Daten beschränkt, gehen zahlreiche und zugleich entscheidende Informationen über nur hermeneutisch interpretierbare Interaktionsprozesse verloren. Auch schwindet dabei der unterstützende Beitrag für das Gelingen des Schulversuchs, den ja der Auftraggeber ausdrücklich fordert. 'Begleitung', wie sie auch dieser Auftraggeber meint, bedeutet zugleich: Beobachtung und Unterstützung.

Die Wissenschaftliche Begleitung der Uckermark-Schule war sich von Anfang an dieser Komplexität bewußt (vgl. dazu auch WULF 1972, WOTTAWA 1986, LANGFELDT 1988, PREUSS-LAUSITZ 1988a). In der Praxis gab es sowohl unterschiedliche Akzentuierungen zwischen den Mitgliedern der Wiss. Begleitung, was die Profilbildung innerhalb der verschiedenen Aspekte der Tätigkeit betraf, als auch Phasen, in denen ein bestimmter Bereich größeres Gewicht erhielt, zu anderen Zeiten ein anderer. Grundsätzlich wurde jedoch von allen drei Mitgliedern daran festgehalten, Arbeitsteilung nicht als Funktionstrennung - der eine für Beratung, der andere für Forschung usw. - anzusehen, sondern als inhaltlich unterschiedlicher Zugang, der alle Aufgabenfelder durchdringt.

3.2 Zusammensetzung und Ressourcen

Die Wissenschaftliche Begleitung der Uckermark-Schule wurde zwischen 1982 und 1988 kooperativ von einem Fachmann für Grundschulpädagogik, einem/r Sonderpädagogen/in und einem Erziehungs- und Sozialwissenschaftler durchgeführt. Die Grundschulpädagogik vertrat PETER HEYER, Wiss. Direktor am Pädagogischen Zentrum (PZ) Berlin, die Erziehungs- und Sozialwissenschaft Prof. Dr. ULF PREUSS-LAUSITZ von der Technischen Universität Berlin; für sonderpädagogische Fragen war bis zum Ende des ersten Schulversuchs-Jahrganges Prof. Dr. HANS EBERWEIN vom Heilpäd. Institut der Freien Universität Berlin tätig, danach die Sonder- und Diplompädagogin Dr. GITTA ZIELKE.

Das kooperative Begleitkonzept, das gleichgewichtig grundschulpädagogische, sozialwissenschaftliche und sonderpädagogische Aufgaben enthielt, wurde von HANS EBERWEIN, PETER HEYER und ULF PREUSS-LAUSITZ entwickelt und in mehreren Gesprächen mit den zuständigen Vertretern der Senatsverwaltung schon im Febraur 1982 einvernehmlich verabschiedet. Während der gesamten Zeit der Wissenschaftlichen Begleitung des Schulversuchs gab es keinerlei Eingriffe in die inhaltliche Arbeit. Soweit dafür Kapazität vorhanden war, konnten sämtliche Vorhaben auf der Grundlage der vereinbarten Aufgabenfelder durchgeführt werden.

Nach längerer Klärungsphase und Überwindung einiger Schwierigkeiten wurden P. HEYER mit einem Teil seiner Arbeitszeit für die Wiss. Begleitung freigestellt, für G. ZIELKE eine halbe Sonderpädagogen-Stelle zugewiesen und für U. PREUSS-LAUSITZ (und anfangs für H. EBERWEIN) ein gering dotierter Werkvertrag abgeschlossen.

Weitere Mittel - für Sachkosten, Fahrten, Schreibarbeiten, Druck o.ä. - standen seitens des Auftraggebers nicht zur Verfügung. In der Uckermark-Grundschule gab es auch keinen besonderen Raum für die Wiss. Begleitung. Das Pädagogische Zentrum übernahm den Druck der Jahresberichte und der übrigen 'grauen' Publikationen (vgl. Literaturliste). Das Institut für Erziehung, Unterricht und Ausbildung am Fachbereich 22 der TU Berlin stellte sechs Jahre lang Werkvertragsmittel und Rechnerkapazitäten zur Verfügung. Außerdem erklärte sich die Arbeitsstelle "Integrative Förderung behinderter/schulschwacher Kinder und Jugendlicher" am Fachbereich 22 bereit, für drei Jahre eine studentische Hilfskraft für sozialwissenschaftliche Untersuchungen und Auswertungen im Rahmen der Wiss. Begleitung freizustellen. Die Schreibarbeiten für die Jahresberichte, die Gutachten, Entwicklungsberichte und die graue Literatur wurden vom PZ, vom Institut für Erziehung, Unterricht und Ausbildung der TU, von der Uckermark-Schule und vom Schulpsychologischen Dienst Schöneberg übernommen.

Ohne diese zusätzlichen Mittel hätten erhebliche Teile der Aufgaben der Wiss. Begleitung nicht durchgeführt werden können, vor allem nicht die langfristig angelegten sozialwissenschaftlichen Untersuchungen und die schriftlichen Berichte. Aufgrund des begrenzten personellen Rahmens der Wiss. Begleitung mußten ursprünglich vorgesehene Vorhaben aufgegeben werden; das gilt vor allem für arbeitsintensive Langzeit-Fallstudien und für größere Vergleichsstudien mit anderen Schulen.

In den letzten Jahren lag der zeitliche Rahmen bei einer halben Stelle für P. HEYER und G. ZIELKE und bei rd. einem Arbeitstag pro Woche für U. PREUSS-LAUSITZ. Dieser Umfang wurde in Zeiten der Gutachtenerstellung, des Schreibens der Jahresberichte und bei Durchführung und Auswertung von Befragungen überschritten.

Da die drei Mitglieder der Wiss. Begleitung sich in allen sechs Schulversuchs-Jahren während der Schulzeit einmal wöchentlich vormittags in der Schule trafen, um aktuelle Aufgaben zu besprechen, waren sie für alle Kolleginnen und Kollegen optisch dauerhaft präsent und konnten für Beratung, Unterstützung oder auch für informelle Gespräche in Anspruch genommen werden. Dies wurde häufig, auch von der Schulleitung, genutzt.

3.3 Das Verhältnis der Wissenschaftlichen Begleitung zur Schule und zu anderen Projekten

Das Verhältnis zur Schule - zur Schulleitung wie zum Kollegium - war durch gegenseitige Kooperation geprägt. Grundsätzliche Auseinandersetzungen, wie sie sich aus dem Spannungsverhältnis von 'Praktikern' und 'Theoretikern', aber auch aus der Sorge mancher Lehrer, sie könnten zu Objekten undurchschaubarer Forschung mißbraucht werden, ergeben könnten und von anderen Schulversuchen gelegentlich berichtet werden, entstanden nicht. Dies lag zum einen sicher daran, daß die Wiss. Begleitung schon im Prozeß der Entstehung des Schulversuchs beratend teilgenommen, seine Vorhaben in regelmäßigen Abständen in Konferenzen dargestellt, vor allem aber ihr Selbstverständnis mehrfach schulöffentlich dargelegt hat. Durch die regelmäßige Anwesenheit konnten entstehende Probleme und unterschiedliche Auffassungen in der Regel rasch aufgearbeitet werden.

Auch die Kontakte mit den Elternvertreterinnen und -vertretern der Klassen und der gesamten Schule waren von gegenseitiger Akzeptanz und Unterstützung bestimmt.

Mitglieder der Wiss. Begleitung standen während der gesamten Zeit der Begleitung im engen Austausch mit anderen Begleitgruppen und -personen aus dem übrigen Bundesgebiet und aus Berlin. Diese Begleitforscher/innen treffen sich seit 1986 jährlich zu Symposien, um Methoden, Ergebnisse und Arbeitsvoraussetzungen zu erörtern. Teilweise sind dadurch an unterschiedlichen Orten parallele Untersuchungsverfahren eingeführt worden, so daß vergleichbare Studien entstehen. Die enge Kooperation hat darüber hinaus dazu beigetragen, den pädagogischen wie den empirisch-sozialwissenschaftlichen Diskurs über gemeinsame Erziehung zu intensivieren. Das von H. EBERWEIN herausgegebene Handbuch spiegelt einen Teil dieses Diskussionsprozesses und Forschungsstandes zum Zeitpunkt des Jahres 1988 wider (vgl. EBERWEIN 1988).

Die fachlich-pädagogischen und die wissenschaftlichen Begleitungen anderer integrativer Schulen in Berlin treffen sich regelmäßig, um aktuelle Fragen miteinander klären zu können. Auf diese Weise können Erfahrungen an andere Schulen weitergegeben werden, und diese bewahren durch ihre kritischen Nachfragen und neuen Ideen ältere Projekte vor Routine.

3.4 Themen der Forschung im engeren Sinne

Von den mit der Senatsverwaltung einvernehmlich verabredeten Forschungsfragen im engeren Sinne konnten folgende untersucht werden:

* Welche unterschiedlichen Formen der Unterrichtung, insbesondere der Binnendifferenzierung, sind bei gemeinsamer Unterrichtung besonders sinnvoll ?

* Welche Formen der praxisnahen Weiterbildung sind besonders günstig, um die Bereitschaft zur Übernahme binnendifferenzierender Unterrichtsformen bei allen Lehrern zu fördern?

* Wie entwickeln sich die sozialen Beziehungen zwischen den behinderten Kindern und den übrigen Schülern?

* Welche Bedeutung hat der Wohnumfeldbezug für die soziale Integration der Schüler?
* Wie entwickelt sich der Leistungsstand der behinderten Kinder und welche Lernprozesse ergeben sich für behinderte wie nichtbehinderte Kinder aus der gemeinsamen Lernsituation?
* Welche Einstellungen haben die Erziehungsberechtigten zur gemeinsamen Unterrichtung von behinderten und nichtbehinderten Schülern?

Von den ursprünglich vorgesehenen Aufgaben sind einige nicht verwirklicht worden, so beispielsweise die Ausarbeitung biografisch orientierter Längsschnittstudien (wenngleich dazu ausführliches Material vorliegt); auch die Einstellungen von Schülerinnen und Schülern zum Thema 'Behinderung' wurden nicht untersucht. Beide Themen waren mit den vorhandenen Ressourcen nicht zu realisieren. Andererseits sind auch ursprünglich nicht geplante Vorhaben aufgegriffen worden, beispielsweise die Entwicklung von Modellen für Förderpläne oder die Entwicklung eines Themenkatalogs für integrationsspezifische Lehrerfortbildung. Zusammenfassend kann davon ausgegangen werden, daß die vielfältigen Aufgaben der Begleitung für diesen Schulversuch im wesentlichen erfüllt wurden.

3.5 Empfehlungen für weitere Wissenschaftliche Begleitungen integrativer Schulversuche und 'Abweichender Organisationsformen'

An anderer Stelle wurde darauf hingewiesen, daß eine Reihe von Fragen im Zusammenhang mit integrativer Pädagogik noch nicht gelöst sind (PREUSS-LAUSITZ 1988a), wenngleich zumindest für den Grundschulbereich die Grundsatzfrage, 'ob Integration gehe', als positiv beantwortet betrachtet werden kann. Vor allem didaktisch-curriculare und Fragen der Lehrerfortbildung bedürfen weiterer Klärung. Daher scheint es nach wie vor wichtig, die künftige Beratung und Begleitung integrativ arbeitender Klassen und Schulen nicht ausschließlich Sonderpädagogen zu überlassen, sondern in mindestens gleichem Umfang grundschulpädagogisch (und besonders differenzierungs-) erfahrene Kolleginnen und Kollegen einzubeziehen. Für zentrale Problemstellungen wie der nach wie vor wesentlichen Frage nach den Identitätsbildungsprozessen bei Kindern mit Sinnes- und Körperbehinderungen innerhalb 'nichtbehinderter' sozialer Umwelten (in Schule, Familie und Freizeit) sind weiterhin Psychologen und andere Sozialwissenschaftler heranzuziehen. Nicht zuletzt scheint es nach wie vor erforderlich, der Entwicklung von didaktischen Konzepten und von Unterrichtsmaterialien, gerade auch für den binnendifferenzierenden Fachunterricht ab dem 5. Schuljahr, großes Gewicht beizumessen.

Diese knappen Bemerkungen beziehen sich auf die (sechsjährige) Grundschule. Im Bereich der Sekundarstufe I gibt es bislang bundesweit kaum Wissenschaftliche Begleitungen. Gerade hier, wo die bildungspolitischen und pädagogischen Einstellungen zur gemeinsamen Unterrichtung noch äußerst kontrovers sind (vor allem zur 'zieldifferenten' Integration), wären interdisziplinär angelegte Begleituntersuchungen dringend erforderlich.

In Berlin wird daher ab Schuljahr 1990/91 unter Wissenschaftlicher Begleitung ein landesweiter Schulversuch innerhalb der Sekundarstufe I durchgeführt, der nicht nur die bisher schon bestehenden zwei integrativ arbeitenden Gesamtschulen, sondern im Grundsatz alle Oberschularten einbeziehen soll.

4 Sozialstruktur, Bildung der Klassen und Mobilität

(Ulf Preuss-Lausitz)

4.1 Vorbemerkung

Das Konzept der Uckermark-Schule ist auf Übertragbarkeit angelegt. Das bedeutet: Zumindest Grundschulen in vergleichbarer städtischer und sozialer Lage sollen Stuktur und Erfahrungen der Uckermark-Grundschule auf ihre jeweils besonderen Verhältnisse beziehen können. Das Konzept, alle Kinder aus dem Wohnumfeld ohne Aussonderung gemeinsam zu unterrichten, schließt ein, daß die tatsächliche Mischung im Wohnumfeld der Schule sich auch in den Klassen widerspiegeln soll - und daß diese Mischung auch 'normalen' Berliner (innerstädtischen) Verhältnissen entspricht.

Aus diesem Grund soll in diesem Kapitel untersucht werden,

* wie die Klassen gebildet werden;
* wie die soziale Zusammensetzung sich darstellt und ob sie sich in den sechs Jahren des Schulversuchs geändert hat;
* inwieweit die soziale Zusammensetzung dem Wohnumfeld und den Berliner Verhältnissen entspricht;
* inwieweit die Zu- und Abgänge von Klasse 1 bis 6 eines jeden Jahrganges eine Verschiebung der Sozialstruktur mit sich gebracht haben.

4.2 Bildung der Klassen

Im Laufe der Schulversuchs hat sich immer deutlicher herausgestellt, daß das pädagogische Klima in den Klassen nachhaltig durch die Anfangszusammensetzung beeinflußt wird. Da die Uckermark-Schule die bestehenden drei Vorklassen beim Übergang in die ersten Klassen immer zusammenläßt, war es wichtig, eventuellen Einseitigkeiten in der Zusammensetzung schon bei der Bildung der Vorklassen entgegen zu wirken und anschließend beim 'Auffüllen' der Vorklassen (mit je 12-15 Kindern) zu ersten Klassen (mit je 20 Schülern) ggf. entstandene Ungleichheiten der Zusammensetzung weiter abzuschwächen. Die Berücksichtigung sozialstatistischer Gesichtspunkte bei der Zusammensetzung der Vorklassen wurde erst nach langen Diskussionsprozessen mit den Vorklassenleiterinnen und manchen Eltern möglich. Folgende Gesichtspunkte haben sich für die Bildung der Vorklassen und der ersten Klassen im Laufe des Schulversuchs als pädagogisch sinnvoll herausgestellt:

* Jungen und Mädchen möglichst in gleicher Anzahl aufzunehmen;
* Kinder ausländischer Herkunft auf alle drei Vorklassen gleichmäßig zu verteilen, wobei möglichst zwei Kinder gleicher Nationalität in einer Gruppe sein sollten;
* Die Arbeiter- und Akademikerkinder auf alle drei Gruppen gleichzuverteilen.
* Kinder mit besonderer pädagogischer Betreuung auf die Gruppen so zu verteilen, daß der spezifische Förderbedarf sich gut in die Klassensituation einbeziehen läßt.

Die Verwirklichung solcher Strukturierungsabsichten erwies sich jedes Jahr neu als schwierig. Zum einen haben Eltern Präferenzen für bestimmte Vorklassenleiterinnen, zum anderen sollen gewachsene soziale Bindungen (etwa aus Kinderläden) berücksichtigt werden, zum dritten gab es bei den Anmeldungen fast durchweg mehr Jungen als Mädchen. Um nur ein Beispiel für die Probleme der Zusammenstellung der Gruppen zu nennen: eine Gruppe von acht (deutschen) Eltern wollte, daß ihre Kinder, die gemeinsam einen Schülerladen besuchten, geschlossen in die erste Klasse eingeschult werden. Das hätte ein massives Übergewicht deutscher Akademikerkinder (und die Dominanz einer informellen Mittelschichtkindergruppe) in einer der drei 1. Klassen zur Folge gehabt. Erst nach eindringlichen Gesprächen wurde hingenommen, daß die Gruppe auf zwei Klassen aufgeteilt wurde.

Nachdem bereits bei der Bildung der Vorklassen die oben genannten Gesichtspunkte zunehmend Berücksichtigung fanden, schwächten sich die Probleme, die sich aus einseitig zusammengesetzten Gruppen ergeben, tatsächlich ab. Nur dann, wenn nach Bildung der Gruppen durch nachträgliche Einzelentscheidungen Verschiebungen auftraten, konnten weiterhin durch soziale Einseitigkeiten bedingte ungünstige pädagogische Entwicklungen beobachtet werden.

Die Uckermark-Schule hat im Berichtszeitraum (1982 - 1988) für die ersten Klassen immer mehr Anmeldungen als verfügbare Plätze gehabt, und dies, obwohl Kinder, für die eines der folgenden Merkmale zutraf, nicht aufgenommen wurden:

* Kinder, die nicht im Wohnumfeld wohnten;
* Kinder aus dem Einzugsgebiet, die aber aufgrund des Elternwunsches eine andere Grundschule besuchen sollten;
* Kinder, die zwar formell innerhalb des Wohnumfeldes angemeldet waren, die jedoch ihren realen Lebensmittelpunkt nicht hier hatten (Kinder mit sog. Deckadressen).

Von den verbleibenden Anmeldungen wurden folgende bevorzugt aufgenommen:

* Kinder, die schon Geschwister in der Schule hatten;
* 'Gutachtenkinder' (bis zu 7 je Einschulungsjahrgang).

Unter den übrigen angemeldeten Kindern wurde gelost, da sich kein anderes vernünftiges Prinzip anbot, wollte man nicht das 'Normalitätsprinzip' verletzen.

Danach wurden die ersten Klassen nach den oben aufgeführten Grundsätzen gebildet. Schulleitung, Wiss. Begleitung und Vorklassenleiterinnen erörterten nochmals evtl. Korrekturen, um die Häufung schon bekannter schwieriger Kinder in einer Klasse zu vermeiden und die sozialen Bindungen neuer Kinder (die nicht Vorklassen besucht haben) beachten zu können. Erst nach einer derart personenbezogenen Abklärung wurde endgültig die Bildung der Klassen beschlossen und den Eltern bekannt gegeben. Es gab, wie oben erwähnt, danach gelegentlich Bemühungen von Eltern und Lehrern der künftigen 1. Klassen, Korrekturen zu erreichen. Obwohl der Prozeß der Klassenzusammenstellung sich oft über Monate hinzog, war er gelegentlich erst am ersten Tag des neuen Schuljahres abgeschlossen.

4.3 Soziale Zusammensetzung

Das Einzugsgebiet der Uckermark-Schule ist geprägt durch drei Bautypen: zum einen durch große Altbauwohnungen im Stadtteil Friedenau, die inzwischen oft Eigentumswohnungen sind; zum zweiten durch Sozialwohnanlagen aus den 20er und 30er Jahren; zum dritten durch Sozialbauten - meist als Hochhäuser - aus den 6oer Jahren. Es gibt kaum Betriebe und größere Geschäfte (außer in einer Hauptstraße); geteilt wird das Einzugsgebiet durch S-Bahn und die belebte Hauptstraße, begrenzt u.a. durch einen großen Autobahnverteiler am Innsbrucker Platz.

Die soziale Zusammensetzung der Schülerschaft spiegelt das Wohnmilieu wider; sie ist einerseits stark durch Arbeiterkinder und Kinder einfacher Angestellter geprägt, zum anderen durch einen erheblichen Anteil von Eltern mit akademischen Berufen.

Rund ein Viertel der Schüler ist *ausländischer Herkunft*. Zwischen den einzelnen Jahrgängen schwankt der Anteil von 13% bis 36% (vgl. HEYER u.a. 1987, S. 6).

Unsere Informationen über die Berufe der Eltern bzw. über ihre Schulbildung stammen aus drei Quellen: aus einer Befragung der Eltern der ersten beiden Schulversuchs-Jahrgänge von 1984, die relativ detailliert war; aus den Angaben in den Anmeldungsunterlagen; aus der Elternbefragung von 1988, die drei Jahrgänge umfaßte. Die Befragungsergebnisse von 1984 über die "Sozialstruktur im Haushalt der Schüler" liegen als gesonderter Bericht vor (PREUSS-LAUSITZ 1984).

Darin sind u.a. Angaben über Ausbildung, Schulbildung und Beruf der Eltern, Nationalität, Geschwisterzahl und Vorschulbesuch der Schüler enthalten; es werden Vergleichsdaten aus dem statistischen Gebiet Rubensstraße, des Stadtbezirks Schöneberg insgesamt und dem Landesdurchschnitt von Berlin herangezogen.

Der Anteil der *Arbeiterkinder* in der Uckermark-Schule lag 1982 bis 1988 zwischen mindestens 30% und mindestens 50% (bei fehlenden Angaben bis 19% pro Jahrgang dürften die realen Anteile jeweils erheblich höher liegen). Der Anteil der Kinder von *Selbständigen* schwankte zwischen 10% und 14% kaum. *Beamten*- und *Angestelltenkinder* waren mit je 15% bis 26% vertreten (vgl. Tab. 4-1).

Bekanntlich besagen solche Kategorien wenig, kann doch in der Zuordnung 'Beamter' sowohl ein einfacher Postbeamter als auch ein Richter oder ein Staatssekretär enthalten sein. Wir haben deshalb zusätzlich Informationen über die Schulart zusammengestellt, die die Eltern - die zumeist in den späten 40er und in den 50er Jahren geboren wurden - besucht haben. Für die ersten beiden Jahrgänge wurde dabei eine breite Streuung im *Bildungsniveau* der Eltern deutlich: über ein Fünftel (je 23%) der Väter und Mütter hatten keinen Hauptschulabschluß (überwiegend dagegen die 5jährige türkische Grundschule, die die Schulpflicht abdeckt, besucht); ein Drittel (34% der Väter und 33% der Mütter) hatte einen Hauptschulabschluß, nur 15% der Väter und 23% der Mütter einen Realschulabschluß und um ein Viertel (28% der Väter und 21% der Mütter) das Abitur abgelegt (vgl. PREUSS-LAUSITZ 1984, S. 25). Dieses Schulbildungsniveau wich erheblich (nach unten) von dem der Eltern aus den Integrationsklassen der Fläming-Schule ab, entsprach aber ziemlich genau den Daten, die 1970 über das statistische Gebiet 'Rubensstraße' und über Schöneberg vorgelegt wurden (vgl. PREUSS-LAUSITZ 1984, S. 14).
Für diese ersten beiden Jahrgänge des Schulversuchs kann davon ausgegangen werden, daß sie in ihrer Zusammensetzung der des Umfeldes und des Bezirksdurchschnitts entsprechen; das heißt aber auch zugleich, daß sie stark polarisiert sind: viele Eltern mit Abitur einerseits, und andererseits viele ohne Hauptschulabschluß. Diese Polarisierung wurde auch in der alltäglichen Arbeit der Schule in vielen Erscheinungen sichtbar. Gerade unter diesem Gesichtspunkt wirkt sich das pädagogische Konzept der gemeinsamen Erziehung behinderter, sozial benachteiligter und in der Entwicklung verzögerter Kinder mit allen anderen aus dem Wohnumfeld auch sozialintegrativ aus; es gibt für die Eltern eine gemeinsame Gesprächsebene. Der bei

Tab. 4-1:

Stellung im Beruf der Erziehungsberechtigten

Bereich	Jg. 82/83 Jg. 83/84	Jg. 84/85	Jg. 85/86	Jg. 86/87	Jg.87/88
Arbeiter	58%	37%	38%	29%	38%
Angestellte	16%	23%	10%	21%	25%
Beamte	16%	15%	26%	18%	25%
Selbständige	10%	11%	14%	13%	12%
Sonst./o.A.	1%	14%	12%	19%	0%
Summe	101%	100%	100%	100%	100%
N	113	62	58	62	60

o. A. = ohne Angabe

beiden 'polaren' Elterngruppen positive Eindruck über die Schule ihrer Kinder, über den in Kap. 12 berichtet wird, belegt diese These.

1988 wurden die Eltern des 1., 3. und 5. Jahrganges im Zusammenhang mit der Einstellungsbefragung zur Integration gebeten, auch die besuchte Schulart anzugeben. Da die Schul*art* nicht identisch ist mit dem zuvor dargestellten Schul*abschluß*, sind die Ergebnisse von 1984 und 1988 nicht völlig vergleichbar. (Die Änderung wurde durch die dringende Empfehlung der Elternvertretung 1988 vorgenommen.) Die in den Tab. 4-2a/2b dargestellten Daten sind daher im einzelnen mit Vorsicht zu lesen. Eindeutig ist jedoch erkennbar, daß eine Verschiebung im Bildungshintergrund der Eltern eingetreten ist: bei Müttern und Vätern nahm der Anteil derjenigen mit gymnasialer Bildung zwischen 1983 und 1988 um das Doppelte zu, während der Anteil derjenigen, die die türkische Grundschule oder die Hauptschule besuchten, abnahm.

Tab. 4-2a:

Besuchte Schularten der Väter

Schuljahr	tü. G/OH	OR	Gy	o.A./leben nicht m. Kind	Gesamt
1.Schj. (n=51)	27%	16%	33%	24%	100%
3.Schj. (n=41)	35%	15%	41%	10%	101%
5.Schj. (n=51)	41%	25%	16%	18%	100%
1.-5. Schj.	33%	19%	30%	18%	100%

Diese Entwicklung kann mehrere Gründe haben: Naheliegend ist ein '*creaming-Effekt*' durch den Schulversuch: Eltern mit gymnasialer Bildung melden möglicherweise relativ häufiger ihre Kinder in der Schule an, während andere gelegentlich auch für die Nachbarschulen votieren. Das wäre ein umgekehrter Vorgang, wie der, der aus der Gesamtschule bekannt ist: dort wird der 'Creme' *abgeschöpft*, während er hier *hinzugefügt* wird (bzw. bleibt).

Tab. 4-2b:

Besuchte Schularten der Mütter

Schj.	tü. G/OH	OR	Gy	o.A./leben nicht m. Kind	Gesamt
1.Schj. (n=50)	26%	25%	41%	8%	100%
3.Schj. (n=46)	33%	31%	33%	2%	99%
5.Schj. (n=46)	39%	33%	20%	8%	100%
1.-5. Schj.	32%	30%	31%	7%	100%

An der Befragung nahmen 86% aller Schülereltern der drei Jahrgänge teil. - N = 146; 3 Väter und 4 Mütter ohne Jg.-Zuordnung. - Quelle: Schriftliche Elternbefragung Mai 1988. - Legende: tü. G/OH: Besuch der türkischen Grundschule bzw. der Hauptschule; OR = Besuch der Realschule; Gy = Besuch des Gymnasiums; o.A.: ohne Angabe

Auch zwei andere Faktoren können - ergänzend oder ersetzend - diese Entwicklung erklären: zum einen ist in den letzten Jahren in diesem Wohngebiet eine erhebliche *Modernisierungsaktivität* festzustellen, in deren Folge Mieterhöhungen zu Umzügen sozial schwächerer Familien führten. Familien mit höherem Einkommen (und höherem Bildungsgrad) zogen zu. - Darüber hinaus steigt generell das *Bildungsniveau* der jungen Bevölkerung. Zur Zeit machen rd. 30% eines Altersjahrganges das Abitur, Frauen ebenso wie Männer. Entsprechend nimmt der Anteil der jungen Eltern mit höherer Bildung zu.

Für Zwecke einer raschen Übersicht über die Sozialstruktur einer Population wird gern ein *Index sozialer Schichtzugehörigkeit* gewählt, der in der Regel die Berufe der Erziehungsberechtigten hierarchisch, d.h. auf einer Skala von oben nach unten (bzw. umgekehrt) anordnet. Wir haben selbst schon vor Jahren unsere Bedenken gegen die dahinter stehende Vorstellung geäußert, daß nämlich soziale (Erziehungs-)Milieus unter den Bedingungen moderner, pluraler Umwelten derart gradlinig abbildbar seien (vgl. BÜHLOW u.a. 1977, S. 53 ff.). Auch gegen den verbreiteten Schichtindikator von KLEINING/MOORE (vgl. dies. 1968) sind immer wieder Einwände erhoben worden (zur Diskussion vgl. WIEHN/MAYER 1975, bes. S. 23 ff., und ZINGG/ZIPP 1979, bes. S. 188). Betrachtet man jedoch die gewonnenen Konstrukte (etwa die 'Obere Unterschicht') nicht als Realität, sondern als den Versuch einer summarischen *Symbolisierung* von Realitätsausschnitten, dann sind sie bislang immer noch ein gelegentlich nützliches Hilfsinstrument.

Wir haben daher aus den Berufen beider Eltern (soweit vorhanden) Zuordnungen zu den Kategorien von 'Oberer Mittelschicht' bis 'Untere Unterschicht' vorgenommen und uns dabei an die Berufszuordnung von KLEINING/MOORE gehalten. In der Uckermark-Schule kamen keine der 'Oberschicht' zuzuordnenden Kinder vor; die Kategorie 'Sozial Verachtete' aus der Skala von KLEINING/MOORE haben wir weggelassen und die entsprechenden Berufe der Unteren Unterschicht zugeordnet. (Die jeweiligen Berufe der Skala sind in PREUSS-LAUSITZ 1984, S. 32 enthalten.)

Tab. 4-3:

Soziale Schichtzugehörigkeit

Schicht	Jg.82/83 Jg.83/84	Jg.84/85	Jg.85/86	Jg.86/87	Jg.87/88
OM		11%	5%	26%	12%
MM	8%	25%	24%	16%	25%
UM	16%	11%	19%	8%	20%
OU	40%	28%	17%	13%	13%
UU	20%	13%	24%	18%	30%
Sonst./o.A.	16%	11%	10%	19%	0%
Summe	100%	99%	99%	100%	100%
N	113	62	58	62	60

Die Schichtzugehörigkeit wurde nach KLEINING/MOORE vorgenommen. Vgl. dazu die Tabelle in: PREUSS-LAUSITZ 1984, S. 32. - OM = Obere Mittelschicht; MM = Mittlere Mittelschicht; UM = Untere Mittelschicht; OU = Obere Unterschicht; UU = Untere Unterschicht

Der Tab. 4-3 ist zu entnehmen, daß in den ersten beiden Jahrgängen der Unterschichtanteil (mindestens) bei 60% lag, der Mittelschichtanteil (mindestens) bei 24% (o.A. 16%). Vertreten waren mit 40% vor allem Kinder von Facharbeitern und einfachen Angestellten, jedoch wenig von Akademikern (die hier der Oberen Mittelschicht zugeordnet werden).

Diese Zusammensetzung änderte sich stark mit dem 3. Schulversuchs-Jahrgang und blieb danach mehr oder weniger relativ gleich. Der schon bei der Untersuchung der Schulbildung beobachtbare creaming-Effekt bildet sich auch hier ab. Schaut man genauer hin, so nimmt allerdings innerhalb der 'Unterschicht' der Anteil der Oberen Unterschicht ab, wogegen der Anteil der Kinder aus der Unteren Unterschicht sogar zunimmt (im letzten Jahrgang auf 30%!).

KLEINING/MOORE ordneten beispielhaft folgende Berufe der OU zu: unterste Angestellte bei Post, Bahn, im Büro; Kellner, Krankenpfleger, Facharbeiter, Inhaber von kleinsten Geschäften, El-Schweißer, Maschinenschlosser, Stanzer, Dreher. Nahm der Anteil aus diesen Berufsgruppen in der Wohngegend so stark ab (von 40% auf 13%)? Das erscheint unwahrscheinlich. Es könnte sein, daß unter Eltern mit diesen beruflichen Erfahrungshintergründen vor Kenntnis der tatsächlichen Schulpraxis die Befürchtung verbreitet ist, der Leistungserfolg ihrer Kinder sei bei Integration behinderter Kinder gefährdet; demgegenüber könnten Eltern aus den Mittelschichten, besonders jene mit hoher Schulbildung, in der Erwartung der leistung*steigernden* Wirkung integrativer Pädagogik in *jedem* Falle für die Schule ihres Wohnumfeldes votieren. Der nicht gesunkene Anteil der Kinder aus der UU, der noch einmal auf die verstärkte Polarisierung in der Schülerschaft verweist, ließe sich auch dadurch erklären, daß die Eltern dieser Kinder zwar bildungsfern sind, aber zugleich mit großem Vertrauen den Lehrern gegenüberstehen. Die Ergebnisse unserer Elternbefragung (vgl. Kap. 15.4) deuten in diese Richtung.

Die Wiss. Begleitung hat der Schule empfohlen, dem beobachtbaren creaming-Effekt nicht Vorschub zu leisten (daher auch das Losverfahren bei der Auswahl der Schüler), und durch regelmäßige öffentliche Informationsveranstaltungen für die Elternschaft des Wohnumfeldes Eltern aller sozialer Milieus für das pädagogische Konzept der gemeinsamen Erziehung von behinderten und nichtbehinderten Kindern zu gewinnen.

4.4 Mobilität

Zur Normalität einer Schule gehören kontinuierliche Zu- und Abgänge. Insbesondere in innerstädtischen Grundschulen ist eine große Mobilität zu beobachten: Gerade Familien mit jüngeren Kindern sind bemüht, Wohnungen in Außenbezirken, mit viel Grün und Spielraum, zu erhalten. Wir sind deshalb von vorn herein nicht davon ausgegangen, daß die jeweils zwanzig Erstklässler auch nach sechs Schuljahren noch alle zusammen sind - auch wenn freiwillige Klassenwiederholung oder einvernehmlicher Wechsel in Parallelklassen nur äußerst selten vorkamen.

Zwischen August 1982 und Oktober 1988 wurden insgesamt 66 Kinder abgemeldet und 38 Kinder nachträglich neu aufgenommen. Diese Zahlen erscheinen auf den ersten Blick hoch. Eine genauere Analyse zeigt jedoch, daß es sich hier um eine Weggangsmobilität pro Jahr von 3-5%, bei einem Schnitt von 4%, und um eine Zugangsmobilität von 1-5%, bei einem Schnitt von 3% handelt. Oder anschaulicher ausgedrückt: Es dauert ein reichliches Jahr, bis ein Kind aus einer Klasse weggeht, und alle eineinhalb Jahre kommt im Schnitt eines dazu. So lernen die Schülerinnen und Schüler immer wieder neue Kinder in ihren Klassen kennen und müssen sich mit ihnen auseinandersetzen, haben aber auch den Fortgang mancher Freunde zu verarbeiten.

Wir waren verständlicherweise sehr daran interessiert zu erfahren, welche Gründe vor allem der Abmeldung von Schülern zugrundelagen. Sollten Eltern mit Schule und Lehrern unzufrieden sein, womöglich gar mit dem integrativen Konzept? Wir verzichteten (aus Kapazitätsgründen) darauf, systematisch nach den individuellen Gründen zu fragen. Wir konnten jedoch leicht einen Grund feststellen: Abmeldung wegen Wohnungswechsel. In den Jahresberichten ist dieser Grund jeweils (in den Teilen über die Schulleistung) individuell vermerkt. Insgesamt haben von den 66 abgemeldeten Schülern 51 wegen Umzugs, sei es in die Türkei oder in andere Staaten, nach Westdeutschland oder innerhalb Berlins, die Schule verlassen. Auch die Anmeldungen erfolgten überwiegend wegen Zuzugs, in 30 von 38 Fällen.- Von einigen Abmeldungen wissen wir, daß eine Reihe von Eltern mit einer Klassenlehrerin persönlich unzufrieden waren und ihre Kinder im Laufe des 2. Schuljahres abmeldeten, weil der Konflikt nicht in ihrem Sinne aufgelöst werden konnte.

Insgesamt kann festgestellt werden, daß die Mobilität des Zu- und Weggangs das vermutliche durchschnittliche Maß einer innerstädtischen Grundschule aufweist. Oder ist womöglich die Mobilität in nichtintegrativ arbeitenden Schulen ähnlicher Wohn- und Sozialstrukurumgebungen höher?

Mobilität stellt also in der Uckermark-Schule keine Form der 'Abstimmung mit den Füßen' dar, sie ist nicht Ergebnis sozialer Umschichtungsprozesse, sondern ein Ergebnis normaler familiärer Mobilität in diesem innerstädtischen Wohnumfeld.

4.5 Zusammenfassung

Wir können nun zu unserer Ausgangsfrage zurückkehren: Die soziale Zusammensetzung der Schülerinnen und Schüler spiegelt tatsächlich die Sozialstruktur ihrer Wohngegend, aber auch das (Berliner) innerstädtische Wohnmilieu ('Soziotop') wider. Die Zusammensetzung hat sich nach zwei Jahren Schulversuch im Sinne eines positiven 'creaming'-Effektes verschoben, sie verschiebt sich jedoch nicht durch die normale Zugangs- und Weggangsmobilität in den Klassen. Wir haben dargestellt, daß zwei große soziale Gruppen einen besonderen Anteil innerhalb der Elternschaft haben: 'einfache', insbesondere ausländische Eltern mit geringer Schulbildung, und gymnasial bzw. akademisch gebildete Eltern. Diese polarisierte Sozialstruktur erleichtert die integrative Unterrichts- und Erziehungsarbeit nicht unbedingt. Um so bedeutsamer ist das starke positive Urteil von Eltern aller sozialer Herkünfte, wie es in Kap. 12 berichtet wird. Daraus ziehen wir den Schluß, daß Integration übertragbar ist auf 'normale' - auch sozial belastete - Grundschulmilieus.

5 Die "Gutachtenkinder"

(Gitta Zielke)

5.1 Zur Problematik der Definition

Alle Kinder, die die Uckermark-Grundschule besuchen, sind Schülerinnen und Schüler dieser Schule. Dabei wird nicht nach 'behinderten' und 'nichtbehinderten' bzw. nach 'Gutachtenkindern' und anderen Schülern unterschieden.

Aus dem Konzept des Schulversuchs mit dem Prinzip der Wohnortnähe ergab sich, daß an der Uckermark-Grundschule mit ihrem innerstädtischen Einzugsbereich unter den Kindern mit zusätzlichem (sonder)pädagogischem Förderbedarf *vorwiegend* Kinder mit Lern- und Verhaltensproblemen waren, d.h. Kinder, die mit hoher Wahrscheinlichkeit früher oder später ohne den Schulversuch eine Sonderschule für Lernbehinderte oder eine sog. Beobachtungsklasse (für Verhaltensauffällige) hätten besuchen müssen. Ihre Behinderung ist nicht sichtbar und kann von den Mitschülern als solche nicht wahrgenommen werden, wie dies für eindeutige Sinnes- oder Körperbehinderungen gilt. Es war und blieb Aufgabe des pädagogisch-psychologischen Geschicks der Lehrer, eine Klassenatmosphäre zu schaffen, in der es akzeptiert wird, daß ein Kind sich eben auch 'anders' verhält, langsamer lernen darf und individuellen Regeln folgt, ohne daß für die anderen die sozialen und unterrichtsbezogenen Regeln und Ansprüche entfallen.

Zum Einschulungstermin wird für alle diejenigen Kinder, "die einer zusätzlichen pädagogischen Betreuung bedürfen, die an Grundschulen außerhalb dieses Schulversuchs nicht ermöglicht wird" (so das Genehmigungsschreiben in der Fassung vom 8. 6. 1988), ein Gutachten mit der Begründung und Beurteilung des Förderbedarfs erstellt (vgl. Abschnitt 5.3). Um den Behindertenbegriff mit seiner möglicherweise stigmatisierenden und etikettierenden Wirkung (vgl. SANDER 1985, WÖHLER 1978) zu vermeiden, wurde für diese Kinder der Begriff "Gutachtenkind" gewählt. Der formale Status eines

Gutachtenkindes war meist nur den Lehrern, den betroffenen Eltern, den Mitgliedern der Wiss. Begleitung einschließlich des Schulpsychologischen Dienstes und der Schulaufsicht bekannt.

Viele Eltern einer Klasse wußten nicht und fragten auch nicht danach, welche Kinder diesen Status innehatten. Konflikte aufgrund der optisch für Kinder nicht erkennbaren Statuszuschreibung als 'Gutachtenkind' oder als 'behinderter Schüler' traten in den Klassen nicht auf. Schwierigkeiten gab es immer nur dann, wenn ein Schüler - ob mit oder ohne Gutachtenstatus - aufgrund seiner Verhaltensauffälligkeiten das Klassenklima erschwerte.

Zwischen 1982 und 1988 wurden insgesamt 37 Gutachten erstellt, zwei erst nachträglich im Laufe der Schulzeit der Schüler. Ein Junge kam nach der 2. Klasse aus einer auslaufenden Sprachheilklasse. Bei einem Mädchen wurde erst im 3. Schuljahr ein über das übliche Maß hinausgehender Förderbedarf eindeutig erkennbar. In beiden Fällen wurde der Gutachtenstatus im Nachhinein zugeschrieben.

Bei einigen Gutachtenkindern verringerte sich der Förderbedarf im Laufe der Schulzeit, so daß der Gutachtenstatus nicht mehr notwendig gewesen wäre. Aus dokumentatorischen Gründen wurde er dennoch beibehalten, um Schwankungen zwischen Wegfall und Zunahme von Förderbedarf bei den Kindern in den jährlichen Entwicklungsberichten darstellen zu können (vgl. hierzu die Beispiele am Schluß des Kapitels). Bei vier Gutachtenkindern war zur Zeit des Abschlußberichtes ein sonderpädagogischer Förderbedarf entfallen. Es handelte sich dabei um zwei Mädchen, die zur Zeit der Einschulung Sprach- bzw. Sprechprobleme hatten, um einen schwerhörigen Jungen und um ein Mädchen mit ursprünglich erheblichen Lernentwicklungsrückständen, die aufgeholt wurden.

Aus unseren Erfahrungen sind daraus zwei Schlußfolgerungen zu ziehen: Zum einen kann mit dem formalen Gutachtenstatus - der für die Zuweisung von zusätzlichen Lehrerstunden weiterhin notwendig ist - flexibler umgegangen werden. Unseres Erachtens sollte der Förderbedarf aufgrund eines Gutachtens *jährlich überprüft* und ggf. beendet oder neu zugebilligt werden; er sollte also zukünftig immer nur für ein Jahr gelten und dann u.U. für ein weiteres Jahr verlängert bzw. gelöscht werden.

Zweitens ist auch der *Begriff 'Gutachtenkind' nicht unproblematisch*. Im Schriftverkehr der Schule wird diese Begrifflichkeit in Zukunft nicht mehr verwendet. Hier soll ausschließlich von Kindern mit "einer zusätzlichen besonderen pädagogischen Betreuung oder Unterstützung" gesprochen werden (in Anlehnung an den angloamerikanischen Sprachgebrauch heißt es "children with special needs"). Umgangssprachlich ist dieser Satz zu lang. Daher muß nach einem neuen Kürzel gesucht werden. Eine Möglichkeit wäre, von "*Förderplankindern*" zu sprechen. Das hätte den Vorteil, daß im Bewußtsein von Verwaltung, Lehrern und Eltern der Förderplan und nicht die Statuszuweisung in den Mittelpunkt rückt (vgl. hierzu Abschnitt 5.4).

5.2 Zur Beschreibung der "Gutachtenkinder" der Uckermark-Schule

Grundlage der folgenden Darstellung sind Daten über 37 Gutachtenkinder, die im Rahmen des Schulversuchs und durch das im Abschnitt 5.3 dargestellte Verfahren als Gutachtenkinder in den sechs Schuljahren 1982/83 bis 1987/88 aufgenommen wurden. Diese Kinder erhielten jeweils eine zusätzliche (sonder)pädagogische Förderung.

27 Gutachtenkinder (73%) sind Jungen. Der Anteil liegt damit weit höher als in der übrigen Schülerschaft der Uckermark-Schule, auch höher als sonst unter Sonderschülern in Berlin (dort liegt der Anteil bei rd. 60%).

Acht Gutachtenkinder (22%) sind ausländischer Herkunft. Das entspricht knapp dem Durchschnitt an der Schule. In den Sonderschulen (für Lernbehinderte) des Stadtbezirks Schöneberg sind jedoch mehr als doppelt so viele Ausländerkinder (55%; vgl. Senator für Schulwesen 1988, S. 153). Diese Differenz kann daran liegen, daß aus dem unmittelbaren Wohnumfeld der Uckermark-Schule ohnehin seltener ausländische Kinder an Sonderschulen überwiesen werden als im Bezirksdurchschnitt, aber auch daran, daß Kinder, die aufgrund mangelhafter Deutschkenntnisse Lernschwierigkeiten haben, nicht als Gutachtenkinder, sondern als 'normale' Schüler an der Uckermark-Schule aufgenommen werden. Tatsächlich sind in jedem Jahrgang Schüler/innen mit solchen Problemen, ohne daß ihnen der Gutachtenstatus zugewiesen worden wäre.

Nur 24 Gutachtenkinder (65%) wohnen bei beiden Eltern, 12 (32%) nur bei der Mutter, eines in einer Pflegefamilie. Zuweilen leben bei den Müttern noch andere Verwandte oder Erwachsene. Damit ist der Anteil derjenigen, die in vollständigen Familien wohnen, erheblich (um rd. 15%) geringer als bei den übrigen Schülern der Schule.

Im Laufe der Schulzeit der Gutachtenkinder traten auch familiäre Belastungen auf. Wir wissen zwar nicht, inwieweit diese überdurchschnittlich häufig waren, weil uns Vergleichdaten fehlen, sie waren jedoch in jedem Fall für diese im Verhalten und im Lernen häufig belasteten Kinder zusätzliche Erschwerungen:

Neue Partner eines Elternteils	4 Fälle
Scheidungen der Eltern	2 Fälle
Trennungen der Eltern	2 Fälle
Umschulung der Eltern	2 Fälle
Entzug des Sorgerechts	1 Fall
Tod der Mutter	1 Fall
Arbeitslosigkeit	1 Fall
Zuzug weiterer Geschwister aus dem Ausland	1 Fall
keine Veränderungen	3 Fälle
ohne Angaben	20 Fälle
N	37 Fälle

Wie hoch die 'Dunkelziffer' bei familiären Problemen ist, zeigt die Tatsache, daß in 20 Fällen keine Angaben möglich waren. Dieser Umstand besagt darüber hinaus allerdings wenig, denn eine gestörte Familiendynamik muß sich nicht durch sichtbare Veränderungen ergeben, sondern kann durchaus auch auf eine dauerhaft belastete Familiensituation zurückgeführt werden.

Gutachtenkinder haben häufiger mehr Geschwister als andere Schüler. Nur 10 Gutachtenkinder (27%) hatten keine Geschwister (Bundesdurchschnitt: 40%), 8 Gutachtenkinder (22%) hatten ein Geschwister (sonst: 40%), 9 von ihnen (24%) hatten zwei Geschwister, acht (22%) hatten drei bis neun Geschwister. Warum von den Gutachtenkindern mit Geschwistern 69% die Jüngsten (und 22% die Ältesten) waren, können wir nicht erklären. Ungewöhnlich ist diese Tatsache in jedem Fall.

17 Gutachtenkinder (46%) entstammen der Unteren Unterschicht (vgl. zum Schichtbegriff Kap. 4), nur eines hat Eltern mit akademischem Beruf, die der Oberen Mittelschicht zugeordnet werden (dieses Kind zeigte autistische Verhaltensformen). Im einzelnen:

Tab. 5-1:

Soziale Herkunft der Gutachtenkinder

Schicht		exemplarische Berufe
Obere Mittelschicht	3%	Studienrat
Mittlere Mittelschicht	8%	Erzieherin
Untere Mittelschicht	24%	kaufm. Angestellte
Obere Unterschicht	16%	Facharbeiter
Untere Unterschicht	46%	Pförtner, Putzfrau
ohne Angabe	3%	
Summe (N = 37)	100%	

Die körper- und sinnesbehinderten Gutachtenkinder kommen *nicht* häufiger aus der Mittelschicht.

Die Verteilung der sozialen Schichten unter den Gutachtenkindern haben sich, mit Ausnahme des 1. Schulversuchs-Jahrganges, als nur Unterschichtkinder aufgenommen wurden, über die Jahre nicht verändert.

Im Vergleich zur übrigen Schülerschaft an der Uckermark-Schule (vgl. Kap. 4.1) ist die Herkunft der Gutachtenkinder also erheblich 'niedriger'. Das zeigt sich auch bei der Betrachtung der konkreten Berufstätigkeiten.

14 Gutachtenkinder (38%) haben eine Sonder-Kindertagesstätte besucht, darüber hinaus zwei (5%) einen Integrationskindergarten. 11 Gutachtenkinder (30%) waren in regulären Kindertagesstätten, nur ein Kind in einem

Kinderladen. Sieben (19%) besuchten keine dieser Einrichtungen, waren also bis zum Schulbeginn nur in den Familien.

28 Gutachtenkinder (76%) besuchten die Vorklassen der Uckermark-Schule, die übrigen waren in Vorklassen der regulären Kindertagesstätten (16%) oder anderer Schulen (5%). Nur ein Kind besuchte die Vorklasse einer Sonder-Kindertagesstätte.

Vor Aufnahme in die ersten Klassen wurden 17 Kinder (46%) zurückgestellt, eines zweimal. Diese Zurückstellungen erfolgten teils auf Empfehlung des Schularztes, teils auf Vorschlag der Vorklassenleiterinnen der Uckermark-Schule. Der Anteil der Zurückstellungen liegt in Berlin landesweit bei rd. 10%. Die Mitglieder der Wiss. Begleitung haben Zurückstellungen grundsätzlich und bezogen auf die meisten ihnen bekannt gewordenen Einzelfälle als problematisch und wenig wirksam angesehen. Sie sahen sich jedoch nicht in der Lage, dieses allgemeine Problem innerhalb des Schulversuchs anders als durch mündlich vorgetragene Bedenken gegenüber den jeweiligen Initiatoren - Eltern, Kindertagesstätten-Leiterinnen, Schulärzten, Vorklassen-Leiterinnen, Schulleitung - bewußt zu machen.

Im folgenden soll die *Symptomatik der Gutachtenkinder bei der Einschulung* dargestellt werden (vgl. die Übersicht in Tab. 5-2). Dabei wurde die generelle Schwierigkeit jeder Art von Kategorisierung deutlich. Es zeigte sich, daß ein Kind meist nicht durch ein einziges Symptom zu kennzeichnen ist, sondern seinem Förderbedarf ein *Symptomkomplex* zugrunde liegt - mit bis zu fünf Bereichen im Sinne unserer Übersicht.

Von den 37 Gutachtenkindern hatten nur neun eine klar definierte Einzelsymptomatik:

2 Kinder mit motorischen Störungen bis Spastik;

2 Kinder mit Sprachentwicklungsverzögerungen bzw. Sprach-Sprechstörungen;

2 Kinder mit erheblichen Lernentwicklungsverzögerungen;

1 Kind mit schwerwiegenden Verhaltensstörungen bzw. emotionalen und sozialen Defiziten;

1 Kind mit Schwerhörigkeit;

1 Kind mit elektivem Mutismus (der Junge ist in der Übersicht unter 'andere Befunde' aufgeführt).

28 Gutachtenkinder waren nicht eindeutig zuzuordnen, woraus sich auch zwangsläufig Mehrfachnennungen beim Versuch einer fiktiven Sonderschulzuordnung ergeben mußte. In zwölf Fällen war eine derartige eindeutige Sonderschulzuordnung nicht möglich.

Tab. 5-2a:

Symptomatik der Gutachtenkinder

Code-Nr. Geschl. Klasse Abgang	Allg. Entwickl.verzögerung	Sprachentwickl.verzögerung Sprach-Sprechstörungen	erhebl. Lernentwickl.verz.	Motorische Störungen bis Spastik	Schwerwieg. Verhaltensstör. emotionale u. soziale Defizite	Schwerhörigkeit	Hyperkinetisches Syndrom	Krankheitsanfälligkeit	andere Befunde	Sondersch./Lernbehinderte	S. für Sprachbehinderte	S. für Körperbehinderte	S. für Schwerhörige	Beo-Kl./Einzel-Unterricht
106 J. 6. Kl. Abg.1987			o		o					o				
115 J. 6. Kl.	o				o					o				
139 J. 6. Kl.	o							o		o				
145 J. Abg.1985		o	o							o				
160 M. Abg.1984				o								o		
168 J. 6. Kl.						o							o	
176 M. 6. Kl.	o	o	o							o				
211 J. 5. Kl.	o	o	o		o			o		o				o
213 M. 5. Kl.		o									o			
246 J. Abg.1986					o		o							o
267 J. 5. Kl.		o	o		o					o	o			o
278 J. Abg.1987	o	o	o							o	o			
281 J. 5. Kl.		o	o							o	o			
304 M. 4. Kl.		o									o			
307 J. 4. Kl.					o			o						o
318 M. 4. Kl.	o				o									o
339 M. Abg.1986		o	o							o				
349 J. Abg.1986		o	o		o					o				o
363 J. 4. Kl.			o		o			o		o				

Tab. 5-2b:

Symptomatik der Gutachtenkinder

Code-Nr. Geschl. Klasse Abgang	Allg. Entwickl.verzögerung	Sprachentwickl.verzögerung Sprach-Sprechstörungen	erhebl. Lernentwickl.verz.	Motorische Störungen bis Spastik	Schwerwieg. Verhaltensstör. emotionale u. soziale Defizite	Schwerhörigkeit	Hyperkinetisches Syndrom	Krankheitsanfälligkeit	andere Befunde	Sondersch./Lernbehinderte	S. für Sprachbehinderte	S. für Körperbehinderte	S. für Schwerhörige	Beo-Kl./Einzel-Unterricht
366 J. 4. Kl.		o	o							o	o			
404 J. 3. Kl.		o	o	o						o	o	o		
411 M. 3. Kl.			o							o				
433 J. 3. Kl.		o		o							o	o		
437 M. 3. Kl.				o								o		
475 J. Abg.1987					o									o
479 J. 3. Kl.			o		o		o			o				
503 J. 2. Kl.	o		o							o				
512 J. 2. Kl.	o	o			o		o			o				o
539 J. 2. Kl.									o					o
540 J. 2. Kl.	o		o							o				
575 J. 2. Kl.	o	o	o							o				
576 M. 2. Kl.			o	o						o		o		
607 J. 1. Kl.		o	o							o				
630 J. 1. Kl.			o		o					o				o
637 J. 1. Kl.			o							o				
671 M. 1. Kl.	o	o	o							o				
678 M. 1. Kl.	o	o	o							o	o			
Summe: 1.-6. Kl.	12	18	23	5	13	1	3	4	1	26	9	5	1	10

Aus der Übersicht wird deutlich (wobei die Mehrfachnennungen berücksichtigt werden müssen), daß die größte Gruppe Kinder mit erheblichen Lernentwicklungsverzögerungen umfaßt (28 Gutachtenkinder), gefolgt von Kindern mit Sprachentwicklungsverzögerungen bzw. mit Sprach-Sprechstörungen (18), schwerwiegenden Verhaltensstörungen bzw. sozialen und emotionalen Defiziten (13) und allgemeinen Entwicklungsverzögerungen (13). Fünf Kinder mit motorischen Störungen bis Spastik, vier mit einer großen Krankheitsanfälligkeit, drei mit dem hyperkinetischen Syndrom[4] sowie ein schwerhöriger Junge und ein Junge mit elektivem Mutismus[5] machen - entsprechend ihrem geringeren Anteil in der Wohnbevölkerung - auch unter den Gutachtenkindern der Uckermark-Grundschule nur eine Minderheit aus.

Fiktive Sonderschulzuordnungen bezögen sich in erster Linie auf die Sonderschule für Lernbehinderte (28), gefolgt von sog. Beobachtungs-Klassen (für Verhaltensauffällige) oder Einzelunterricht (10) und der Sonderschule für Sprachbehinderte (8). Diese Verteilung entspricht unserer Prognose, die auf einer empirischen Analyse vor Beginn des Schulversuchs im Jahre 1980 beruhte (vgl. Kap. 2).

Zur Erstellung der Aufnahmegutachten war es erforderlich, mit den Eltern umfängliche Anamnesegespräche zu führen. Daraus ging hervor, daß der Symptomatik vieler Gutachtenkinder zur Zeit der Einschulung eine Krankheitsgeschichte vorausgeht. So hatten 17 von ihnen vor der Einschulung schwere Krankheiten, 14 keine und bei sechs können wir keine präzisen Angaben machen.

Die Angaben zu den *Krankheiten* bezogen sich nicht auf die üblichen Kinderkrankheiten, sondern auf schwerwiegende Erkrankungen wie Lungenentzündung, Entzündung des Dünndarms, Fieberkrämpfe u.a.m. Einige dieser Erkrankungen machten *Krankenhausaufenthalte* erforderlich: 16 der 37 Gutachtenkinder waren bereits vor der Einschulung im Krankenhaus!

Auch *Therapien* waren bei den Gutachtenkindern im Vorschulalter häufig; 21 Gutachtenkinder - also mehr als die Hälfte - erhielten in irgendeiner Form eine Therapie. Dabei überwogen Bobath-Turnen, Sprachtherapien, orthopädisches Turnen, aber auch Musik- und Spieltherapien wurden mehrfach genannt.

Im Laufe der Schulzeit und mit zunehmendem Alter *stabilisierte* sich im allgemeinen der Gesundheitszustand der Gutachtenkinder. Dennoch erkrankten noch fünf von ihnen während der Schulzeit schwer und mußten in dieser Zeit ins Krankenhaus. Während sich also die gesundheitliche Lage für viele verbesserte, stand die psychische Entwicklung weiterhin im Mittelpunkt zahlreicher Therapien. 17 erhielten während der Grundschulzeit eine außerschulische Therapie (also fast die Hälfte); dabei waren vor allem verhaltensbezogene Ansätze aus der Spiel- oder Ergotherapie (auch: Beschäftigungstherapie) im Vordergrund, aber auch Familientherapien oder der Einsatz von Einzelfallhelfern. Die hohe Anzahl der therapiebedürftigen Gut-

---

4 Sog. MCD-Kind (mit Teilleistungsstörungen).

5 Gewolltes (psychogenes) Schweigen bei intaktem Sprachvermögen gegenüber ausgewählten Personen.

achtenkinder erklärt sich unseres Erachtens u.a. auch aus der oben angedeuteten häufig belasteten Familienkonstellation, auf die sich ja ebenfalls die meisten Lernerschwerungen und Entwicklungsverzögerungen beziehen lassen.

8 der 37 Gutachtenkinder verließen vorzeitig die Uckermark-Schule. Ausschlaggebend war hierfür in erster Linie ein Umzug der Eltern innerhalb Berlins oder nach Westdeutschland (vgl. Kap. 4). Ein Schüler wurde auf Wunsch der Mutter und der Therapeutin von der Schule abgemeldet; er hat seitdem nach zahlreichen fehlgeschlagenen Bemühungen hinsichtlich seiner Schullaufbahn an verschiedenen Grundschulen Hausunterricht. Drei Kinder besuchten nach Wegzug westdeutsche bzw. türkische Grundschulen, zwei davon sind nun auf Sekundarschulen, über eine türkische Schülerin ist nichts bekannt. Ein Mädchen wechselte in eine sog. Kleinklasse für lese-rechtschreibschwache Schüler, ein Junge in eine Sonderschule für Lernbehinderte, und zwei Jungen sind in einem heilpädagogischen Heim.

Insgesamt wird aus der Beschreibung der familiären, sozialen und gesundheitlichen Lage der Gutachtenkinder, die hier absichtlich nur zusammenfassend dargestellt wurde, deutlich, daß die überwiegende Zahl zumeist durch mehrere, für die individuelle Entwicklung erschwerende, Faktoren belastet sind. Eine Beschreibung der Herkunft von Schülern einer Lernbehindertenschule der 80er Jahre würde wahrscheinlich ähnliche Ergebnisse zeigen.

Gemeinsame schulische Erziehung bedeutet für viele dieser Kinder und ihrer Familien, daß der Zirkel von familiärer Randständigkeit, Schulversagen, gesundheitlicher Gefährdung und erneuter, generativ weitergegebener Randständigkeit aufzubrechen versucht wird. Es verwundert daher nicht, daß über den unterrichtlichen Förderbedarf hinaus vielfach mit den und für die Eltern unterstützende Gespräche und Initiativen seitens der Schule durchgeführt wurden.

5.3 Gutachten

Zur Einschulung in die erste Klasse der Uckermark-Schule werden von der Wiss. Begleitung in Zusammenarbeit mit dem Schulpsychologischen Dienst Schöneberg für jene Kinder *förderdiagnostische Gutachten* erstellt, die im Rahmen des gemeinsamen Unterrichts aller Wahrscheinlichkeit nach einer zusätzlichen sonderpädagogischen Unterstützung bedürfen. In ihnen werden das soziale Umfeld, der individuelle Entwicklungsstand des einzelnen Kindes und der sonderpädagogische Förderbedarf beschrieben.

Diese Gutachten dienen der Schulaufsicht als Entscheidungsgrundlage über die Aufnahme der betreffenden Schüler/innen in die Uckermark-Schule. Darüber hinaus sollen sie die künftigen Lehrer/innen über die spezifische Problematik des einzelnen Kindes informieren. Aufbau und Verständlichkeit orientieren sich an diesen beiden Funktionen (vgl. als Beispiele die Gutachten am Ende des Kapitels).

Die Gutachten werden nach der folgenden Vorgehensweise erstellt:

1. Die Kinder, die aller Wahrscheinlichkeit nach einer zusätzlichen sonderpädagogischen Unterstützung bedürfen, werden nach Eintritt in die Vorklassen der Uckermark-Schule bzw. in die Vorschulgruppen der Kindertagesstätten und Kinderläden des Schulbezirks von den Vorklassenleiterinnen, Erzieherinnen und den Mitgliedern der Wiss. Begleitung ungezielt in ihren Kindergruppen beobachtet. Wenn erforderlich, finden Fallbesprechungen statt.

2. Nach ca. einem halben Jahr, spätestens zum Zeitpunkt der Schulanmeldung im Januar, benennen die Vorklassenleiterinnen die Kinder, die aufgrund ihrer Erfahrungen voraussichtlich für die ersten Klassen einen zusätzlichen (sonder)pädagogischen Förderbedarf benötigen werden. Falls in einzelnen Fällen Kinder keine Vorschuleinrichtung besuchen, erfolgt dieser Hinweis gemäß Absprache vom Schularzt nach der schulärztlichen Untersuchung.

3. Von diesem Zeitpunkt ab beginnen über ca. vier Monate gezielte Beobachtungen durch die Wiss. Begleitung, durch die zusätzlich in den Vorklassen arbeitende Vorklassenleiterin mit heilpädagogischer Zusatzausbildung und ggf. durch Studierende des Instituts für Sonder- und Heilpädagogik an der FU Berlin. Es handelt sich hierbei um teilnehmende Beobachtungen in der Einzel- und Gruppensituation und um Beobachtungen des Pausen- und Unterrichtsverhaltens.

Die Ergebnisse werden zu einem Bericht zusammengefaßt, der einen Teil des Gutachtens bildet und folgende Punkte beinhaltet:

* Sozialverhalten
* Emotionalität
* Motorik
* Wahrnehmung
* Sprachverhalten
* Denkvermögen
* Arbeitsverhalten
* Leistungsmotivation
* Lernbereiche des Rahmenplans für die Vorklassen.

4. Vom März bis Mai des laufenden Jahres finden Anamnesegespräche mit den Eltern und Gespräche mit weiteren Kontaktpersonen statt, z.B. mit Therapeuten oder Einzelfallhelfern. Die Anamnesegespräche werden bewußt nicht in der Schule geführt, sondern in der Schulpsychologischen Beratungsstelle, damit die Eltern diese Einrichtung schon kennenlernen, bevor sie mit ihrem Kind zu einem weiteren Termin dorthin eingeladen werden.

Falls Eltern nicht in die Schulpsychologische Beratungsstelle kommen können - etwa aufgrund von Krankheiten oder psychischen Barrieren -, werden Hausbesuche vorgenommen. Die Elterngespräche werden gemeinsam mit der Schulpsychologin und der Sonderpädagogin der Wiss. Begleitung in Abwesenheit des Kindes geführt. Sie finden in einer möglichst entspannten Atmosphäre statt. Auf drängendes Nachfragen wird verzichtet, um die Darstellung der Entwicklung des Kindes (die immer subjektiv ist) als Bild, das die Eltern von ihrem Kind haben, sichtbar zu machen.

Die Anamnesegepräche können auch Beratungsfunktion haben, z.B hinsichtlich der Empfehlung oder Vermittlung einer logopädischen Betreuung, einer Familien- oder Eheberatung u.a.m. Der Gesprächsleitfaden für die Anamnesegespräche orientiert sich im allgemeinen an folgenden Punkten:

* Entwicklung des Kindes;
* Familien- und Erziehungssituation; Wohnverhältnisse;
* Schul-, Spiel- und Freizeitsituation;
* bisherige Maßnahmen.

5. Im letzten Drittel des Schuljahres besucht meist ein Elternteil *mit dem Kind* die Schulpsychologische Beratungsstelle. Hier wird das Kind nach einem förderdiagnostischen Konzept schulpsychologisch untersucht. Dabei können die Eltern anwesend sein, wenn die Umstände es erfordern. Bei Ermüdungserscheinungen wird die Untersuchung abgebrochen und ein zweiter Termin vereinbart. Sind Eltern aus den oben erwähnten Gründen nicht in der Lage, diesen Termin wahrzunehmen, findet die schulpsychologische Untersuchung in der Schule statt.

Bei dieser Untersuchung werden neben systematischen Beobachtungen in freien und gelenkten Spielsituationen psychometrische Tests (z.T. auch nur Untertests) verwendet; außerdem wird eine Lautbestandsüberprüfung vorgenommen. Im allgemeinen werden die folgenden Bereiche untersucht:

* Explorationsbedürfnis;
* Kommunikationsfähigkeit;
* Mengenverständnis; rechnerisches Denken;
* visuelle Wahrnehmung;
* visumotorische Koordination; Graphomotorik (Bewegung der Hand beim Schreibprozeß);
* Konzentrationsvermögen;
* Merkfähigkeit.

Die Ergebnisse der schulpsychologischen Untersuchung werden in einem Bericht zusammengefaßt.

6. Das Gesamtgutachten wird anschließend als Bericht über die "Sonderpädagogisch-psychologische Untersuchung" zusammengestellt, und zwar kooperativ von der Sonderpädagogin der Wiss. Begleitung und der Schulpsychologin. Es gliedert sich in fünf Teile:

* Beschreibung der Symptomatik des Kindes zum Ende der Vorklasse;
* Anamnese;
* Verhalten in der Vorklasse;
* Schulpsychologische Untersuchung;
* Beschreibung des Förderbedarfs für das 1. Schuljahr und Empfehlungen für seine Umsetzung.

7. Die Gutachtenentwürfe aller betroffenen Kinder wurden von allen Mitgliedern der Wiss. Begleitung diskutiert, eventuell modifiziert, dann in der endgültigen Fassung dem Schulleiter zur Kenntnis gegeben und an die Schulaufsicht geschickt.

8. Nach eingehender Prüfung sendet die Schulaufsicht die Gutachten zurück an die Schule. Sie werden dort verschlossen aufbewahrt. Die Eltern können

sie jederzeit einsehen, oder werden, falls Verständnisfragen bestehen, in einem ausführlichen Gespräch über den Inhalt informiert.

Zur besseren Übersicht wird der Verlauf der Gutachtenerstellung schematisch dargestellt (vgl. Tab. 5-3).

Tab. 5-3:

Ablauf einer Gutachtenerstellung

Zeitleiste		Maßnahmen
Im 1. Halbjahr nach der Einschulung in die Vorklasse	1.	unstrukturierte Beobachtung in den Vorklassen, Kindertagesstätten und Kinderläden durch Erzieher/innen (Fallbesprechungen nach Bedarf)
Zum Zeitpunkt der Anmeldung für die Einschulung in die 1. Klasse (Januar/Februar)	2.	Erzieher/innen benennen Kinder, die voraussichtlich einen Förderbedarf haben, oder Meldung durch den Schularzt nach der schulärztlichen Untersuchung
Januar - April	3.	gezielte Beobachtung durch wissenschaftliche Begleitung, zusätzlich durch die Vorklassenleiterin mit sonderpädagogischer Zusatzausbildung, evtl. Unterstützung durch Studenten
März - Mai	4.	Anamnesegespräche mit Eltern und weiteren Kontaktpersonen ohne Kind in der schulpsychologischen Beratungsstelle (evtl. Hausbesuch)
Im letzten Drittel des Schuljahres	5.	Förderdiagnostische Untersuchungen des Kindes in der schulpsychologischen Beratungsstelle, evtl. zwei Termine
Im letzten Monat des Schuljahres	6.	Erstellung der Gutachten, kooperativ von Wissenschaftlicher Begleitung und Schulpsychologin
In der letzten Woche des Schuljahres	7.	Gutachten werden auf dem Dienstweg an die Schulaufsicht des Bezirks geschickt
Zum Zeitpunkt der Einschulung in die 1. Klasse	8.	Gutachten kommen geprüft von der Schulaufsicht an die Schule zurück und werden dort verschlossen aufbewahrt

Probleme können sich bei der Begutachtung der Kinder mit Lernentwicklungsverzögerungen und/oder Verhaltensauffälligkeiten ergeben. Es zeigte sich, daß es schwer ist, den Förderbedarf für diese Kinder in Umfang und Art eindeutig zu prognostizieren. Er ist weniger klar voraussagbar und unterliegt stärkeren Schwankungen (u.a. bedingt durch die neue Situation der Einschulung), als dies bei Kindern mit Sinnes- oder Körperbehinderungen der Fall ist. Daher muß der prognostizierte Förderbedarf besonders im Laufe des ersten Schuljahres ständig überprüft werden.

Folgende *Empfehlungen* können für die künftige Erstellung der Gutachten ausgesprochen werden:

* Förderdiagnostische Gutachten sollten i.d.R. weiterhin zu Beginn der Einschulung erstellt werden, allerdings bei nicht ganz eindeutiger Prognose hinsichtlich des Förderbedarfs erst dann, wenn der Förderbedarf deutlich erkennbar ist.

* Diese Gutachten gelten jeweils für das laufende Schuljahr; sie sind von Jahr zu Jahr fortzuschreiben bzw. zu modifizieren.

* Ist ein besonderer pädagogischer Förderbedarf für ein Kind nicht mehr erforderlich, soll dieser Sachverhalt dokumentiert werden.

* Die Anamnesegespräche sollen weiterhin umfänglich und eingehend geführt sowie anschließend protokolliert werden. Im Gutachten selbst sollte die Beschreibung der sozialen und familiären Probleme nur verkürzt und unter stringenter Berücksichtigung der Schweigepflicht erfolgen.

* Die Gutachten sollten nicht nur von einem Sonderpädagogen und einem Psychologen, sondern auch von einem Grundschulpädagogen und einem Sozialpädagogen (im Sinne der Kind-Umfeld-Diagnose, vgl. SANDER 1987) unter Einbeziehung der Eltern erstellt werden.

5.4 Förderpläne

Das Erstellen der Förderpläne gehört zu den Aufgaben der Sonderpädagoginnen und Sonderpädagogen in Absprache mit den Klassenlehrern (vgl. Kap. 10). Zur Arbeitserleichterung bzw. als Orientierungshilfe wurde von der Wiss. Begleitung eine schematische Darstellung eines Förderplanmusters entwickelt, das von den Lehrern zuweilen auch modifiziert eingesetzt wurde (vgl. Tab. 5-4 am Ende des Kapitels).

Das Hauptanliegen ist, mit Hilfe eines vorgegebenen Rasters die schriftliche Fixierung der Förderplanung möglichst kurz und übersichtlich zu gestalten. Der Vordruck dient nur als Orientierung und kann die umfänglichen und persönlichen Vorbereitungen in bezug auf methodische Überlegungen, den Medieneinsatz usw. nicht ersetzen.

Nach Angabe der Personaldaten und des Zeitrahmens sollen die einzelnen zu fördernden Fähigkeiten und Fertigkeiten mit der laufenden Nummer auf das Formblatt eingetragen werden. Hierbei sollen die Ziele möglichst operationalisiert und die Verfahren kurz, aber für andere verständlich aufgeschrieben werden, damit im Vertretungsfall Kolleginnen und Kollegen die begonnene Arbeit weiterführen können. Es ist nicht beabsichtigt, in einem Förderplan möglichst viele Aspekte zu erfassen, sondern es sollen nur ein oder zwei Schwerpunkte der Förderung eingetragen werden. Ferner werden besondere innerschulische und außerschulische Aktivitäten (z.B. Elterngespräche oder Besuche im Hort) vermerkt. Falls ein Formblatt nicht ausreicht, wird ein weiteres verwendet.

Beispiel eines Förderplans für einen Jungen aus der 6. Klasse, Lernbereich Deutsch: Plan für tägliche Übungen, überwiegend im Einzelunterricht und Betreuung parallel zum Klassenunterricht mit Unterstützung durch die jeweiligen Fachlehrer:

* tägliche Leseübungen anhand des Grundwortschatzes und einfacher Lektüre (ab. 2. Klasse)
* Silbentrennung und -zusammenführung;
* Buchstaben/Wörter/einfache Sätze in Druck- und Schreibschrift;
* auch: Erlesen sinnloser Silben, um das Raten auszuschließen (Einüben verschiedener Lautkombinationen);
* Übungen zum sprachlichen (mdl.) Ausdruck: Sprecherziehung (in ganzen Sätzen sprechen);
* Rechtschreibübungen: Fehlerkartei, ABC-Heft, Schülerduden; (Ab)Schreibübungen von Silben, Wörtern und Sätzen (nach genauer Leseübung!); kurze Wörterdiktate, Übungen zur Silbentrennung (mit Klatschen, Hörübungen);
* Testerarbeitung/Aufsatztraining: ggf. Arbeit mit der Schreibmaschine; Fragen zum Text lesen, verstehen, beantworten, in vollständigen Sätzen diktieren und selber (ab-)schreiben;
* Unterrichtsgänge in die Schulumgebung: lesen, ggf. schreiben der entdeckten Schriftinformationen; entsprechende Suchaufgaben (Begreifen der Notwendigkeit des Lesen- und Schreibenlernens)
* Inhalte aus dem Englischunterricht werden zum großen Teil auf deutsch erarbeitet.

Die Förderpläne dienen in den kontinuierlichen Fallbesprechungen als Arbeitsunterlagen und werden dabei auf ihre Gültigkeit überprüft und wenn erforderlich modifiziert.

Im allgemeinen wird ein Förderplan für ein Kind während des Schuljahres zwei- bis dreimal erstellt. Er wird bei den Gutachten abgeheftet und dient auch als Grundlage für den Entwicklungsbericht zum Ende des Schuljahres.

5.5 Entwicklungsberichte

Die Entwicklungsberichte wurden von den Sonderpädagoginnen und Sonderpädagogen nach Rücksprache mit den Klassenlehrern und in Zusammenarbeit mit der Sonderpädagogin der Wiss. Begleitung zum jeweiligen Schuljahresende für jedes Gutachtenkind angefertigt, das eine sonderpädagogische Unterstützung erhielt. Am Ende des Kapitels wird ein Beispiel abgedruckt.

Im Zusammenhang mit der Aufgabe der Sonderpädagogen, Entwicklungsberichte nach förderdiagnostischen Grundsätzen zu schreiben, fanden mehrere Fortbildungsveranstaltungen zu dieser Thematik statt.

Ein Entwicklungsbericht gliedert sich im allgemeinen in folgende Abschnitte, die umgestellt oder in einzelnen Punkten auch wegfallen können:

* kurze Beschreibung der Symptomatik des Kindes zur Zeit der Einschulung (Hinweis, für welches Schuljahr dieser Bericht gilt);
* Darstellung der eingesetzten sonderpädagogischen Fördermaßnahmen (inhaltlicher und zeitlicher Umfang) ;
* Beschreibung der außerschulischen Situation des Kindes (bei Veränderungen wie Geburt eines Geschwisterkindes, Trennung der Eltern, Beginn einer Therapie, Betreuung in einem Hort usw.);
* Sozialverhalten des Kindes in der Klassen-, Kleingruppen- und Einzelsituation;
* Arbeitsverhalten im Unterricht;
* individueller Leistungsstand;
* Fördermaßnahmen für das nächste Schuljahr.

Jeder Bericht soll die positive Entwicklung eines Kindes hervorheben, auch wenn sie erst ansatzweise vorhanden ist. Daher müssen spätere Entwicklungsberichte immer Bezug auf frühere nehmen, so daß nach sechs Jahren Grundschulzeit eine eindeutige Dokumentation über den Entwicklungsprozeß des Kindes vorliegt.

Ergibt sich im Laufe der Schulzeit, daß zusätzliche, besondere pädagogische Fördermaßnahmen nicht mehr erforderlich sind, so wird dies in einem abschließenden Entwicklungsbericht begründet. Diese Entscheidung kann bei veränderter Bedarfslage selbstverständlich revidiert werden.

Die Entwicklungsberichte werden mit den Förderplänen und den Aufnahmegutachten in der Schule verschlossen aufbewahrt. Sie sind wie diese nicht Teil der amtlichen Schülerakte.

Tab. 5-4:

Muster für einen Förderplan

Blatt Nr. ..

Förderplan für Bitte Namen, Klasse, Planungszeitraum u. wöchentliche Förderzeit angeben	
Zu fördernde Fähigkeiten/Fertigkeiten	**Ziele und Verfahren** Bitte zunächst die lfd.Nr. der zu fördernden Fähigkeit/Fertigkeit eintragen
1. kognitive Fähigkeiten in einzelnen Lernbereichen 2. sensorielle Fähigkeiten (z.B. Wahrnehmung, Konzentration, Merkfähigkeit) 3. feinmotorische Fähigkeiten 4. grobmotorische Fähigkeiten 5. Sprache/sprechmotorische Fähigkeiten 6. Sozialverhalten (Gruppenfähigkeit) 7. Persönlichkeitsmerkmale (z.B. Ich-Stabilisierung, Aufbau von Frustrationstoleranz) 8. weitere zu fördernde Fähigkeiten u. Fertigkeiten	
Besondere innerschulische und außerschulische Aktivitäten:	

*) Ggf. ein weiteres Blatt verwenden

Erika Hensel
Schulpsychologische Beratungs-
stelle Schöneberg

Dr. Gitta Zielke
Wissenschaftliche Begleitung
des Schulversuchs (Uckermark-
Grundschule Schöneberg)

An die
Uckermark-Grundschule
z. H. Herrn Rektor Schüppel

Betr.: Sonderpädagogisch-psychologische Untersuchung zur Aufnahme in die 1. Klasse der Uckermark-Grundschule von S. (433) Junge

Erziehungsberechtigt

Alter im Beobachtungs- und Untersuchungszeitraum: 6,9 - 7 Jahre

S. ist seit dem Schuljahr 1984/85 schulpflichtig, wurde jedoch vom zuständigen Schularzt zurückgestellt. Seit dieser Zeit besucht er die Vorklasse der Uckermark-Grundschule.

Bei S. liegt eine cerebrale Bewegungsstörung und eine Hemiparese rechts vor (er ist also Linkshänder). S. wurde von der Vorklassenleiterin zur Überprüfung gemeldet, weil bei ihm aufgrund der körperlichen Beeinträchtigung und einer Sprachentwicklungsverzögerung Defizite im feinmotorischen Bereich, in der Wahrnehmung und der Informationsverarbeitung bestehen.

Die wesentlichen Aussagen dieses Gutachtens basieren auf:

- Medizinischen Unterlagen
- Gesprächen mit der Mutter, der Vorklassenleiterin und der Sonderschullehrerin der Vorklassen
- Verhaltensbeobachtungen in der Einzelsituation und in der Lerngruppe
- Schulpsychologischen Untersuchungen.

S. ist das erstgeborene Kind der Familie. Er hat noch ein Zwillingsgeschwisterpaar (Junge und Mädchen), das 1 1/2 Jahre jünger ist. S. war ein Achtmonatskind und wog bei der Geburt 1500 Gramm. Bei der Geburt traten Komplikationen auf: S. hatte Fruchtwasser geschluckt und die Nabelschnur war um den Hals geschlungen, so daß das Gesicht blau war und Gehirnblutungen vorlagen. S. kam nach der Geburt für ca. 14 Tage ins Christopherus-Krankenhaus. Später hatte S. Schwierigkeiten beim Trinken (Saugen), aber keine Ernährungsstörungen. Der Mutter fiel bald auf, daß S. nicht strampelte und auch nicht lallte.

Nach Angaben der Mutter diagnostizierte der Kinderarzt erst auf ihre Intervention eine spastische Lähmung. Ab ca. 1 1/2 Jahren erhielt S. orthopädisches Turnen. Er lief mit ca. zwei Jahren. Mit vier Jahren war S. etwa ein halbes Jahr im Oskar-Helene-Heim wegen einer Spitz- und Klumpfuß-Operation. S. trägt seit dieser Zeit orthopädische Schuhe.
Nach Angaben der Mutter ist S. wegen des kürzeren rechten Beines viel hingefallen und hat sich häufig verletzt. Dennoch ist er bis heute sehr ungestüm und hat einen großen Bewegungsdrang.

S. trägt an der rechten Hand eine Handschiene, die die Hand so spreizt, daß er sie unterstützend gebrauchen kann. Die linke Hand ist jedoch funktionstüchtig.

Die Mutter berichtete von keinerlei Erziehungsproblemen, obwohl sie drei kleine Kinder zu betreuen hat, wobei der Zwillingsbruder, laut medizinischen Berichten, ebenfalls körperliche Beeinträchtigungen aufweist. Allerdings berichtete Frau G., daß für 1 1/2 Jahre ein Familienhelfer die Familie unterstützte.

Seit dem dritten Lebensjahr besuchte S. die Sonderkindertagesstätte Freiherr-vom-Stein-Str. bis zu seiner Einschulung in die Vorklasse. Dort erhielt er eine logopädische Betreuung, die z. Z. ausgesetzt ist. Ab August 1985 soll S. orthopädischen Reitunterricht haben. Z. Z. nimmt er am Schwimmen der Vorklasse teil.

Bei den Beobachtungen in der Vorklasse fällt auf, daß S. alle manuellen Tätigkeiten mit gewissen Einschränkungen aufgrund seiner Halbseitenlähmung verrichten kann.

Das An- und Ausziehen ist noch erschwert, das Zuknöpfen gelingt ihm manchmal, Schleifebinden, Reißverschlußbetätigen usw. kann er noch nicht. Dabei ist weniger die rechte Hand ein Hindernis, als vielmehr seine Ungeduld und Unwilligkeit. Wenn diese Tätigkeiten nicht gleich klappen, werden seine Bewegungen fahrig, er schimpft weinerlich, z.T. auch trotzig und appelliert mit dieser Haltung an Erwachsene, ihm zu helfen.

Schwierigkeiten hat S. noch beim Umgang mit der Schere. Er kann noch nicht Gegenstände mit differenzierten Umrissen ausschneiden. Beim Zeichnen fährt er gelegentlich in großen, ausholenden Zügen über die Grenzlinien. Wenn S. konzentriert ist, gelingt es ihm, Perlen aufzufädeln, allerdings läßt seine Aufmerksamkeit sehr schnell nach, so daß er bald aufgibt. Im grobmotorischen Bereich wirken die Bewegungen gestört.

S. hat Schwierigkeiten, sich im Raum zu bewegen, sein Gehen wirkt eher wie ein "Vorwärtstaumeln" oder "Stolpern". Dabei streckt er den Oberkörper voran, rudert mit den Armen, um den Körper auszubalanciere: Durch das gering ausgeprägte Raumgefühl fällt es S. noch schwer, seine körperlichen Möglichkeiten und Gefahren richtig einzuschätzen.

Er läuft z. B. darauflos, ohne den Boden zu beachten und begibt sich leicht in Situationen, die für ihn und andere Kinder gefährlich sein können. Wenn S. dabei fällt, beeinträchtigt ihn das nicht weiter, sondern er steht sofort wieder auf und weint sehr selten.

Ergeben sich Gruppensituationen, rempelt S. häufig nach kurzer Zeit ein Kind an oder schlägt es (ausfahrende Bewegung des Arms). Die Ursache hierfür kann im Verlust des Gleichgewichtes liegen. Dieser Zustand tritt meistens dann auf, wenn S. überfordert ist und z.B. zu lange im Kreis ruhig sitzen soll. Die Mitschüler können inzwischen überwiegend erkennen, wann ein Verlust des Gleichgewichts die Ursache für seine Fehlleistung ist. Sie beschweren sich in diesem Fall nicht.

Zu den Schülern nimmt S. selbständig Kontakt auf und ist in die Vorschulgruppe integriert. Seit dem Besuch des Horts am Nachmittag (Herbst 1984) äußert S. seine Wünsche fordernder. Nach Aussagen der Vorklassenleiterin gibt er nicht mehr so gern ab, weil er sich im Hort ständig gegen ältere Kinder behaupten müsse und deshalb jetzt der "Starke" in der Vorklasse sein will. Beim Spiel im Freien bevorzugt S. Laufspiele, er wird dabei von den anderen Kindern als gleichberechtigter Partner einbezogen und läßt sich durch Hilfen, Stützen nicht entmutigen. Bei Gesellschaftsspielen ist es ihm besonders wichtig zu gewinnen, verliert er, reagiert er mit Verweigerung.

S. spielt am liebsten mit Bausteinen aller Art und zeigt bei dieser Beschäftigung eine hohe Konzentration und Ausdauer trotz der beeinträchtigten Hand!

In bestehenden Spielgruppen wird S. manchmal nicht sofort aufgenommen In derartigen Situationen "kämpft" er aber nicht um die Einbeziehung, sondern wendet sich schnell an Erwachsene und beschwert sich bei ihnen in einem trotzig vorwurfsvollen Ton.

Beim angeleiteten Spiel läßt sich S. leicht motivieren, treten Schwie rigkeiten auf, ist er aber ebenso schnell entmutigt und sucht die Unterstützung des Erwachsenen. Bei der Vermittlung von Regeln benötigt S. häufig zusätzliche Erklärungen, die Reihenfolge der Tätigkeiten und die notwendigen Materialien kann er sich oft nicht merken.

S.s Arbeitstempo ist im allgemeinen verlangsamt. Er ist leicht abgelenkt. Bemerkt er, daß andere Schüler schon weiter sind, reagiert er mit "Panik" und arbeitet dann sehr oberflächlich, um möglichst schnel die anderen einzuholen.

Durch musische Elemente wird S. stark angesprochen, und er kann sich im Gegensatz zu anderen Bereichen hier lange konzentrieren.

S.s Sprache ist noch wenig artikuliert und schwer verständlich. Er spricht nicht immer vollständige Sätze, z.B. "Will Ball haben!" Bei S. liegt ferner eine multiple Dyslalie vor; von der Ersatzlautbildung sind betroffen: g - d (statt "Gabel" - "Dabel"), k - t (statt "Kante" - "Tante").

Ebenso werden die entsprechenden Laut-Verbindungen "gl", "gn", "kl", "kn" durch "l" und "n" ersetzt. S. hat weiterhin Schwierigkeiten, be Laut-Verbindungen mit "sch", ferner entfallen bei ihm teilweise die Endkonsonanten, obwohl er diese isoliert durchaus richtig ausspreche kann.

Dennoch hat S. in dem einen Jahr in der Vorklasse zahlreiche Entwicklungsschritte gemacht. Er kann jetzt seine Wünsche angemessener vorbringen, Verhaltensregeln vermehrt einhalten, sorgfältiger ausmalen und beim Zeichnen stärker die Grenzlinien beachten. S. ist in der Bestimmung von links und rechts noch unsicher, zählen kann er dagegen sicher bis fünf. Manchmal schafft er es auch schon, je nach seiner Verfassung, bis zehn zu zählen, ohne damit operieren zu können. Die gängigen Farben kann S. genau bestimmen.

Bei der testpsychologischen Untersuchung zeigte sich S. zu Beginn sehr agitiert mit überschießenden Bewegungen. Er explorierte den Untersuchungsraum und beschäftigte sich anschließend recht lange mit einer Spieluhr. Dabei wurde er zunehmend entspannter, so daß er sich anschließend auf die Untersuchungssituation einstellen konnte.

Folgende Aufgaben wurden mit S. bearbeitet:

- HAWIVA (Subtests: Mosaike, Figuren-Zeichnen, Allgemeines Verständni
- Frostigs Entwicklungstest der visuellen Wahrnehmung (Subtests I, II und V)
- Prüfung optischer Differenzierungsleistungen.

Bei der Untersuchung fiel auf, daß S. Schwierigkeiten mit Aufgaben hatte, bei denen die Aufrechterhaltung einer relativ konzentrierten Verbalkommunikation notwendig gewesen wäre. Das Kind erschien wenig geübt, sich auf derartige Frage-Antwortsituationen einzustellen.

Im Verlaufe der Untersuchungen erwies es sich wegen der perzeptiven Mängel im visuellen Bereich auch als notwendig, auf die Überprüfung sprachfreier kognitiver Leistungen zu verzichten, da die vorliegenden Tests figurale Vorgaben enthalten.

Aufgrund unserer Untersuchungsergebnisse schätzen wir den Entwicklungsstand in den geprüften Bereichen wie folgt ein:

Bei der Prüfung der visuellen Perzeption gewannen wir den Eindruck, daß die Schwierigkeiten des Kindes stärker auf Beeinträchtigungen der Wahrnehmung und Informationsverarbeitung als auf eine feinmotorische Behinderung und auf eine mangelhafte Auge-Hand-Koordination zurückzuführen sind. Zwar ist die Geschicklichkeit auch der von der Lähmung nicht betroffenen Hand nicht altersgemäß entwickelt, aber im Vorschuljahr relativ zur Ausgangslage offenbar gut gefördert worden. S. kann jetzt Begrenzungslinien recht gut beachten und Umrisse ohne grobe Verzitterungen nachfahren. Reproduktionen einfacher Zeichen und Formen werden wahrscheinlich vor allem dadurch behindert, daß die Gestaltwahrnehmung gestört ist.

Die daraus sich ergebenden Unsicherheiten bei der Reproduktion hemmen die Flüssigkeit der motorischen Bewegung beim Zeichnen, so daß es zu überschießenden Bewegungen, die zur völligen Verkritzelung einer Figur führen können, kommt. Die korrekte Wahrnehmung von Raum-Lage-Beziehungen und die Unterscheidung von Figur und Grund bereiten S. ebenfalls noch Schwierigkeiten. Auch die optischen Differenzierungsleistungen bei gegenständlichen Bildvorgaben sind nicht altersgemäß. Wir schätzen, daß die Entwicklung des Kindes im Bereich der visuellen Wahrnehmung um etwa 2 Jahre retardiert ist.

Da S. seine Aufmerksamkeit besonders gut auf Töne fixieren konnte, überprüften wir in einer spielerischen Situation auch die Unterscheidung von Tonhöhen und das Gedächtnis für kurze Tonfolgen und Rhythmen. Dabei ergab sich, daß S. Töne bis zum Abstand einer Quart nach "höher" und "tiefer" nicht sicher einschätzen konnte. Einfache Rhythmen konnten recht gut wiedererkannt werden. Tonfolgen dagegen nicht. Wir gewannen aufgrund einer informellen Überprüfung auch den Eindruck, daß ähnlich klingende Laute und Wörter akustisch nicht differenziert werden.

Auffällig während der gesamten Untersuchungszeit war ein ticartiges Kopfschütteln, das nach unserer Beobachtung bei konzentrativer Anspannung auftrat. Da bei der Beobachtung in der Vorschule schleudernde Bewegungen der Arme auffielen, besteht die Möglichkeit, daß diese unwillkürlichen Bewegungsabläufe eine neurologische Grundlage haben und Teil der Behinderungssymptomatik sind. Vor allem das Schleudern der Arme könnte als willkürliche und aggressive Bewegung von den Mitschülern wahrgenommen werden und da Kinder mit diesen Symptomen solche unwillkürlichen Bewegungen auch selbst aus Gründen der Kaschierung häufig in eine Schlagbewegung übergehen lassen, sollte dieses Problem beobachtet werden.

Insgesamt kann der Entwicklungsstand von S. als hinreichend für die Einschulung in eine 1. Klasse der Uckermark-Grundschule betrachtet werden. Besonderer Wert sollte im weiteren Verlauf der schulischen Entwicklung auf folgende Punkte gelegt werden:

- Die sprachliche Entwicklung von S. muß unterstützend gefördert werden. Dies gilt sowohl für die Artikulation als auch für die Ausdrucksfähigkeit, wobei Frage-Antwort-Situationen besonders zu berücksichtigen sind.

- S. benötigt ferner stundenweise eine zusätzliche besondere pädagogische Betreuung, um ihn in seinen Lernprozessen zu unterstützen. Zu fördern sind alle bereiche der visuellen Perzeption, wobei Lernangebot und -tempo auf S.s jeweiliges - auch schwankendes - Leistungsvermögen abgestimmt sein sollten, um Mißerfolgserlebnisse weitgehend zu vermeiden.

- Psychomotorische Übungen zur Förderung der Körperkoordination und der Raumorientierung, sowie eine Förderung der Feinmotorik. Das Angebot zur Entwicklung der Grob- und Feinmotorik sollte in spielerischer Form innerhalb einer Kleingruppe aus der Klasse erfolgen, um S. zugleich im Bereich des sozialen Lernens zu fördern (und die Mitschüler zum Verständnis für S.s Bewegungsbeeinträchtigungen zu führen).

- Wir gehen davon aus, daß die Mutter die besondere Unterstützung und Beratung durch die Schule braucht.

Auf der Grundlage des Genehmigungsschreibens des Senators für

Schulwesen, Berufsausbildung und Sport vom 31.3.1982 empfehlen wir die Aufnahme in die 1. Klasse der Uckermark-Grundschule.

(Hensel) (Dr. Zielke)

Berlin, den 16. JULI 1985

Nach der eingehenden Diskussion dieses Gutachtens schließen wir uns der oben ausgesprochenen Empfehlung an.

(Heyer) (Preuss-Lausitz)

Kenntnis genommen:

(Schüppel)
Schulleiter

Bericht über S (433) Junge

S. ist seit dem Schuljahr 1984/85 schulpflichtig und wurde zurückgestellt. Seit dieser Zeit besuchte er die Vorklasse der Uckermark-Grundschule. Z. Z. des Berichts war S. Schüler einer 2. Klasse.

Bei S. liegt eine cerebrale Bewegungsstörung und eine Hemiparese rechts vor (er ist Linkshänder). Demzufolge hat S. Defizite im feinmotorischen Bereich, in der Wahrnehmung und der Informationsverarbeitung, ferner hat er Sprachentwicklungsverzögerungen.

S.'s Situation im 2. Schuljahr war im wesentlichen durch die notwendige 2. Fußoperation (Sehnenverlängerung) und ihre Folgen bestimmt
1. Da er schon immer genau so sein wollte wie andere Kinder (genauso schnell, genauso "gut" usw.), konnte ihm zwar die Notwendigkeit der Operation mit ihren positiven Folgen für das Gehen verdeutlicht werde doch die Wochen vor der Operation waren gekennzeichnet von Unruhe, Nervosität, Angst und Unkonzentriertheit.
2. Die Zeit nach der Operation war geprägt durch die Notwendigkeit des ruhigen konzentrierten und exakten Gehen-Übens, was S. große Schwierigkeiten bereitete, wurde ihm doch dadurch zunächst noch

einmal seine Behinderung, die er schon immer schwer akzeptieren konnt besonders deutlich. Erkennbare, wenn auch sehr langsame Fortschritte haben ihm jedoch über diese Zeit hinweggeholfen und er wurde zusehends wieder munterer und wendiger.

3. Auch die Schwierigkeiten der Gewöhnung an die Laufschiene, die über längere Zeit auch schmerzhafte Druckstellen verursachen kann und ihm und den anderen Kindern seine Behinderung noch einmal sichtbar machte, meisterte er, da sie das Gehen deutlich erleichterte und korrigierte. Er trägt die Schiene jetzt auch im Sommer selbstverständlich zu kurzen Hosen.

4. Bei spielerischen Aktivitäten (Sport, Schulhof, Fußball u.ä.) ist S. voll in den Klassenverband integriert und von den entsprechenden Gruppen akzeptiert.

Im Lern- und Leistungsbereich wird sich S. jedoch zunehmend seiner Schwächen bewußt und versucht sie durch falsche Aktivitäten (vieles hinschreiben, ohne sich konzentriert um richtige Lösungen zu bemühen, abschreiben, sich vorsagen lassen u. ä.) zu kaschieren. Wird er darauf angesprochen, reagiert er sehr abweisend und ist kaum zu einer ihm gemäßen langsamen Arbeitsweise bereit und will sich auch oft nicht adäquat helfen lassen.
Genauso, wie er es schwer gehabt hat (und noch hat!) seine Behinderung anzunehmen, wird es noch eines längeren Prozesses bei ihm bedürfen, bis er akzeptiert, daß er langsamer lernt als die meisten anderen Kinder und deshalb auch langsamer und mit mehr Hilfs- und Anschauungsmitteln arbeiten muß.

Da er aber diesen Lernprozeß bei der Bewältigung der Operation und ihrer Folgen durchgemacht hat, besteht berechtigte Aussicht, ihn auf den schulischen Lern-, Leistungs- und Arbeitsbereich zu übertragen. So werden die wichtigsten Aufgaben für die Arbeit mit S. im 3. Schuljahr sein:

- Gezieltes Rechentraining zum Nachholen des Versäumten, zum Ausgleich der Schwächen (1 x 1, Subtraktion) und zur Wiederholung der Lerninhalte der 2. Klasse;
- Weiteres intensives Geh- und Lauftraining, um den Erfolg der Operation nicht zu gefährden (Gefahr einer erneuten Sehnenverkürzung!);
- Übungen zur Förderung der Feinmotorik (Basteln, Schneiden, Greifen, Fangen, Werfen u.a.) und zur Stärkung der rechten Hand;
- Lebenspraktisches Training (Schuhe binden, Auf- und Zuknöpfen, Knoten, Einbeziehen der rechten Hand mit dem Fernziel des Schleifebindens);
- Schaffung von Lern- und Arbeitssituationen, in denen er, genau wie beim mühsamen Richtig-Gehen-Lernen, kleine Erfolge sehen lernt und akzeptiert, daß es auch beim Lernen sehr langsam vorangeht.

Danyel diktiert Dirk Diktatwörter.

6 Integrativer Unterricht und Schulleben

(Peter Heyer)

6.1 Grundlegende Aufgaben einer Grundschule

Die Gestaltung der unterrichtlichen und außerunterrichtlichen Schulpraxis ist nur zu einem geringen Teil durch die besonderen Anforderungen der gemeinsamen schulischen Erziehung geprägt. Zunächst einmal versucht die Uckermark-Grundschule - wie alle anderen Schulen auch - die genuinen Aufgaben einer jeden Grundschule gut zu bewältigen. Die Berliner Grundschule umfaßt Vorklassen und die Klassen 1 bis 6. Neben den herkömmlichen Aufgaben ergeben sich auch solche, die Folge der neueren gesellschaftlichen Entwicklungen der letzten Jahrzehnte sind.

Die zentrale Aufgabe der Grundschule besteht nach wie vor darin, allen Kindern einen *gemeinsamen Grundbestand an Lernerfahrungen*, an Wissen und Könnnen zu vermitteln. Dazu gehört vor allem Lesen, Schreiben, Rechnen, die Sicherheit im Gebrauch der Muttersprache - dies gilt natürlich auch für Kinder mit nichtdeutschen Muttersprachen -, die Förderung sachkundiger Auseinandersetzung mit der Umwelt und musisch-künstlerischer sowie sportlicher Betätigungen. Dabei hat die Grundschule nach wie vor eine in sich widersprüchliche Doppelaufgabe zu leisten: Sie soll neben dieser Sicherung einer gemeinsamen Grundbildung *für alle* zugleich auf die *unterschiedlichen* weiterführenden Schulen des Sekundarbereichs vorbereiten.[6]

6 Diese Doppelaufgabe bestimmt die Grundschule von Anfang an. Sie ist bereits im Reichsschulgesetz von 1920 enthalten (Reichsministerium des Innern 1921), genauso wie in Präambeln neuerer Grundschul-Rahmenpläne, z.B. in Berlin (1986).

Aus den gesellschaftlichen Entwicklungen der letzten Jahrzehnte und den damit verbundenen veränderten Sozialisationsbedingungen für das Erwachsenwerden der Kinder in unserer Gesellschaft (vgl. u.a. ROLFF/ZIMMERMANN 1985; HARMS u.a. 1988; FÖLLING-ALBERS 1989; PREUSS-LAUSITZ u.a. 1989) haben sich für die Grundschule heute einige wichtige weitere Aufgaben ergeben, die im folgenden nur knapp skizziert werden.

* Die Grundschule muß heute weit mehr als früher den Kindern zu *konkreten Erfahrungen* verhelfen: Kinder von heute sehen und hören zwar viel mehr als früher über die Welt, in der sie leben, aber sie können das, was sie sehen und hören, weniger verstehen, weil sie in ihrer Umwelt weit weniger konkrete Erfahrungen machen können. Ihr Handlungsspielraum außerhalb der Wohnung ist eingeengt.

* Die Grundschule muß der Förderung der *sozialen Entwicklung* der Kinder heute mehr Raum geben als früher: Kinder leben heute zumeist in Familien ohne oder mit nur einem Geschwister; ihre Möglichkeiten zur sozialen Auseinandersetzung mit Gleichaltrigen außerhalb der Schule sind eingeschränkt.

* Die Grundschule muß sich den grundlegenden Zielsetzungen einer *interkulturellen* Erziehung stellen, einer antirassistischen Erziehung, die zu gegenseitigem kulturellen Respekt und zu Empathie beiträgt: Kinder wachsen heute in einer Gesellschaft zusammen mit Menschen auf, die eine andere Muttersprache haben und aus anderen Kulturen kommen. Gerade bestimmte gesellschaftliche Fehlentwicklungen in unserer jüngeren Vergangenheit weisen darauf hin, daß sich die Schule dieser Aufgabe nicht verschließen darf.

* Die Grundschule muß die *zentralen gesellschaftlichen Probleme* unserer Zeit in den Unterricht integrieren und dafür Formen entwickeln, die es Kindern im Grundschulalter ermöglichen, sich auf altersgemäße Weise mit Themen wie 'Friedenssicherung', 'ökologischer Umgang mit Technik und Leben', 'soziale Beherrschung der neuen Kommunikationsmedien', 'soziale Ungerechtigkeit', 'Hunger und Unterdrückung in der 3. Welt' zu beschäftigen: Schule kann sich heute weniger denn je auf die Vermittlung von Wissen und Können beschränken; sie muß auf vielfältige Weise zu einem ganzheitlichen Erziehungsprozeß beitragen und hat dabei auch Aufgaben der 'Wertebildung' zu übernehmen, die früher weitgehend dem Elternhaus vorbehalten waren.

* Die Grundschule muß Kindern vielfältige Gelegenheit bieten, zu lernen, mit der eigenen *Freizeit etwas Sinnvolles anzufangen*: Dies gilt in besonderem Maße für Kinder mit größerer 'Gegenstandsarmut' und besonders ausgeprägter Medienbezogenheit (vgl. Kap. 7). Schließlich ist die Schulklasse heute für viele Kinder die wichtigste Bezugsgruppe, auch für ihre Freizeitaktivitäten. Die Schule erhält damit eine besondere Chance der wirkungsvollen Vermittlung befriedigender Freizeittätigkeit.

* Darüber hinaus hat die Grundschule jetzt die Aufgabe, Unterricht und Schulleben *binnendifferenzierend* zu gestalten: Der Individualisierungsprozeß in der Gesellschaft bewirkt auch eine verstärkte Unterstützung individueller Interessen bei Kindern im familiären Bereich, dem in der Schule stärker

entsprochen werden muß. Sowohl das seit Jahrzehnten kumulierte pädagogische Wissen wie die inzwischen vergleichsweise günstigen schulischen Rahmenbedingungen ermöglichen es grundsätzlich, die Kinder in ihrer Lernentwicklung so zu fördern, daß dabei *gemeinsames* Lernen unter Berücksichtigung individueller Bedingungen verwirklicht wird.

6.2 Integrationsbedingte Grundschulaufgaben

Zusätzlich zu den beschriebenen allgemeinen Grundschulaufgaben kamen auf die Uckermark-Grundschule aus den integrativen Zielsetzungen des Schulversuchs eigentlich nur zwei weitere Aufgaben hinzu:

* Der *binnendifferenzierende Unterricht* mußte so angelegt werden, daß gemeinsames Lernen auch dann möglich blieb, wenn die schulischen Anforderungen an einzelne Kinder stark voneinander abwichen.

* Als Folge der größeren Heterogenität innerhalb der Lerngruppen und des versuchsbedingten öffentlichen Interesses ergaben sich für die Lehrerinnen und Lehrer erhöhte Anforderungen an ihre *Bereitschaft und Fähigkeit zur Kooperation* - innerhalb der Schule und nach außen -, verbunden mit einem größeren Legitimationsdruck und verstärkter sozialer Kontrolle. Beides soll im folgenden erläutert werden.

Im Schreiben der Berliner Schulbehörde zur Genehmigung des Schulversuchs wurde ausdrücklich festgelegt, daß nur solche Kinder aufgenommen werden dürfen, von denen zu erwarten ist, daß sie an den *gemeinsamen Lernsituationen eines binnendifferenzierenden Unterrichts* teilnehmen können. Die Entwicklung einer Schulpraxis, die Kindern auch dann gemeinsames Lernen ermöglicht, wenn an sie - zumindest teilweise - unterschiedliche Anforderungen zu stellen sind, war eine der zentralen Zielsetzungen des Schulversuchs. Die vielfach vertretene Forderung an einen integrativen Unterricht, nach der stets *alle Kinder der Klasse gemeinsam am gleichen Gegenstand lernen sollten*, wurde von den Lehrerinnen und Lehrern der Uckermark-Grundschule so nicht übernommen. Eine derartige Forderung kann im Grunde nur in einer *projektorientierten Unterrichtsstruktur* verwirklicht werden. Unterricht kann jedoch nicht ausschließlich in Projektform organisiert werden. Bestimmte unterrichtliche Aufgaben verlangen nach anderen Organisationsformen. ‘Gemeinsames Lernen’ ist möglich, ohne daß alle Kinder immer zur gleichen Zeit am gleichen Gegenstand lernen. Das integrationspädagogische Grundprinzip der Lehrer der Uckermark-Grundschule besteht darin, daß jedem Kind das *Recht auf die eigene Lernentwicklung* und auf den eigenen Lernweg zugebilligt wird. Das verlangt, daß es nun auch in der Schule als Individuum wahrgenommen und angenommen wird, so wie es ist, mit dem, was es im Augenblick kann und will. Von dieser Basis her muß die Lernentwicklung jedes Kindes unterstützt werden. Dabei kann es dann für die Lernentwicklung einer Gruppe von Kindern durchaus wichtig sein, daß für einzelne Kinder zur gleichen Zeit unterschiedliche Lerninhalte im Mittelpunkt stehen. Damit allein ist die Gemeinsamkeit beim Lernen noch keineswegs gefährdet. Wichtig ist allerdings, daß zwischen den an unterschiedlichen Inhalten Lernenden der *kontinuierliche Erfahrungsaustausch* erhalten bleibt, daß die Kommunikation über das, was der einzelne bei seinem Lernen an Erfahrungen macht, nicht abbricht. Gemeinsamkeit innerhalb einer Gruppe entsteht nicht allein dadurch, daß alles gemeinsam gemacht wird. Im Gegenteil, für die Lebendigkeit innerhalb einer Gruppe, für das gegenseitige Interesse der Gruppenmitglieder untereinander, ist es wichtig, daß jeder auch eigene Erfahrungen macht und in die Gruppe einbringt. Gemeinsamkeit in einer Lerngruppe entsteht vor allem durch den *gegenseitigen Erfahrungsaustausch* und dadurch, daß allmählich das *Verantwortungsgefühl füreinander* zunimmt.

Die Realisierung einer Schulpraxis, die sich darum bemüht, gleichzeitig die individuellen Lerninteressen und -bedingungen zu berücksichtigen und die soziale Entwicklung der Kinder zu fördern, ist nur dann möglich, wenn die *Lehrkräfte* untereinander und mit anderen, an der Erziehung bzw. Betreuung der Kinder Beteiligten, *kooperieren*. Lehrer in Integrationsklassen müssen ihre traditionelle Rolle verändern, die ihnen ein hohes Maß an pädagogischer Selbständigkeit - zumindest innerhalb ihrer vier Klassenwände - gewährt. Die Berücksichtigung einer Vielzahl individueller Bedingungen, darunter von Kindern mit ganz besonderen Problemen, verlangt die kontinuierliche Zusammenarbeit mit anderen. Jeder Lehrer kommt so zwar aus seiner Vereinzelung heraus, gerät aber zugleich in ungewohnte Begründungszwänge für sein Handeln. Er muß ständig die eigene Arbeit anderen gegenüber vertreten. Es entsteht auch innerhalb des Klassenraums eine größere Öffentlichkeit: Nicht nur Eltern, sondern auch schulfremde Personen, die sich für die pädagogische Arbeit des Schulversuchs interessieren, kommen oft als Gäste in den Unterricht und sind keineswegs immer wohlwollende Kritiker. Hinzu kommt, daß Lehrer in ihrer Berufsausbildung in aller Regel nicht darauf vorbereitet wurden, kooperativ zu arbeiten, von ihnen vielmehr in Ausbildung und Prüfungen erwartet wurde, als 'Einzelkämpfer' bestehen zu können (vgl. die Kap. 10 und 11).

6.3 Unterrichtsformen, die sich an der Uckermark-Grundschule für den integrativen Unterricht bewährt haben

Die Uckermark-Grundschule hatte und hat nicht den Anspruch, ein eigenes originäres, in sich geschlossenes integrationspädagogisches Unterrichtskonzept zu entwickeln. Das Kollegium besteht nicht aus einzelnen, speziell für Aufgaben der Integration ausgewählten Lehrerinnen und Lehrern für einzelne Integrationsklassen, sondern ist ein gewachsenes Grundschulkollegium, das sich um 1980 im Verlaufe einer kritischen Auseinandersetzung mit der eigenen pädagogischen Arbeit für diesen Schulversuch entschieden hat (vgl. Kap. 3).

Es gab also kein vorher ausgearbeitetes integrationspädagogisches Konzept, dem alle Lehrerinnen und Lehrer quasi verpflichtet wurden. Vielmehr fand eine Art integrationsbezogene Weiterentwicklung der bisherigen pädagogischen Arbeit aller an dieser Schule Tätigen statt. Das hatte zur Folge, daß in den 21 Klassen durchaus recht Unterschiedliches geschah. Es gab zwar, durch die intensive Zusammenarbeit innerhalb des Kollegiums, besonders auf den einzelnen Jahrgangsstufen, gewisse Angleichungsprozesse, aber der Unterricht in jeder Klasse blieb nach wie vor durch individuelle Persönlichkeitsstile stark geprägt. Auch die im folgenden beschriebenen Unterrichtsformen wurden nicht in allen Klassen und nicht immer auf Dauer praktiziert. Sie gehören zu einem *Repertoire von Unterrichtsformen*, die sich bewährt haben, und die vielfach, situationsbezogen, Verwendung finden. Unabhängig von der Vielzahl der praktizierten Unterrichtsformen gibt es so etwas wie einen pädagogischen Grundkonsens innerhalb des Kollegiums, der für alle bestimmend ist. Hierzu gehören u.a. die folgenden, für jegliche Unterrichtsgestaltung sehr wichtigen Leitsätze (vgl. dazu SCHWARZ 1986, HEYER 1988, MEIER/HEYER 1988):

* Jedes Kind hat ein *Recht auf die eigene Lernentwicklung*. Es soll dabei unterstützt werden, seinen eigenen Lernweg zu gehen und beim Lernen zunehmend selbständiger werden.

* Die Lernentwicklung eines jeden Kindes kann nur auf der Basis seines *augenblicklichen Lernstandes* und unter Berücksichtigung seiner eigenen *Lerninteressen* unterstützt werden. Die konkreten Erfahrungen eines Kindes müssen auch in der Schule Ausgangspunkt seines Lernens werden. Gemeinsamer Unterricht muß sich auf gemeinsame Erfahrungen und gemeinsame Interessen gründen.

* Für die schulischen Lerninhalte ist und bleibt der *Lehrer* verantwortlich - so wichtig die Berücksichtigung individueller Bedingungen und Interessen auch sein mag.

* Kinder regen sich in ihrem Wissen und Können gegenseitig an; sie brauchen *gute Beziehungen zu Gleichaltrigen*, mit denen sie bereden und erproben können, was sie erfahren haben, um es sich so sicher anzueignen. Die Schule muß auch deshalb das soziale Leben der Kinder fördern (vgl. KRAPPMANN 1986).

6.31 'Rituelle' Unterrichtsformen

In einem binnendifferenzierenden Unterricht, der den Kindern größere Freiräume für selbstbestimmtes Lernen einräumt, ist es für die Kinder wichtig, daß offenere Lernsituationen mit zeitlich begrenzten, festgelegten Unterrichtsformen im Wechsel stehen. Zu bestimmten Zeiten oder Situationen wiederkehrende Unterrichtsformen, Arbeitsweisen oder auch Kommunikationstraditionen geben den Kindern Orientierung und Sicherheit. Welche Formen das in der einzelnen Klasse jeweils sind, ist relativ unwichtig. Fast jede Unterrichtsform kann zu einer solchen, den Unterricht stabilisierenden Komponente werden, die die Aufgabe hat, die Unterrichtsabläufe zu gliedern. Diese regelmäßig wiederkehrenden Unterrichtsphasen tragen dazu bei, daß die Kinder die eigenen Handlungs- und Entscheidungsspielräume besser kennen und nutzen können und sich von den pädagogischen Launen eines Erwachsenen weniger abhängig fühlen. Es ist wichtig, daß solche Rituale als lebendige Tradition erlebt und gemeinsam von Schülern und Lehrern weiterentwickelt werden. Sie dürfen keinesfalls in ihrer Form erstarren (vgl. MEIER/HEYER 1988).

Beispiele für rituelle Unterrichtsformen zur Gliederung eines Schulvormittags, einer Schulwoche, eines Schuljahres oder auch der gesamten sechsjährigen Grundschulzeit sind: Gemeinsame Arbeitsplanung; Morgenkreis; kurze Übungsphasen; gemeinsames Spielen, Singen und Turnen; Projekttage; Theaterspielen; Arbeit mit der Freinetdruckerei; Wochenendgespräch; Tagesausflüge; gemeinsames Adventssingen mit anderen Klassen; Theateraufführungen; Geburtstage feiern; Herbstfest der Schule; Fasching; der alle zwei Jahre stattfindende Umzug in einen Klassenraum der nächsthöheren Schulstufe...

Im folgenden sollen einige solcher ritueller Unterrichtsformen, wie sie die Unterrichtspraxis der Uckermark-Schule mitbestimmen, näher beschrieben und die dabei aufgetretenen Probleme angedeutet werden.

* *Morgenkreis*. Der Schulvormittag wird gemeinsam begonnen. Kinder tauschen Erlebnisse des Vortages aus und planen gemeinsam die Arbeit des Tages. Kinder müssen oft erst Schritt für Schritt dahin geführt werden, an dem was andere von sich erzählen, interessiert zu sein. Der Morgenkreis darf deshalb zunächst nicht sehr lange dauern. Bewährt hat sich z.B. in vielen Klassen, daß der Morgenkreis an jedem Wochentag einen anderen besonderen Schwerpunkt hat: Montags werden Rätsel gestellt, dienstags dürfen Witze erzählt werden, mittwochs ist der Träumeerzähltag usw. Ist eine Klasse erst einmal eingeübt, den Schultag gemeinsam zu beginnen, läuft der Morgenkreis oft so ab, daß immer ein bestimmtes Kind - jeweils für eine Woche festgelegt - die Redeliste führt, eine Liste, in der sich jeder vor Beginn des Morgenkreises eintragen muß, der etwas erzählen möchte. Von der 2. Klasse an läuft der Morgenkreis dann meist völlig selbständig in der Regie der Kinder.

Beginnt der Schulvormittag in einer Klasse nicht mit dem Morgenkreis, sondern z.B. mit einer Phase 'Freier Arbeit' (s.u.), dann mündet diese in den Morgenkreis ein. Das hat dann u.a. zur Folge, daß die Kinder im Morgenkreis von konkreten Erfahrungen aus der vorangegangenen Freien Arbeit berichten können.

* *Übungsphasen*. Regelmäßige, kurze, abwechslungsreiche Übungsphasen finden möglichst jeweils zur gleichen Zeit statt und sind stets von gleicher Dauer. Die Tradition des 'Frühstücksdiktats' meint z.B. eine konzentrierte zehnminütige Rechtschreibübung, immer unmittelbar vor oder nach der ersten großen Pause. Es werden dabei z.B. die 'Wörter der Woche' geübt oder es wird in Partnerarbeit mit der individuellen Rechtschreibkartei gearbeitet. Wichtig ist, daß diese tägliche Übung wirklich genau auf 10 Minuten begrenzt bleibt. In jeder Klasse gibt es eine große Wanduhr, so daß die Kinder die Dauer der Übung kontrollieren können. Für andere Trainingsprogramme, z.B. das 'Zehnminutenrechnen', gilt Ähnliches. Grundschulkinder haben einen nie versiegenden Bedarf an Aufgaben, die sie sicher beherrschen oder sicher beherrschen wollen.

Wochenendgespräch. In einigen Klassen hat sich ein gemeinsamer Rückblick auf die vergangene Woche, z.B. immer freitags in der letzten Stunde, als wichtige Tradition herausgebildet. Die Kinder besprechen mit dem Lehrer bzw. den Lehrern, was in der letzten Woche gelaufen ist, für jeden einzelnen und für die ganze Klasse. Was gut, was unbefriedigend war. Es wird gemeinsam überlegt, welche Probleme der Woche abgeschlossen werden konnten, welche offen blieben und wie daran weiter gearbeitet werden soll. Die Tradition einer solchen gemeinsamen Wochenreflektion führt zugleich dazu, daß die Kinder sicher sind, zu bestimmten Fragen, mit denen sie während der Woche nicht zum Zuge gekommen sind, spätestens zu diesem Zeitpunkt gehört zu werden. In solchen Wochenendgesprächen können außerdem die Schwerpunkte für die Arbeit der folgenden Woche gemeinsam festgelegt werden. Es bietet sich an, während dieses Gesprächs wichtige Klassenereignisse der vergangenen Woche sowie die Pläne für die kommende Woche an der Tafel festzuhalten oder vom Lehrer in ein 'Klassenwochenbuch' einschreiben zu lassen.

Orientierung über den Tageslauf. Für die Kinder ist es wichtig, in die Tagesplanung einbezogen zu sein und jeweils genau zu wissen, welchen Handlungs- und Entscheidungsraum sie selbst haben. In vielen Klassen ist es deshalb Tradition, daß schon zu Beginn des Tages die Planung des Tagesablaufs in der Form von Piktogrammen, deren Bedeutung die Schüler genau kennen, angeheftet ist.

Abb. 6-1:

Beispiel eines Tagesplanes einer 2. Klasse

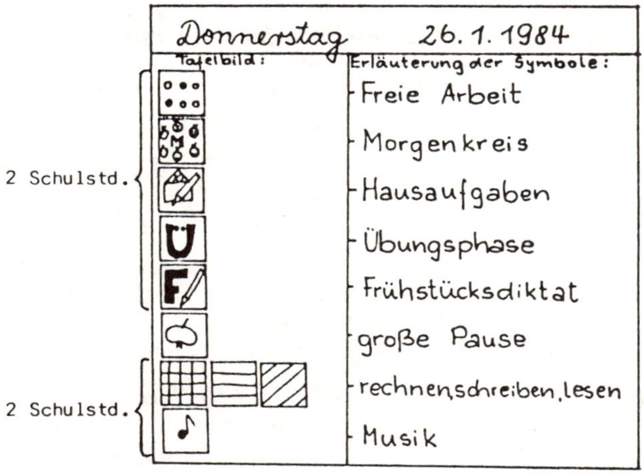

Quelle: KORFMACHER in ECK 1984.

6.32 'Freie Arbeit' und 'Wochenplanarbeit'

'Freie Arbeit' und 'Wochenplanarbeit' unterscheiden sich durch das Ausmaß des Entscheidungsfreiraums, den die Kinder jeweils haben. In der Freien Arbeit sind keine Ziele oder Aufgaben vorgesehen, die Kinder können für eine begrenzte Zeit im Rahmen definierter schulischer Bedingungen - z.B. darf der Klassenraum nicht verlassen werden, miteinander sprechen muß im Flüsterton geschehen - den eigenen Interessen nachgehen und absolut das tun, was sie sich selbst vorgenommen haben. In der Wochenplanarbeit dagegen sind Ziele und Aufgaben vorgegeben. Die Kinder haben für ein bestimmtes 'Aufgabenpaket' eine bestimmte Anzahl von Stunden Zeit. Sie lernen ihre Arbeit selbständig zu organisieren, Schwerpunkte für die einzelnen Tage zu setzen und vor allem etwas, was die wenigsten Erwachsenen können: ihre Zeit einzuteilen.

In der Freien Arbeit reguliert sich die Binnendifferenzierung quasi von selbst. Jedes Kind nimmt sich etwas vor, was es bewältigen kann. In der Wochenplanarbeit hat der Lehrer die Möglichkeit, auf den individuellen Stand der Lernentwicklung eines Kindes dadurch zu reagieren, daß die Aufgaben der Kinder differenziert gestellt werden.

Beide Unterrichtsformen sind nicht von heute auf morgen einzuführen, sondern erfordern langfristige Vorbereitungen. Die Freie Arbeit beginnt in den ersten Klassen zunächst mit den Vorformen. Es ist zu berücksichtigen, daß viele Kinder aus dem Einzugsbereich der Schule aus familiären Verhältnissen stammen, in denen sie trotz einjähriger vorschulischer Erziehung noch nicht lernen konnten, sich selbständig mit einer frei gewählten Tätigkeit für längere Zeit zu beschäftigen. Freie Arbeit beginnt deshalb oft so, daß zunächst im Rahmen eines konventionell festgelegten, vorgeordneten Unterrichts ein Repertoire von Tätigkeiten entwickelt wird, die die Kinder allein oder in kleinen Gruppen mit Spaß ausführen können: z.B. im Raum vorhandene Spiele spielen, verschiedene Faltarbeiten ausführen, mit den in der Klassen vorhandenen vorstrukturierten Lernmaterialien zweckmäßig umgehen, mit der Freinetdruckerei arbeiten, sich in der Bücherecke selbst Bilderbücher ansehen oder sich etwas vorlesen lassen usw. Erst dann, wenn auf diese Weise alle Schüler ein breites Repertoire solcher Tätigkeiten verfügbar und wenn alle Kinder Spaß an solchen Tätigkeiten haben, weil sie sie inzwischen sicher beherrschen, wird stufenweise mit der Einführung der Freien Arbeit begonnen. Etwa so, daß sich die Kinder zunächst zwischen *zwei* bestimmten motivierenden Tätigkeiten entscheiden können.

Auch die Wochenplanarbeit erfordert meist eine längere Vorbereitungsphase. Begonnen wird oft so, daß die Kinder zunächst für mehrere vorgegebene Aufgaben, z.B. etwas Bestimmtes aufschreiben, ausschneiden und aufkleben sowie mit der Rechenkartei arbeiten, zwei Stunden Zeit haben, weit mehr, als sie für die Tätigkeiten brauchen, und die verbleibende Zeit frei zu ihrer persönlichen Verfügung ist und z.B. für Spiele oder musische Betätigungen genutzt werden kann. Wichtig ist dabei, daß die Kinder lernen, ihre Zeit einzuteilen. Dafür müssen ihnen zweckmäßige Formen der Dokumentation der eigenen Tätigkeit gezeigt werden, damit sie jeweils wissen, was sie schon getan haben und was in welcher Zeit noch zu tun bleibt. Der Lehrer muß sich dabei zugleich durchaus kritisch mit eigenen überhöhten Kontrollbedürfnissen auseinandersetzen. Wenn Kinder immer nur Fremdkontrolle erfahren, lernen sie nie, sich selbst zu kontrollieren.

6.33 Arbeit am vorstrukturierten Material

Für einen Unterricht, der gemeinsam lernenden Kindern individuelle Lernwege ermöglicht, ist das Vorhandensein vielfältiger zweckmäßiger Arbeitsmittel Voraussetzung. Bei der Ausstattung der Klassenräume zu Lernräumen wurden vor allem die folgenden Grundsätze berücksichtigt:

* Die Kinder sollen nicht von einer Arbeitsmittelflut überschwemmt werden. Dem Angebot soll jeweils nur das hinzugefügt werden, was von den Schülern bearbeitet werden kann. Dabei kann die Einführung in den Gebrauch zunächst nur bei einem einzelnen Kind erfolgen, das sein Verständnis dann im 'Schneeballsystem' weitergibt.

* Der 'Wegwerfmentalität' unserer Gesellschaft sollte entgegengewirkt werden. Es werden Materialien bevorzugt, deren materieller Reiz und didaktischer Wert die Schüler zu immer wieder neuen Auseinandersetzungen stimulieren. Die Arbeit mit der Freinetdruckerei spielt insbesondere in den ersten beiden Jahrgangsstufen eine große Rolle. In einzelnen Klassen wird inzwischen auch verstärkt mit Montessori-Materialien gearbeitet.

* Es werden Materialien bevorzugt, die den Kindern von Anfang an eine relative Autonomie des Handelns im Lernprozeß ermöglichen, d.h. Materialien, die auf unterschiedliche Leistungsniveaus selbstständig funktional verwendet werden können und den Kindern auch in den Anfangsphasen des Lernens zu befriedigenden Ergebnissen kommen lassen. Solch ein Arbeitsmittel ist z.B. eine Buchstabentabelle (REICHEN 1987, siehe Abb. 6-2), die in einigen der ersten Klassen Verwendung findet. Diese Zusammenstellung von Abbildungen zu den Anlauten ermöglicht den Kindern schon in den Anfängen des Lese-Schreib-Lernprozesses das selbständige Verschriften gesprochener Sprache und unterstützt die beabsichtigten Lernprozesse damit sehr wirkungsvoll. Auch die Freinetdruckerei ist natürlich ein solches Arbeitsmittel. Kinder können durch sie, schon bevor sie lesen und schreiben können, d.h. schon in den frühen Phasen des Lese-Schreib-Lernprozesses, eigene Texte produzieren und so von vornherein Schreiben/Drucken und Lesen in ihrer kommunikativen Funktion ausüben.

* Die zweckmäßige Präsentation der Materialien ist von großer Bedeutung. Weil ja oft 20 Kinder mit diesen Materialien gleichzeitig arbeiten, sollten sie leicht entnommen und weggeordnet werden können, damit sich die Schüler dabei nicht gegenseitig stören. Außerdem sollten sie, zumindest in den ersten beiden Jahrgangsstufen, hinsichtlich der Schwierigkeit gekennzeichnet sein.

* Wann immer möglich sollten die Schüler selbst an der Entwicklung von Arbeitsmaterialien für den binnendifferenzierenden Unterricht beteiligt werden. Das Erfinden von Aufgaben für andere fördert das Verständnis der Aufgabenstruktur und sollte deshalb insbesondere im Förderunterricht eine wichtige Rolle spielen.

Abb. 6-2:
Buchstabentabelle (REICHEN 1987)

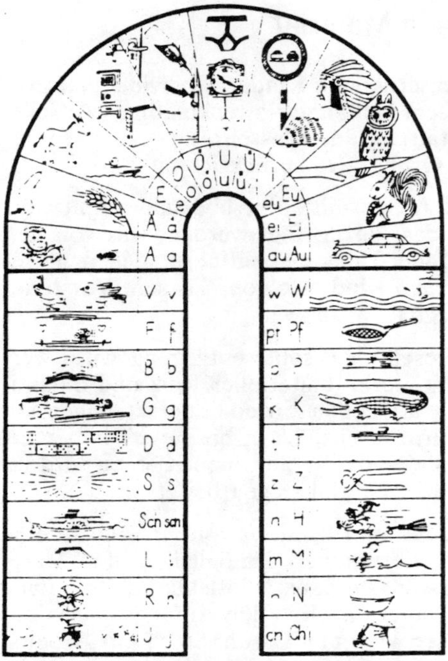

An der Uckermark-Grundschule wurden eine Vielzahl zweckmäßiger Arbeitsmaterialien für den binnendifferenzierenden Unterricht entwickelt und - zumindest teilweise, z.B. im Rahmen von 'Studientagen' als schulinterner Fortbildung, innerhalb des Kollegiums weitergegeben (KORFMACHER 1987). Darüber hinaus werden verstärkt Wege gesucht, solche Materialien auch für andere binnendifferenziert und integrativ arbeitende Schulen verfügbar zu machen. Ein Anfang wurde damit gemacht, daß einige dieser Materialien inzwischen im Pädagogischen Zentrum Berlin zugänglich sind. Um die Haltbarkeit dieser Materialien zu erhöhen, hat sich die Verwendung einer Kaschiermaschine bewährt. Bei der starken Beanspruchung, denen sie ausgesetzt sind, kann durch das maschinelle Überziehen mit Folie eine weit höhere Lebensdauer erreicht werden.

6.34 Projektorientierte Unterrichtsformen

Die Projektarbeit spielte seit Beginn der integrativen Arbeit eine besondere Rolle, weil in projektartigen Arbeitsformen gemeinsames, produktorientiertes Handeln von Kindern möglich wird, die in ihrer Lernentwicklung sehr voneinander abweichen. Der besondere Vorzug solcher Arbeitsformen für das gemeinsame Lernen in sehr heterogenen Lerngruppen besteht vor allem in starken sozialen und kommunikativen Komponenten. Individuelles und kooperatives Arbeiten halten sich die Waage. Jeder einzelne kann mit dem, was er einbringt, wichtig werden für ein gemeinsames Ergebnis. - Im folgenden werden einige Beispiele für solche Unterrichtsformen angegeben.

Schreibprojekte. Eine klassenübergreifende Fördergruppe der 3. Jahrgangsstufe beschließt, den neuen ersten Klassen ein *ABC-Buch* mit Zungenbrechern zu schenken. Sie denken sich Texte aus, drucken sie mit der Freinet-Druckerei, zeichnen dazu, kopieren zusammen mit der Lehrerin die Originale und stellen für jede der drei Klassen das Buch zusammen (vgl. Abbildungen zu Beginn jeden Kapitels).

Auch ein *Froschbuch* hatte großen Erfolg. Eine 3. Klasse beschäftigte sich über mehrere Wochen mit dem Thema. Es entstand ein Buch mit 39 Kapiteln, u.a. zu folgenden Themen: Wir richten ein Aquarium ein. Wie sieht ein Frosch aus? Wie vermehren sich Frösche? Was wird aus dem Froschlaich? Wo leben Frösche? Was fressen sie? Wie holt sich der Frosch seine Beute? Wie schützen sich Frösche vor ihren Feinden? Wie atmen Frösche?... Natürlich entstanden auch Froschlieder, -geschichten und -gedichte, Berichte über die Projektarbeit (z.B. 'im Öko-Werk') und Frosch Comics.

Eine 2. Klasse schrieb '*Geschichten vom Regentropfen*'. Dieses Buch stand in einer alten Tradition solcher Geschichten. Das Thema kommt z.B. bei ANDERSEN vor, bei CARL EWALD und in BRUNO H. BÜRGELS Geschichten vom Dr. UHLEBUHLE. Hier wird die Gesichte einer Wolke mit hunderttausendundsieben Tropfen erzählt; erst springen 7 Tropfen ab, die anderen hunderttausend fliegen weiter, bis schließlich alle springen. Die Einleitungsgeschichte des Buches endet so: "Was die ersten zwanzig Tropfen erlebt haben, das kannst Du jetzt lesen. Aber was die anderen neunundneunzigtausendneunhundertachzig (99 980) Tropfen alles erlebt haben, das mußt Du Dir selbst ausdenken, abends vor dem Einschlafen."

Das Aufschreiben eigener Texte als Teil eines Buches fördert das Schreiben und Lesen zugleich. Kinder, die selbst als Autoren handeln, sind natürlich interessiert, was andere Autoren zum Thema schreiben. Und auch die Kinder in der Klasse, die mit dem Lesen- und Schreibenlernen besonders große Probleme haben, können ihre Geschichte zum Buch beitragen.

Erkundungsprojekte. Hier sollen zwei Beispiele erwähnt werden. Beim Thema "Berufe" einer 4. Jahrgangsstufe besuchten und befragten die Schülerinnen und Schüler Berufstätige gruppenweise in Betrieben und an Arbeitsplätzen der Nachbarschaft (vgl. Abbildung 6-6)).

Die Ergebnisse dieser Erkundungen wurden zu einer Flurausstellung zusammengefaßt und damit öffentlich gemacht; sie boten Anlässe zum Erfahrungsaustausch. - Als 2. Beispiel sei das Thema "Schulen der Sekundarstufe I" einer 6. Jahrgangsstufe genannt. Lehrer der Uckermark-Schule nahmen Kontakt zu Lehrern verschiedener Oberschulen in der Nähe auf (Hauptschulen, Gymnasien, Realschulen, Gesamtschulen). Die Schüler nahmen jeweils einen ganzen Vormittag lang am Unterricht der verschiedenen Oberschulen teil. Die Erfahrungen wurden ausgetauscht und ausgewertet. Teilweise kam es dabei auch zu gegenseitigen Hospitationen der Lehrer, was auch ihnen teilweise ganz neue Erfahrungen bot.

Abb. 6-3 und 6-4:

Aus dem Frosch-Buch einer 3. Klasse

Abb. 6-5:

Aus den 'Geschichten vom Regentropfen' einer 2. Klasse

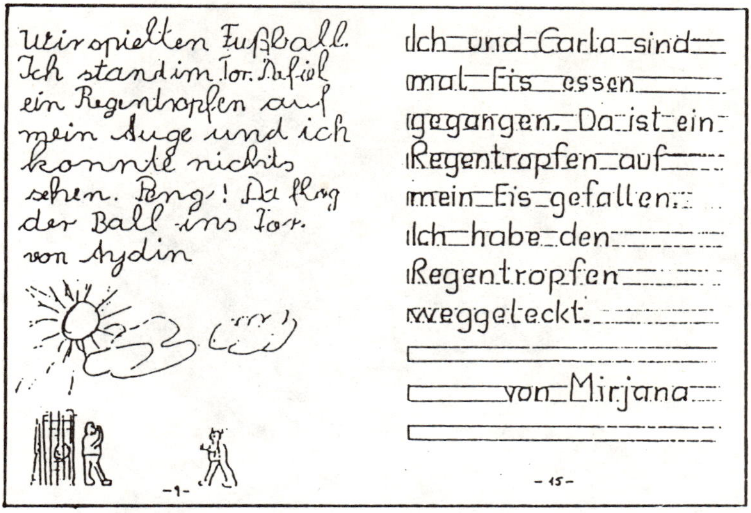

Projekttage. In fast allen Klassen - zumindest der 2. bis 4. Jahrgangsstufe - gab es außerdem klassenübergreifende Projekte (Frost in ECK 1984, S. 172-178). Sie waren meist so organisiert, daß regelmäßig an einem bestimmten Tag in der Woche die ca. 60 Schüler eines Jahrganges sich in vier bzw. fünf Gruppen einteilten, und zwar immer so, daß in allen Gruppen möglichst gleichviel Kinder aus den drei Klassen der Jahrgangsstufe waren. Jeweils vier bzw. fünf Lehrer (Klassenlehrer, Kooperationslehrer, Sonderpädagoge) boten zu einem gemeinsamen Rahmenthema ('Spiele fürs Sommerfest', 'Handpuppen', 'Laternen'...) unterschiedliche Teilthemen an. Die Projekte waren zunächst in den 2. Klassen meist auf 2-3 Schulstunden angelegt. Die Unterschiede der einzelnen Gruppen bezogen sich auf die Inhalte oder auch auf die Materialien und Techniken, mit denen etwas hergestellt wurde. Aus den Interessen der Kinder kam es außerdem zur Bildung von Projektgruppen zu ganz speziellen Themen, z.B. 'zur Herstellung von Brausepulver', 'Schlittschuhlaufen', 'Kochen', 'Hinterglasmalerei', 'Kuscheltiere' usw. Teil weise war das Interesse der Kinder an einzelnen Themen so groß, daß die gleichen Angebote mehrfach bei neuer Gruppenzusammensetzung wiederholt wurden. Später wurden auch Projekte bearbeitet, die bei gleicher Gruppenzusammensetzung über mehrere Wochen liefen (z.B. 'Tiere im Zoo', 'Frieden', 'Berufe unserer Eltern'). Wichtiges Prinzip war, daß die Schüler sich für ein bestimmtes Angebot aus Interesse an der Sache entschieden, also ohne vorher zu wissen, welcher Lehrer für eine bestimmte Gruppe zuständig sein wird.

Die Kinder lernen sich durch diese Projekte auf der ganzen Jahrgangsstufe besser kennen, nicht nur innerhalb der eigenen Klasse. Es gibt dadurch re-

Abb. 6-6:

Erkundungsprojekt "Berufe" einer 4. Jahrgangsstufe

Im Betriebsbahnhof der BVG

In der Kaffeerösterei

Beim Tierarzt

lativ wenig Konkurrenz zwischen den Klassen. Außerdem lassen sich Vertretungsprobleme besser lösen, weil die Schüler einerseits auch alle auf der Jahrgangsstufe unterrichtenden Lehrer aus eigener Unterrichtserfahrung kennen, andererseits in den verschiedenen Räumen der Jahrgangsstufe mit ihren Materialangeboten so gut Bescheid wissen, daß sie nach kurzer Zeit in allen Räumen selbständig arbeiten können.

Theaterprojekte. Im Lauf der Zeit hat sich an der Uckermark-Grundschule die theater- und musikpädagogische Arbeit zu einem Schwerpunkt herausgebildet (vgl. RIES/MAAß 1989). Dies gilt insbesondere für eine Art von Projekten, in denen Komponenten des Theaters und der Musik gemeinsam als Gestaltungsmittel verwendet werden. Zwei nicht direkt dem Kollegium angehörende Pädagogen, eine Musikpädagogin der bezirklichen Musikschule sowie ein Theaterpädagoge, der - als arbeitsloser Studienassessor - zeitweilig über eine Arbeitsbeschaffungsmaßnahme an der Schule tätig sein konnte, entfachten unter den Kindern, Eltern und Lehrern der Schule eine Theaterbegeisterung, die u.a. dazu führte,

* daß die Eltern einen Förderverein gründeten, um auf diesem Wege das Honorar für die Musikpädagogin zusammenzubringen;

* daß die Schule seit kurzem ihr eigenes Theater hat, umgebaut mit relativ geringen Kosten aus einem ehemaligen Gymnastikraum, einfach, aber mit der erforderlichen professionellen Ausstattung;

* daß Lehrer und Eltern gemeinsam eine Theater-Arbeitsgemeinschaft gründeten, also selbst spielen und schon bei vielen Schulfesten und anderen Gelegenheiten aufgetreten sind und breite Anerkennung fanden, und

* daß inzwischen alle Klassen der Schule einschließlich der Vorklassen eine Vielzahl solcher Musik-Theater-Projekte realisierten, insgesamt weit über hundert.

Jedes dieser Projekte wird von den Kindern, Eltern und Lehrern in einem längeren Prozeß gemeinsam entwickelt. Von der Spielidee bis zur Aufführung dauert es meist etwa ein halbes Jahr. Es sind immer alle Schüler einer Klasse und alle in der Klasse unterrichtenden Lehrer direkt am Spiel beteiligt. Im ersten Vierteljahr steht für diese Projektarbeit in der Regel wöchentlich eine Unterrichtsstunde zur Verfügung, im zweiten Vierteljahr, in dem dann verstärkt auch Einzelproben stattfinden müssen, jeweils wöchentlich zwei Stunden. Die Projekte gipfeln stets in öffentlichen Aufführungen vor den Eltern und anderen Gästen. Meist wurden die Aufführungen mehrfach wiederholt, etwa vor anderen interessierten Klassen der Schule. Der Abschluß solch eines Projektes bestand fast immer in einem gemeinsamen Fest.

6.35 Individuelle Förderprogramme

Über die besondere Förderung der Gutachtenkinder wird in den Kapiteln 5 und 10 berichtet. Grundsätzliches Ziel ist es, die individuelle Förderung jedes Kindes in den allgemeinen Unterricht zu integrieren. Die Auseinandersetzung mit Lernschwierigkeiten sollte nicht von der Normalität des Lernens abgetrennt werden. Die individuelle Förderung von Kindern mit Schulschwierigkeiten ist um so wirksamer, je enger sie mit dem 'normalen' Unterricht verknüpft ist, wie BÄCHTOLD (1988, S. 272 ff.) nachgewiesen hat. Dabei ist es keinesweg erforderlich, daß das gemeinsame Lernen immer im gleichen Raum stattfindet. Es ist für eine größere Gruppe durchaus hilfreich, wenn mehrere Räume gleichzeitig zur Verfügung stehen. Wichtig ist, darauf wurde bereits hingewiesen, daß unter den Kindern einer Lerngruppe der kontinuierliche Erfahrungsaustausch zustande kommt.

Im folgenden sollen einige Beispiele für spezielle Unterrichtsformen angegeben werden, die sich bei der Umsetzung individueller Förderpläne bewährt haben.

Förderung in der Kleingruppe. Der Sonderpädagoge arbeitet mit einem Kind, das jeweils einen Partner eigener Wahl mitbringen kann, in einem anderen Raum. Diese besondere Förderung, meist wöchentlich ein bis zwei Stunden, zuweilen auch nur 30 Minuten, zielt darauf ab, den Schüler zu stabilisieren und soweit zu fördern, daß er weiß, was er jetzt schon kann und gemeinsam mit dem Erwachsenen herausfindet, was er jetzt lernen will. Wenn ihm das klar ist, kann die individuelle Förderung ohne zeitweilige Herausnahme aus dem Unterricht weitergeführt werden.

Tägliches kurzes Einzelgespräch mit einem Lehrer. Es hat sich in manchen Problemsituationen als hilfreich herausgestellt, wenn, vor allem in Krisenphasen, ein bestimmter Lehrer, meist der Klassenlehrer, regelmäßig zur gleichen Tageszeit kurz Kontakt zum Kind sucht und einfach Anteil nimmt, nachfragt, wie es läuft, klärt, wo es neue Probleme gibt, fragt, ob Hilfe nötig ist, usw.

Tutorensystem. Es ist für einzelne Kinder wichtig, daß sie innerhalb ihrer Klasse mehrere Kinder wissen, die jederzeit bereit sind, auf ihre Anfrage hin, ihnen etwas genau zu erklären, bzw. ihnen bei ihrer Arbeit zweckmäßig zu helfen. So etwas muß für eine bestimmte Zeit *fest vereinbart* werden. Es ist besser, daß diese Helferfunktion jeweils mit zwei bis drei Kindern gleichzeitig verabredet wird, damit kein Kind mit einer solchen Aufgabe zu sehr belastet wird und unnötige Spannungen vermieden werden. Sich immer wieder helfen zu lassen, kann emotional sehr belastend sein. Deshalb ist es für das Kind, das Hilfe braucht, wichtig, sich den Helfer wählen zu können.

Lernschwache Kinder als Helfer. Kinder, deren Lernentwicklung im Vergleich zu anderen Kindern verlangsamt ist und die nach einem individuellen Förderplan gefördert werden, nehmen sich in der Regel als jemand wahr, dem immerzu geholfen werden muß. Das stärkt keineswegs das Selbstvertrauen. In diesem Zusammenhang hat es sich bewährt, solchen Kindern zeitweilig Förderaufgaben zu übertragen, die sich auf Kinder einer niederen Klassenstufe beziehen.

Freie Arbeit, Wochenplanarbeit, Projekte. Besonders gute Möglichkeiten einer Umsetzung individueller Förderprogramme ergeben sich bei diesen schon dargestellten Unterrichtsformen. Hier erfolgt die individuelle Förderung quasi selbstregulierend; der Lehrer muß nur bei dauerhafteren Fehlentwicklungen steuernd eingreifen.

6.4 Besonderheiten der verschiedenen Schulstufen innerhalb der Grundschule

Zur Situation in den Vorklassen

An der Uckermark-Grundschule gibt es drei Vorklassen, die in der Regel von bis zu 15 Kindern besucht werden. Der Besuch dieser Klassen liegt außerhalb der Schulpflicht, soweit es sich nicht um zurückgestellte Kinder handelt.

Da die ersten Klassen eine Frequenz von 20 Schülern haben, kommen mit Beginn des 1. Schuljahres je fünf bis sechs Kinder aus dem Einzugsbereich der Schule zu den Vorklassenkindern hinzu. Die Schule hält kontinuierlich Kontakt zu den Einrichtungen, aus deren Vorschulgruppen Kinder eingeschult werden (vgl. dazu Kap. 4 und 10).

Die Vorklassen der Uckermark-Grundschule gehören zwar zum Schulversuch, sind jedoch in ihrer stellenmäßigen Ausstattung deutlich schlechter gestellt. Entsprechend der zusätzlichen Stelle für einen Sonderpädagogen je Klassenstufe steht den drei Vorklassen eine "zusätzliche Lehrerstelle zur abweichenden Besetzung mit einem Erzieher/Vorklassenleiter" zur Verfügung. Diese zusätzliche Vorklassenleiterin hat Aufgaben wahrzunehmen, die etwa denen der Sonderpädagogen in den übrigen Jahrgangsstufen entspricht (vgl. Kap. 10). Während den Klassen 1 und 2 außerdem jeweils 10 Teilungsstunden und zwei Förderstunden zusätzlich zur Verfügung stehen, verfügen die Vorklassen über keinerlei zusätzliche personelle Ressourcen. Die Frequenz der Vorklassen ist zwar deutlich geringer als die der 1. Klassen; die Kinder mit besonderen Problemen, die späteren Gutachtenkinder, werden in aller Regel jedoch schon in die Vorklassen der Uckermark-Schule eingeschult. Die wichtigen, insbesondere sozialerzieherischen Aufgaben in den Vorklassen werden durch diese deutliche Schlechterstellung der Vorklassen gegenüber den nachfolgenden Schulstufen erschwert. Eine Verstärkung der Förderung gerade in den Vorklassen erscheint demgegenüber notwendig.

Zum Unterricht in den Klassen 1 und 2

Kinder, die schon vor Beginn der 1. Klassen in der Vorklasse oder der Vorschulgruppe einer Kindertagesstätte waren, sind daran gewöhnt, daß Kinder in der Gruppe zur gleichen Zeit Verschiedenes tun. Das muß auch bei der Einschulung in die 1. Klasse beibehalten werden. Es wäre unsinnig, hier, etwa nach dem Motto 'vom Spielen zum Lernen', zu einer plötzlichen Umstellung zu kommen. Deutlich wird allerdings, daß viele Kinder bis zum Zeitpunkt der Einschulung noch nicht lernen konnten, sich selbst zu beschäftigen, sich etwas selbständig vorzunehmen, sei es ein Spiel, ein Bilderbuch, Baumaterial u.a. Das gilt besonders für Kinder, die nicht aus den sog. Mittelschichtfamilien mit vielfältigen vorschulischen Spiel- und Handlungserfahrungen kommen. Die Selbständigkeit der Kinder im Umgang mit Aufgaben, Materialien und freien Möglichkeiten muß schrittweise aufgebaut werden. In der Freien Arbeit sollten deshalb die Handlungsmöglichkeiten zunächst auf ganz wenige Angebote beschränkt bleiben (s.o.). Die Kinder brauchen am Anfang vorgeordnete Situationen, in denen sie allmählich ihr Handlungsrepertoire erweitern können.

Die pädagogische Leitvorstellung der Schule besteht darin, von einem zunächst stärker vorgeordneten Unterricht allmählich zu mehr schülerorientierter Offenheit zu gelangen, und zwar in einem Prozeß, der sich selbstverständlich und harmonisch mit den wachsenden Fähigkeiten der Kinder entwickelt.

Wenn Unterricht bereits zum Zeitpunkt des Schulanfangs zu offen organisiert wird, besteht die Gefahr, daß diese Offenheit im Verlauf der Schulzeit zunehmend eingeschränkt werden muß, um Fehlentwicklungen zu vermeiden (vgl. MEIER/HEYER 1988, S. 183 ff.).

Zum Unterricht in den Klassen 3 und 4

Im folgenden sollen einige spezielle Tendenzen und Möglichkeiten dieser Schulstufe skizziert werden, deren pädagogische Umsetzung an der Uckermark-Grundschule während des Schulversuchs zumindest eingeleitet wurde.

Die Kinder sind jetzt in ihrem Lernen selbständiger geworden. Die 'Leistungsschere' öffnet sich weiter als bisher. Beides muß vom Lehrer akzeptiert werden. Es gilt jetzt noch mehr als zuvor, Unterrichtsformen zu verwirklichen, in denen die Kinder trotz unterschiedlicher Lernentwicklung gemeinsam Erfahrungen machen und sich austauschen. Die Angst des Lehrers vor der 'Öffnung der Leistungsschere' birgt die Gefahr, Lernmöglichkeiten zu blockieren.

Für Kinder mit Lernentwicklungsverzögerungen sollte sich jetzt die erforderliche spezielle Lernförderung nicht einseitig auf Lesen, Schreiben und Rechnen konzentrieren. Die ständige Förderung in diesen Bereichen bewirkt eher das Gegenteil und trägt dazu bei, die vorhandenen Lernenergien zu lähmen. Gerade diese Kinder brauchen jetzt vielfältige Lernanregungen, Hilfen für eine Ausweitung ihrer Interessen, eigene Handlungserfahrungen und deren geistige Verarbeitung sowie vor allem Ermutigung und Anerkennung für individuelle Fortschritte.

Das Explorationsbedürfnis der Kinder nimmt auf dieser Schulstufe zu. Projektorientierte Unterrichtsformen sollten jetzt mehr in den Mittelpunkt treten. Auch der Klassenraum muß deshalb schrittweise eine andere Gestalt bekommen. Während es für die Kinder der ersten Schulstufe (Vorklassen, Klassen 1 und 2) wichtig war, in der Schule so etwas wie ein 'Heimatgefühl' entwickeln zu können, sich im Klassenraum geborgen zu fühlen - Wohnzimmeratmosphäre, gemütliche Leseecke usw. -, brauchen die Kinder nun zunehmend mehr den funktionalen Arbeitsraum. Sie brauchen viel Tischfläche mit Platz zum Arbeiten, Werkzeuge und Geräte, Wandflächen und Regale für die Vorbereitung von Ausstellungen und das Anlegen von Sammlungen. Im Zentrum des Unterrichts steht jetzt die Sachkunde. Umwelterfahrungen werden gemacht und auf vielfältige Weise verarbeitet. Das Erkunden, Entdecken und Erfahren vollzieht sich vor allem außerhalb des

Klassenraums; die Ergebnisse der Erkundungen werden im Arbeitsraum zusammengetragen und dort verarbeitet. Es ist für die Kinder wichtig, daß sie jetzt den Gebrauch der verschiedensten Werkzeuge und Arbeitsmittel, Arbeits- und Lerntechniken lernen.

Die Lernressourcen der Kinder dieser Altersstufe sind fast unerschöpflich, zumindest dann, wenn sich die Kinder mit Themen beschäftigen können, die sie interessieren, und bei der Arbeit nicht ständig gegängelt werden. Die räumlichen Arbeitsbedingungen für die Schüler dieser Stufe waren an der Uckermark-Grundschule unzureichend; es ist geplant, sie durch Umbaumaßnahmen zu verbessern.

Zum Fachunterricht in den Klassen 5 und 6

Die Realisierung eines binnendifferenzierenden Unterrichts in den Klassen 5 und 6 ist vor allem dadurch erschwert, daß der Unterricht auf dieser Schulstufe als Fachunterricht angelegt ist. In Berlin gilt diese Stufe seit 1951 als selbstverständlicher und integraler Teil der Grundschule. Die zeitliche Unterrichtsorganisation kann jedoch nicht mehr, wie in den Schuljahren zuvor, durch die jeweiligen pädagogischen Erfordernisse relativ flexibel bestimmt werden, sondern ist durch den Stundenplan vorgegeben. Klassenübergreifende Projekte, z.B. die 'Projekttage' (s.o.), fanden auf dieser Stufe kaum noch statt. Auch klasseninterne Projektarbeit war durch die stundenplanmäßige Zerstückelung der Arbeitszeit im Dreiviertelstundentakt nur bei Sonderabsprachen möglich. Im Schuljahr 1988/89 haben daher die Lehrkräfte der drei sechsten Klassen begonnen, die Arbeitssituation für Schüler und Lehrer durch folgende Organisation zu verbessern:

* Drei Klassenlehrer, drei Fachlehrer und der Sonderpädagoge sollen als Team für den gesamten Unterricht in den drei sechsten Klassen verantwortlich sein; Vertretungsprobleme werden innerhalb dieses Teams geregelt.

* Jeder dieser sieben Lehrkräfte soll in allen drei Klassen im gleichen Fach Unterricht geben. Auch der Sonderpädagoge gibt zusätzlich zu seinen sonstigen Aufgaben Fachunterricht. Die Vorteile: Jedes Kind kennt jeden auf dieser Stufe unterrichtenden Lehrer; jeder Lehrer kennt jedes Kind dieser drei Klassen. Zwischen den Lehrkräften ist ein intensiver Austausch möglich (und nötig). Für die Lehrerinnen und Lehrer ergibt sich eine gewisse Arbeitserleichterung daraus, daß sie die gleichen Fächer in drei Klassen der gleichen Jahrgangsstufe unterrichten. Die Kinder lernen, sich auf den Fachunterricht in der Oberschule mit seiner Vielzahl von Lehrkräften einzustellen, allerdings unter der günstigen Voraussetzung, daß die Lehrer sich hier an der Grundschule in den pädagogischen Fragen besonders gut gegenseitig abstimmen.

Der Nachteil ist, daß mit dieser Organisation eine klassenübergreifende Förderung - z.B. eine Schülergruppe aus allen drei Klassen in Englisch besonders zu fördern - kaum zu verwirklichen ist; denn die drei Klassen haben die gleichen Fächer ja immer zu verschiedenen Zeiten.

Daher wird weiter nach günstigeren Organisationsformen für den Unterricht in den 5. und 6. Klassen gesucht. Der Ansatz, einem Team die Verantwortung für den Unterricht auf einer Jahrgangsstufe zu übertragen und dafür zu sorgen, daß alle Lehrkräfte des Teams in allen drei Klassen unterrichten, hat viel für sich und sollte weiterverfolgt werden. Vielleicht könnten projektorientierte Unterrichtsformen dadurch verstärkt werden, daß die sachkundlichen Fächer nach dem Epochalprinzip zusammengefaßt werden. Denkbar wäre auch, als Alternative auf dieser Stufe eine Unterrichtsorganisation zu erproben, wie sie etwa dem an Gesamtschulen bewährten Team-Kleingruppen-Modell entspricht (vgl. SCHLÖMERKEMPER 1987, GGG 1989). Das hätte den großen Vorteil, die durch den Fachunterricht verlorengegangenen Möglichkeiten einer flexiblen Lernorganisation zurückzugewinnen.

6.5 Die Kooperation der Lehrer als Modellverhalten für die Kinder

An der Uckermark-Grundschule wird in allen Klassen, zumindest in einem Teil der Stunden, kooperativ unterrichtet. Wir halten es für sehr wichtig, daß Kinder auf diese Weise längerfristig konkrete Erfahrungen damit machen können, wie Erwachsene zusammenarbeiten. Die Kinder nehmen z.B. wahr, wie die Lehrer im Unterricht ihre Rollen wechseln und einmal der eine Lehrer bestimmend handelt, während der andere unterstützend tätig ist, ein anderes Mal das Verhältnis umgekehrt wird. Sie erleben, wie in aktuellen Konflikten oder bei anderen Problemen Erwachsene gemeinsam nach Lösungen suchen. Sie können beispielsweise die Erfahrung machen, wie immer dann, wenn sich zwischem einem Schüler und einem Lehrer ein Konflikt zu einer Art Dauerspannung verhärtet, der kooperierende Lehrer zur Auflösung dieser Spannung beitragen kann.

Während in anderen Integrationsversuchen in allen Unterrichtsstunden nach dem 'Zwei-Pädagogen-Modell' unterrichtet wird (vgl. DEPPE-WOLFINGER u.a. 1989), geschieht das an der Uckermark-Schule nur in einem Teil der Stunden. Der Anteil unterscheidet sich in den einzelnen Klassenstufen. Er liegt am höchsten in den Klassen 1 und 2 - hier können 18 Stunden kooperativ unterrichtet werden - und wird ab Klasse 3 etwas geringer; dann besteht nur noch in 13 Stunden die Möglichkeit des kooperativen Unterrichts.

Wir halten das 'Zwei-Pädagogen-System' in Integrationsklassen für unbedingt erforderlich, aber nicht in allen Unterrichtsstunden. Der Stundenanteil mit kooperativem Unterricht sollte in den unteren Klassenstufen - einschließlich der Vorklassen - mehr als die Hälfte der Zeit umfassen; ab Klasse 3 oder 4 könnte dieser Anteil dann deutlich geringer werden. Selbstverständlich hängt das erforderliche Ausmaß der Doppelbesetzung auch von der Zahl der behinderten Schüler und deren individuellem Förderbedarf ab.

6.6 Schule ist mehr als Unterricht

Viele Kinder, die ausgesprochen gern zur Schule gehen, tun dies weniger, weil sie sich besonders für bestimmte Unterrichtsinhalte interessieren, sondern mehr deshalb, weil die Schule für sie so etwas wie der soziale Mittelpunkt ihres Lebens ist. In ihrer Klasse haben sie ihre wichtigsten Freunde (vgl. Kap. 7). Die Schule ist räumlich und zeitlich - im Gegensatz zu einem Teil der außerschulischen Umwelt - ein überschaubarer Lebensraum. Große Teile der außerschulischen Lebenswelt sind 'verinselt' und enthalten eine Vielzahl von 'Sonderumwelten', die oft nur mit dem Auto der Eltern, den öffentlichen Verkehrsmitteln oder gar dem Flugzeug und unter Zuhilfenahme des Terminkalenders in einen sinnvollen Zusammenhang gebracht werden können (vgl. FÖLLING-ALBERS 1988). Von daher erhalten die außerunterrichtlichen Anteile des Schullebens und ihre Förderung eine besondere Bedeutung. Einige von ihnen spielten eine große Rolle im Schulleben der Uckermark-Schule.

Pausen. Auch an dieser Grundschule wird der Schulvormittag durch zwei größere Unterrrichtspausen von 25 bzw. 20 Minuten gegliedert. Der Schulhof hat seit vielen Jahren einen durch Eigeninitiative und Elternunterstützung zustande gekommenen Bereich mit Spiel- und Klettergeräten. Eine weitere Umgestaltung des Hofgeländes und eine stärkere Gliederung in Teilbereiche (z.B. Bolzplatz, Schulgarten, Spielplatz) ist in Arbeit. Eine Intensivierung der Gestaltungsmöglichkeiten während der Pausen durch Bereitstellung von Kleingeräten ist vorgesehen.

Außerunterrichtliche Vorhaben, die anstelle des konventionellen Klassenunterrichts treten, spielen an Grundschulen seit langem eine wichtige Rolle. Viele solcher Vorhaben werden an der Uckermark-Grundschule geradezu als Tradition gepflegt. Einige Beispiele seien genannt:

"Schwanenwerder": Ein- bis zweimal im Jahr verbringen die meisten unteren Klassen einen ganzen Tag auf einem, auf einer Halbinsel in der Havel direkt am Wasser gelegenen, städtischen Freizeitgelände; oft sind sie dabei mit anderen Klassen der gleichen Jahrgangsstufe zusammen. Dies trug - neben den Projekttagen - dazu bei, daß sich die Schüler innerhalb der Jahrgangsstufe besser kennenlernten. Organisisiert werden diese Tage von Lehrern und Eltern gemeinsam.

Schulgartenarbeit: Da die Schule bisher keinen eigenen Schulgarten hatte - durch die Umgestaltung des Schulhofes wird sich dies künftig ändern -, fand diese Arbeit bisher in der 20 Minuten Fußweg entfernten Gartenarbeitsschule des Stadtbezirks statt; sie steht auch anderen Schulen zur Verfügung.

Fahrten in die DDR: Es hat sich inzwischen die Tradition herausgebildet, in den 4. bis 6. Klassen teilweise jährlich, zumindest jedoch einmal nach Ost-Berlin und in die DDR zu fahren. Nach Ost-Berlin wird in Begleitung von Eltern mit der S-Bahn gefahren, in die DDR (Spreewald, Uckermark) mit Bussen.

Museums- und Theaterbesuche: Solche Besuche, z.B. der Museen für Verkehr und Technik oder für Völkerkunde, des 'Museumsdorfes Düppel', des

Grips-Theaters (für Kinder und Jugendliche), schaffen gemeinsame Erlebnisse und bieten vielfältige Anregungen für die eigene Freizeitgestaltung; sie sind damit besonders wichtig für diejenigen Kinder, die aus anregungsarmen Elternhäusern stammen.

Erkundungsprojekte (s.o.) und sachkundliche Vorhaben: Schwerpunkt des Sachunterrichts ist, besonders in den Klassen 3 und 4, die Erkundung der Umwelt. Außerhalb von Klassenraum und Schule werden Entdeckungen gemacht, im Klassenraum wird davon berichtet, das Entdeckte wird wieder angesehen, geordnet, ausgewertet. Dabei gehen 'außerunterrichtliche Vorhaben' und Klassenunterricht fließend ineinander über. Unterricht, der sich nur im Klassenzimmer abspielt und den Schülern keine Freiräume für das Erforschen ihrer Umwelt bietet, vernachlässigt sträflich das Lernpotential der Kinder.

Nachmittagsangebote: Der Schulhof mit seinen Spiel- und Klettergeräten, der Möglichkeit, auf dem Bolzplatz Fußball zu spielen, den Tischtennis-Tischen, ist nachmittags für alle Kinder der Nachbarschaft offen. Kurse und Einzelunterricht der Musikschule finden in den Räumen der Schule statt. Sportvereine nutzen die Turnhalle abends. Von schulischer Seite gab es vereinzelt nachmittägliche Spielgruppenangebote, jeweils für eine begrenzte Zahl von Schülern einer Jahrgangsstufe. Es wäre für die Sozialentwicklung vieler Kinder gut, wenn seitens der Schule nachmittags eine Reihe weiterer Freizeitangebote gemacht werden könnten, insbesondere Spielgruppen und Arbeitsgruppen zu musisch-künstlerischen Aktivitäten.

Schulfeste: Auch in diesem Bereich bildeten sich an der Uckermark-Schule allmählich Traditionen heraus, die über die bisherigen Faschingsfeste, Abschiedsfeste der 6. Klassen und Sommerfeste der Schule hinausgingen. Besonders beliebt waren Eltern-Lehrer-Bälle und Theaterfeste. Bei Theaterfesten wurden von fast allen Klassen Vorführungen geboten - auf dem Hintergrund vieler kleinerer Inszenierungen von einzelnen Klassen und für kleinere Gruppen; die 'Theaterbesessenheit' der Kinder, ihrer Lehrer und Eltern führte zur Umgestaltung eines bislang ungenutzen Raums in einen Theatersaal und des dazugehörenden Flurbereichs zum 'Foyer', so daß die Aufführungen in einen festlichen Rahmen eingebettet werden können.- Auch bei den Eltern-Lehrer-Bällen wurden und werden eine Vielzahl kreativer Einfälle realisiert, künstlerische Fähigkeiten aktiviert und nicht zuletzt die Vielfalt der Kochkünste sichtbar. 'Schulleben' lebt auch von solchen Ereignissen.

Gäste: Seit Beginn des Schulversuchs übt die Uckermark-Grundschule eine große Anziehungskraft auf Berliner und auswärtige Besucher aus. So belastend es zuweilen für das Kollegiums war, sich ständig beobachtet fühlen zu müssen, so interessant waren für viele die durch die Besucher entstandenen Kontakte, und zwar nicht nur für die Lehrer, sondern auch für viele Schüler.

6.7 Räumliche Erfordernisse einer integrativen Schulpraxis

Das Gebäude der Uckermark-Schule, vor dem 1. Weltkrieg als Gymnasium gebaut, ist weder 'behindertengerecht' noch 'grundschulgerecht': Es existieren weder ein Fahrstuhl noch Rampen, die Klassenräume sind zu klein, es fehlen Nebenräume für binnendifferenzierenden Unterricht. Die sanitären Bedingungen werden auch Minimalanforderungen nicht mehr gerecht; das überalterte Heizungssystem ist mit den Grundsätzen eines umweltbewußten Energieverbrauchs nicht vereinbar. Das alles ist ärgerlich und erschwert die pädagogische Alltagsarbeit. Eines kann jedoch eindeutig festgestellt werden: Die gemeinsame schulische Erziehung von behinderten und nichtbehinderten Schülerinnen und Schülern ist dennoch realisierbar gewesen; *das Beispiel zeigt, daß gemeinsames Lernen auch unter ungünstigen räumlichen Bedingungen möglich ist, sofern sich alle Beteiligten beim Auftreten konkreter Probleme konstruktiv um die konkrete Lösung des einzelnen Problems bemühen.*

Für das Kollegium der Uckermark-Grundschule war der Zustand des Gebäudes geradezu ein Glücksfall. Das alte Haus mit seinen breiten Fluren bot Raum für pädagogisches Improvisieren und provozierte vielfältige Experimente und Erfahrungen. Jetzt, nach fast 10 Jahren integrationspädagogischer Praxis, weiß das Kollegium ziemlich genau, was es bei der anstehenden Grundrenovierung berücksichtigt haben will.

6.8 Zur Praxis des Zeugnisschreibens: Verbale Beurteilungen

6.81 Verbindliche Vorgaben

Grundlage für das Zeugnisschreiben sind an der Uckermark-Grundschule die allgemeinen Ausführungsvorschriften für die Berliner Schule, modifiziert durch folgende Festlegungen des Genehmigungsschreibens in der Fassung vom 8. 6. 1988:

> "Die Schüler der Integrationsklassen erhalten Zeugnisse in Form verbaler Beurteilungen. Inhaltliche Grundlage der verbalen Beurteilung sind die geltenden Rahmenpläne. Die Zeugnisse erhalten einen Hinweis darauf, nach welchem Rahmenplan der Schüler unterrichtet wurde. Die Leistungsbeurteilung ist so zu gestalten, daß Schülern, die aus einer Integrationsklasse abgehen, ein Notenzeugnis oder ein Zensurenvorschlag ausgestellt werden kann."- Ab dem ersten Halbjahreszeugnis der 5. Klasse werden die verbalen Beurteilungen bis Ende der 6. Klasse durch Ziffernnoten ergänzt.

Wichtig ist es, daß in den Integrationsklassen *alle Kinder die gleiche Art von Zeugnissen in Berichtsform erhalten*, daß also zwischen behinderten und nichtbehinderten Schülern nicht unterschieden wird.

6.82 Zum Problem des doppelten Bezugs

Zeugnisse sollen gleichzeitig über die *individuelle Lernentwicklung* eines Schülers wie auch über den Bezug seiner Leistungen zu den *Anforderungen der Rahmenpläne* berichten. Sie sollen einerseits beschreiben und anerkennen, was das einzelne Kind nun kann, was es im vergangenen Zeitraum hinzugelernt hat und wie es in seiner künftigen Lernentwicklung konkret unterstützt werden sollte. Zeugnisse sollen jedoch andererseits zugleich Auskunft darüber geben, in welchem Verhältnis die der pädagogischen Beurteilung zugrunde liegenden individuellen Anforderungen zu den Anforderungen der Rahmenpläne stehen. Beides ist gleich wichtig für die realistische Orientierung aller Beteiligten und dient gleichermaßen als Grundlage einer optimalen Förderung der individuellen Lernentwicklung. Dies in eine orientierende, die individuellen Fortschritte anerkennende Sprachform zu bringen und dabei weder die Kinder zu verletzen noch sie oder deren Eltern zu täuschen, ist nicht einfach.

6.83 Vorliegende Erfahrungen aus der Schule[7]

In den ersten Jahren des Schulversuchs war ein größerer Teil der Eltern nicht völlig einverstanden damit, daß die Leistungen der Kinder nicht durch Notenstufen beurteilt wurden. Spätestens zu dem Zeitpunkt, zu dem die ersten Integrationsklassen in das 5. Schuljahr aufrückten, war es jedoch die ganz überwiegende Meinung der Eltern, daß Zeugnisse in Berichtsform den Kindern besser gerecht werden als Notenstufen.

Besondere Anerkennung fanden bei Eltern und Schülern Zeugnisse, die in *Form eine Briefes* an die jeweiligen Kinder geschrieben wurden. Gerade wegen der hohen Akzeptanz dieser Zeugnisform bei Kindern und Eltern war es bedauerlich, daß es dem Kollegium durch die Schulverwaltung untersagt wurde, Zeugnisse weiterhin in dieser Form zu schreiben. Folgende Argumente der Wiss. Begleitung wurden nicht berücksichtigt:

* Im Rahmenplan wird als Ziel betont, daß die Schüler lernen sollen, ihre Leistungen selbst einzuschätzen und sich mit unterschiedlichen Wertungen auseinanderzusetzen; zum besseren Erreichen dieses Zieles können Zeugnisse in Briefform eine gute Unterstützung sein;

* Rechtsdokumente (wie es Zeugnisse auch sind) in Briefform zu verfassen ist eine Jahrhunderte alte juristische Tradition; es stehen also unseres Erachtens keine juristischen Argumente dagegen. - Nachzutragen ist, daß ab 1990 durch die veränderte politische Situation Zeugnisse in Briefform wieder zugelassen sind.

In den sechs Jahren des Schulversuchs wurden an der Uckermark-Schule ausschließlich ‘Grundschulzeugnisse’ ausgestellt. Kein Zeugnis enthielt den

---

7 Vgl. hierzu die Beispiele am Schluß des Kapitels.

gemäß Genehmigungsschreiben möglichen Hinweis, daß der Schüler oder die Schülerin in *allen* Lernbereichen nach dem Rahmenplan der Sonderschule (für Lernbehinderte) unterrichtet worden war. Nach Einschätzung der Wiss. Begleitung waren die Lernentwicklungsverzögerungen von Schülern, die ohne den Schulversuch höchstwahrscheinlich eine Sonderschule (zumeist: für Lernbehinderte) besucht hätten, im integrativen Kontext der Uckermark-Grundschule deutlich geringer, als sie es an einer Sonderschule wären. Es war bisher in allen Fällen möglich, selbst bei größeren Lernrückständen einzelner Schüler, die Lernentwicklung des einzelnen Kindes auf dem Zeugnis so zu beschreiben, daß der Bezug zum Grundschulrahmenplan erhalten blieb, die individuellen Abweichungen von den Grundschulanforderungen der entsprechenden Jahrgangsstufe jedoch deutlich wurden.

Das Kollegium der Uckermark-Schule setzte sich kontinuierlich mit den Fragen des Schreibens von Zeugnissen in Berichtsform auseinander. Im Anschluß an eine selbst organisierte Fortbildung zu diesem Thema beschloß das Kollegium folgende für sie verbindliche Grundsätze:

> "*1. Zeugnisse in Form verbaler Beurteilungen sollten für Kinder und Eltern verständlich sein.*
> Das bedeutet nicht, daß Zeugnisse der Kinder wegen infantilisiert werden müssen, oder daß um eines Teils der Eltern willen auf jegliche Fachbegriffe verzichtet werden muß (Beispiel: 'Konzentration'), sondern daß die Sprache der Zeugnisse der Alltagssprache im Unterricht und auf Elternabenden entsprechen muß, damit die Begriffe zumindest den Kindern vom ständigen Gebrauch her so selbstverständlich sind, daß sie sie ggf. den Eltern erklären können.
> Darüber hinaus wird es allgemein für notwendig gehalten, daß den Eltern Gelegenheit gegeben wird, mit dem Lehrer über die Zeugnisse zu sprechen, z.B. in Form eines Elternsprechtages. Dabei sollte auch besprochen werden, wie die notwendigen Veränderungen des Lernverhaltens des einzelnen Kindes erreicht werden können.
> Von verschiedenen Seiten wurde empfohlen, die Kinder ein Eigenzeugnis schreiben zu lassen.
> Für wichtig wird es allgemein auch gehalten, daß die Eltern auf Elternabenden über die grundlegenden Lernziele der Jahrgangsstufe informiert werden, und zwar sowohl für das Arbeits- und Sozialverhalten wie auch für die verschiedenen Inhaltsbereiche. Darüber hinaus muß unbedingt den Eltern als pädagogisches Konzept vermittelt werden, daß die Kinder nur von der Grundlage ihres derzeitigen Könnens und Wissens zum nächsten Lernschritt gelangen können.
> Es muß dafür gesorgt werden, daß auch ausländische Eltern die Zeugnisse verstehen können und mit dem Lehrer über die Zeugnisse und über Fragen, die die Lernentwicklung ihres Kindes betreffen, ohne Verständigungsprobleme sprechen können. Hierfür müssen individuelle Lösungen gefunden werden.
>
> 2. *Zeugnisse in Form verbaler Beurteilungen müssen sowohl die individuelle Entwicklung des Kindes wie den Rahmenplan der entsprechenden Jahrgangsstufe zur Grundlage haben.*
> Die Notwendigkeit dieses Doppelbezuges als Orientierungshilfe für Eltern und Kinder wurde allgemein akzeptiert. Es wurde vielfach

nach geeigneten Satzmustern und Formulierungshilfen gesucht. Als Problem hat sich dabei herausgestellt: Auch festgelegte Satzmuster können je nach dem Zusammenhang, in dem sie verwendet werden, informativ oder verschleiernd, klärend oder verletzend wirken. Jeder Lehrer wird sich deshalb der Aufgabe, diesen Doppelbezug angemessen zu vermitteln, bei jedem Zeugnis wieder neu stellen müssen.

3. *Bei den Zeugnissen ab Klasse 5 sollten nicht die allgemein üblichen Zeugnisformulare verwendet werden, damit die Ziffernzeugnisse nicht in den Mittelpunkt der Wahrnehmung geraten.*
Statt dessen sollte nach wie vor die verbale Beurteilung im Mittelpunkt stehen. Die Ziffernzensuren sollten in den Text eingearbeitet oder angehängt werden.

4. *Auch für Abgangs- und Übergangszeugnisse gilt, daß sie sowohl die individuelle Entwicklung des einzelnen Schülers wie den Bezug zum Rahmenplan der entsprechenden Jahrgangsstufe zur Grundlage haben müssen.*
Darüber hinaus gilt für diese Zeugnisse, daß etwaige Mißverständnisse, die Folge sprachlicher Formulierungen sind, nur schwer ausgeräumt werden können, weil die hierfür erforderlichen Rücksprachen nicht immer möglich sind. Es empfiehlt sich daher, diese Zeugnisse auf unmißverständliche Angaben zu beschränken.

5. *Zeugnisse sollten so geschrieben werden, daß auch kritische Äußerungen nicht verletzend wirken.*
Hierzu können keine normativen Empfehlungen gegeben werden; es liegt in der Verantwortung jeden Lehrers, dies zu verwirklichen.

6. *Aus Gründen der Arbeitserleichterung für Lehrer soll erreicht werden, daß innerhalb der Berliner Schule überall dort, wo anstelle der üblichen Zensurenzeugnisse verbale Beurteilungen als Lernentwicklungsberichte geschrieben werden, die Halbjahreszeugnisse ersetzt werden durch ein verbindliches Elterngespräch, über das im Schülerbogen eine Protokollnotiz angefertigt wird.*"

UCKERMARK-GRUNDSCHULE

Berlin, Bezirk Schöneberg

Beispiel für ein Zeugnis in 'Du-Form'

Zeugnis

für ______________________________

geboren am ____________________ Klasse 3

Allgemeine Beurteilung

Lieber

Im vergangenen Schulhalbjahr hast Du fleißig geübt und viel hinzugelernt. Du bist selbständiger und zuverlässiger geworden. Du hast Dir selbst Arbeitsbögen aus Deiner Hängekartei geholt und konntest häufiger ohne Lehrerhilfe arbeiten. Auch im Umgang mit den Hilfsmaterialien (z.B. Hundertertafel oder Rechenmaschine) bist Du sicherer geworden und hast Dir selbständig geholt, was Du zum Arbeiten brauchtest. Wir haben uns gefreut, wenn Du über einen längeren Zeitraum ohne Unterbrechung bei der Arbeit geblieben bist.

Manchmal klappte es allerdings nicht so gut, und Du hast durch Dein lautes Reden und Dazwischenrufen gestört. Du mußt unbedingt lernen, bei der Partnerarbeit leise zu reden und Dich zu melden, wenn Du etwas mitteilen möchtest.

Du kennst die Klassenregeln sehr gut und hast auch Deine Mitschüler oft daran erinnert. Du solltest Dich jedoch zuerst selbst an diese Regeln halten.

Deine Hausaufgaben hast Du immer sehr pünktlich abgegeben. Auch Deine Arbeitsberichte hast Du regelmäßig und meistens auch vollständig geschrieben.

Das Lesen, Schreiben und Rechnen hast Du auch in der Kleingruppe fleißig geübt.

(bitte wenden)

Er/~~Sie~~ ist im Schuljahr 85/86 Schüler~~(in)~~ der Klasse 4

Versäumte Tage: 3, davon als entschuldigt anerkannt: 3 Verspätungen: ______

Berlin, 17. Juli 1985

Klingel ____________________ ____________________

Schulleiter(in) Klassenlehrer(in)

Gelesen: ____________________

Erziehungsberechtigte(r)

Schul II 700 – Zeugnis der Kl. 3 Grundschule und Kl. 2 bei verbaler Beurteilung und Kl. 1 und 2 Sonderschule (3. 85)
● Mat. 942 Sätze à 2 Blatt 098755

Deutsch:

Im Lesen hast Du tolle Fortschritte gemacht, weil Du mit Deinem Lesepartner und auch mit der "Lesemutter" sehr fleißig geübt hast. Viele kurze Texte konntest Du nun schon flüssiger und besser verständlich vorlesen. Übe weiterhin so gut!

Auch im Schreiben bist Du sicherer geworden. Nur einige Schreibschriftbuchstaben, besonders **m** und **n**, haben Dir noch Schwierigkeiten bereitet.

Rechtschreiben: Du konntest schon einige Wörter des Grundwortschatzes sicher aufschreiben. Bei Diktaten hast Du es geschafft, bis zu 10 Wörter zu üben und fehlerfrei aufzuschreiben.

Beim Geschichtenschreiben konntest Du Deinen Lehrern spannende und lustige Texte diktieren, die Du nachher geduldig abgeschrieben hast. Im Umgang mit der Druckerei bist Du schon viel sorgfältiger geworden.

Sachkunde:

Du hast Interesse an Tieren, Pflanzen, Umweltfragen und an Technik gezeigt. Das Wachsen und die Entwicklung der Kaulquappen hast Du genau beobachtet und regelmäßig in Deinen Beobachtungsbericht eingetragen. Für das "Froschbuch", das die Klasse gemeinsam hergestellt hat, hast Du zu einem vorgegebenen Text treffende Bilder gemalt. Außerdem hast Du ein eigenes "Froschbuch" gemacht, an dem Du sehr ausdauernd gearbeitet hast.

Rechnen:

Das Rechnen fiel Dir noch sehr schwer; deshalb hast Du eine Zeitlang sehr ungerne geübt. Neuerdings macht es Dir wieder mehr Spaß. Du hast wieder mehr in der Klasse und auch in der Kleingruppe geübt und bist im Zählen bis 100 sicherer geworden. Plus- und Minusaufgaben im Zahlraum bis 20 hast Du jetzt schon häufig richtig gerechnet. Wir freuen uns auch, daß Du angefangen hast, Dich für die Einmaleinsreihen zu interessieren.
Das Ablesen der Uhrzeit mußt Du jetzt unbedingt lernen!

Bildende Kunst:

Du hast gerne gemalt, gebastelt und geformt und konntest mit Deinen Ergebnissen zufrieden sein.

Musik und Tehaterspielen haben Dir sehr viel Freude gemacht.
In Deiner Begeisterung hast Du leider oft die gemeinsamen Regeln vergessen.

Sport:

Sport und Spiel haben Dir viel Spaß gemacht. Bei freien Aufgabenstellungen hattest Du eigene Ideen, und Du hast auch andere mitspielen lassen. Beim Auf- und Abbau von Geräten hast Du gern und oft geholfen.

, wir wünschen uns, daß Du in der 4. Klasse weiterhin so fleißig lernst!

Deine Lehrerin

Uckermark - Grundschule

Zeugnis

Beispiel für ein Eigenzeugnis (Klasse 3)

Dieses Zeugnis stammt vom gleichen Kind, für das das vorstehende Zeugnis in 'Du-Form' geschrieben wurde. Bei beiden Zeugnissen handelt es sich um Zeugnisse eines Gutachtenkindes.

Mein Sozialverhalten

Ich bin anderen Kindern gegenüber sehr lustig und manchmal sehr nett. Manchmal bin ich auch frech und stärkere. Ich habe viele Freunde in der Klasse. Ich mag sie und die mögen mich. Sie geben mir oft mal was zum Essen und spielen mit mir. und auch die anderen Kinder helfen mir oft beim Rechnen und Schreiben. Ich helfe auch und Frau
Ich kann schon gut mit einem Partner arbeiten. Mit nicht so gut, manchmal sind wir zu laut.
Ich streite mich nicht so oft, nur mit öfter. Meistens vertragen wir uns schnell wieder.
Ich habe schon das Tafelamt und das Bücheramt gemacht. Ich bin nicht immer zuverlässig.

Mein Arbeitsverhalten

Mir macht das Lernen Spaß. Am liebsten mag ich schreiben und lesen. Ich komme gerne zur Schule.
Ich melde mich nicht oft, weil meine Hand sonst einschläft und weil ich nicht viel zu erzählen habe.
Ich kann selbständig arbeiten. Ich brauche meine Lehrer nicht mehr so oft. Meistens arbeite ich langsam. Ich bin meistens sehr laut und abgelenkt. Meine Pflichtaufgaben habe ich meistens fertig. Ich mache meine Hausaufgaben jeden Tag und gebe sie immer pünktlich ab.

Deutsch

Lesen: Ich lese noch stockend, aber ich kann schon ein ganzes Monsterheft allein lesen. Ich verstehe auch was ich lese.

Rechtschreiben: Abschreiben kann ich schon richtig. Beim Diktieren mache ich Fehler. Ich kriege kurze Diktate mit 10 Wörtern und mache manchmal 2 oder 6 Fehler.

Geschichtenschreiben: Ich diktiere den Lehrern meine Geschichte. Nachher schreibe ich sie ins Heft. Meine Geschichten sind meistens spannend und lustig.

Handschrift: Schreibschrift kann ich schon gut schreiben, aber manchmal vergesse ich, wie man das g, m und n schreibt.

Sachkunde:

Ich finde Sachkunde schön. Am meisten interessiere ich mich für Tiere. Ich habe mich nicht so oft gemeldet, weil ich auch nicht so viel weiß.

Rechnen:

Beim Einmaleins bin ich unsicher, aber ich kann schon die 1er, 2er und 10er-Reihe. Die 3er-Reihe kann ich schon ein bißchen. Ich kann gut bis 100 zählen. Mit der Rechenmaschine kann ich alle Plus und Minusaufgaben rauskriegen.

Bildende Kunst:

Ich male sehr gerne. Am liebsten male ich mit Filzern.
Basteln tue ich nicht gerne, weil ich es nicht kann, und weil ich davon keine Ahnung habe. Tonarbeit finde ich gut.

Musik/Theater

Musik gefällt mir gar nicht, es ist zu langweilig. Beim Theaterspielen bin ich gut. Ich höre meistens auf das, was Herr sagt. Manchmal habe ich gute Ideen.

Sport:

Ich turne gerne. Wenn ich mich umgezogen habe, dann setz ich mich gleich auf die Bank und ich tobe nicht rum.
Frau lobt mich. Trampolin kann ich am besten turnen, Bockspringen finde ich auch ganz gut.
Ich helfe manchmal mit beim Abbau.

Dieses Zeugnis über mich selbst habe ich Frau diktiert.

Ich habe es noch einmal durchgelesen.

Berlin, den 10.7.1985

(Unterschrift)

UCKERMARK-GRUNDSCHULE
Berlin, Bezirk Schöneberg

Beispiel für ein 'normales' Zeugnis der UckG

Zeugnis

für M.

geboren am März 1978 Klasse 3

Allgemeine Beurteilung

M. hat sich inzwischen gut in die Gruppe eingelebt und ihre anfängliche Zurückhaltung und Unsicherheit immer mehr ablegen können. Sie spricht nun auch lauter mit ihren Mitschülern. Insgesamt beteiligte sie sich aktiver am Unterricht und bemühte sich um gute Mitarbeit. Sie hat eine gute Arbeitshaltung entwickelt und erledigte ihre Aufgaben stets ausdauernd und sehr sorgfältig. Da sie sehr langsam lernt und arbeitet, benötigt sie auch weiterhin viel Rücksicht und Unterstützung, besonders im mathematischen Bereich. M. hat die grundlegenden Lernziele dieses Schuljahres noch nicht vollständig erreicht.

Deutsch

Sie konnte nach besonderer Einzelförderung die eingeführten Wörter des Grundwortschatzes und vereinfachte Diktate fast fehlerlos aufschreiben. Da sie fleißig übte, traute sie sich auch schon schwierigere und längere Texte zu. Erfeulich waren ihre Ordnung, ihre Ausdauer und ihre sorgfältige Handschrift und Haftführung. Beim Lesen hat sie gute Fortschritte gemacht, in der Leseecke entdeckte sie allmählich ihr Interesse an Büchern. Sie konnte einfache Texte vorlesen, hatte aber noch viel Mühe, Gelesenes nachzuerzählen.
Da sie mit dem deutschen Satzbau Schwierigkeiten hat, fiel es ihr noch schwer, eigene Geschichten aufzuschreiben.

Sachkunde

Nach wie vor zeigte M. kein besonderes Interesse an sachkundlichen Themen. Da sie Zusammenhänge nur schwer erkennen konnte, arbeitete sie kaum aktiv mit. Mit großer Sorgfalt formte sie einen Elefanten aus Ton. Ebenso gern beschäftigte sie sich mit dem Baumbuch und der Fahnenkartei.

b.w.

~~Er~~/Sie ist im Schuljahr 88/89 Schüler(in) der Klasse 43

Versäumte Tage: 3, davon als entschuldigt anerkannt: 3 Verspätungen: /

Berlin, 22. Juni 1988

Schulleiter(in) Klassenlehrer(in)

Gelesen: Erziehungsberechtigte(r)

Schul II 700 – Zeugnis der Kl. 1 Grundschule und Kl. 2 bei verbaler Beurteilung und Kl. 1 und 2 Sonderschule (3. 85)
1 Mai 1942 Satze a 2 Blatt 98765

Mathematik

Im mathematischen Bereich hat sie durch fleißiges Üben Fortschritte gemacht. Sie benötigte nicht mehr für alle Aufgaben Anschauungsmaterial. Sie hat die Einmaleinsreihen von 1 bis 5 gelernt und arbeitete eifrig in der für sie zusammengestellten Rechenkartei, die den Zahlraum 0 bis 100 umfaßte. An Rechenspielen und am Kopfrechnen beteiligte sie sich noch nicht. M. verstand zuletzt auch einfache schriftliche Rechenverfahren und schrieb Rechenarbeiten in verkürzter und vereinfachter Form. Dabei machte sie erfreulich wenig Fehler.

Bildnerisches Gestalten

Am Malen und Basteln hatte sie nach wie vor viel Freude. Auch hier arbeitete sie trotz der Beeinträchtigung ihrer Hände geschickt, ausdauernd und sorgfältig.

M. nahm an allen Bereichen des Sportunterrichts teil. Sie machte Dauerläufe, Gymnastik, fing und warf Bälle, turnte an Geräten, sprang Minitrampolin und beteiligte sich an Spielen. Dabei fiel ihre Geschicklichkeit beim "Ball über die Schnur" auf. Sie konnte sich gut in wechselnde Gruppen einfügen.

Musik

M. verhielt sich auch im 2. Schulhalbjahr im Musikunterricht aufmerksam, wenn auch sehr zurückhaltend. Musikalische Bewegungsspiele und die instrumentale Begleitung bei einem kleinen darstellenden Spiel machten ihr offensichtlich Spaß.

(Schulleiter) (Klassenlehrerin)

Ute und Uwe Uberlegen Unsinn.

7 Soziale Beziehungen in Schule und Wohnumfeld

(Ulf Preuss-Lausitz)

7.1 ‘Soziale Integration’ als Forschungsthema

Bekanntlich steht die Zielsetzung der ‘sozialen Integration’ bei gemeinsamer Unterrichtung und Erziehung behinderter und nichtbehinderter Kinder im Zentrum der schulpolitischen Begründungen. Soziale Integration bezieht sich dabei auf die gegenwärtige wie auf die künftige ‘Teilhabe am gesellschaftlichen Prozeß’. Diese Teilhabe soll keine unkritische Anpassung an die vorherrschende Mehrheit sein, sondern unter Bewahrung der jeweils eigenen individuellen oder Gruppen-Identität erfolgen. Ein konformistisches Konzept ‘sozialer Integration’ ist schon frühzeitig, im Zusammenhang mit der schichtspezifischen Gesamtschuldiskussion, zurückgewiesen worden (vgl. KEIM 1973). In unserem Zusammenhang bedeutet ‘soziale Integration’, daß diejenigen Kinder, die von der Gefahr der sozialen Randständigkeit und von Schulversagen bedroht sind, oder die durch ihre körperlichen oder Sinnesbehinderungen in ihren sozialen Aktivitäten beeinträchtigt werden könnten, in die Interaktionen ihrer Schulklasse, aber auch in die Freundschafts- und Spielbeziehungen außerhalb der Schule einbezogen sind.

Mit dieser Ausdehnung des Integrationsanspruchs über die Klasse hinaus gehen wir über die meisten Konzepte und Untersuchungsdesigns in Integrationsschulen hinaus. Das Uckermark-Konzept der ‘Stadtteilschule für alle’ beruht ja auf der Übereinstimmung von Nachbarschaft und Schuleinzugsgebiet, so daß die schulischen Kontakte und die nachmittäglichen Beziehungen sich gegenseitig verstärken können. Gerade Kinder aus sozial randständigen Familien, die häufig auch sozial isoliert sind, und Kinder mit Sinnes- und

Körperbehinderungen sind auf den frühzeitigen und durch Schule unterstützten Aufbau sozialer Beziehungen angewiesen.

Ganz generell wird in neueren kinder- und jugendsoziologischen Studien auf die wachsende Bedeutung der Schule für die sozialen Beziehungen der heutigen Kinder und Jugendlichen hingewiesen (u.a. ALLERBECK/HOAG 1985, Shell-Studien 1981, 1985). Begründet wird dieser Bedeutungsgewinn der Schule durch die verringerten Kontaktmöglichkeiten im öffentlichen Raum (Verlust der Straßensozialisation, Ersetzung durch Innenraumsozialisation, vgl. ZEIHER 1983) und durch die gesunkene Geschwisterzahl. Für immer mehr Kinder sind Vorschule und Schule in den entscheidenden Jahren der Sozialentwicklung der einzige Ort, an dem andere Kinder intensiv beobachtet, geprüft, bewertet und Freunde gesucht und gefunden werden können, wobei der schützende Rahmen einer formellen Institution jederzeit Rückzugsmöglichkeiten und Sicherheit bietet.

Für Kinder bis zu 10 Jahren ist es kaum möglich, in der Schule entstandene Freundschaften in der Freizeit fortzusetzen, wenn die anderen Kinder außerhalb des engeren Wohnumfeldes wohnen. Allenfalls wenige, deren Mütter sowohl Hausfrauen sind als auch über Auto und Zeit verfügen, können erwarten, gelegentlich zu Kindergeburtstagen und besonderen Ereignissen gefahren zu werden; kaum jedoch alltäglich und nach eigener Planung mit den Freunden.

Aus diesem Grund hat die Uckermark-Grundschule, im Gegensatz zu den meisten anderen Integrationsschulen, darauf geachtet, daß weder ‘behinderte’ noch ‘nichtbehinderte’ Kinder von außerhalb des Wohnumfeldes kommen. Zog ein Kind fort, blieb jedoch in der Schule, so brachen die nachmittäglichen Kontakte zu den anderen Klassenfreunden i.d.R. rasch ab. Erst etwa ab dem 10. Lebensjahr werden die Kinder mobiler und selbständiger, so daß Freundschaften u.U. auch über größere Entfernungen weiterhin gepflegt werden. Das gleiche Problem hatten Kinder, die über ‘Deckadressen’ in die Schule kamen; wenn sie weit entfernt wohnten, waren ihre Nachmittagskontakte mit Klassenfreunden gering.

1982, als das Forschungskonzept für den Bereich der sozialen Beziehungen entworfen wurde, gab es außer qualitativen (zumeist positiven) Aussagen von beteiligten Eltern, Wissenschaftlern und Lehrern noch keine ‘harten’ Forschungsdaten über soziale Beziehungen aus Integrationsklassen. Uns schienen diese, neben qualitativen Ergebnissen, jedoch von besonderer Wichtigkeit. Denn die Zweifel der Sonderschulbefürworter in Politik und Wissenschaft über das Gelingen emotional befriedigender und sozial akzeptabler Beziehungen der ‘behinderten’ Kinder waren (und sind) nicht verstummt. Diese Zweifel sollten auf ihre Berechtigung hin untersucht und damit bestätigt oder ausgeräumt werden. Der auf eine sechsjährige Wissenschaftliche Begleitung angelegte Schulversuch bot die einmalige Chance, systematisch *Entwicklungen* sozialer Beziehungen nachvollziehbar darzustellen.

Inzwischen sind aus anderen Integrationsansätzen Ergebnisse bzw. Zwischenergebnisse dargestellt worden. MAIKOWSKI/PODLESCH (1988b) haben darüber zusammenfassend berichtet. Für unseren Zusammenhang sei auf einige Ergebnisse hingewiesen, auf die wir uns bei der Interpretation der eigenen Untersuchungen beziehen werden.

WOCKEN hat über den informellen Status von behinderten Kindern in *Hamburger Integrationsklassen* berichtet (WOCKEN 1987). Er beschränkte sich dabei allerdings durchweg auf Erstklässler, weshalb seine Aussagen weder Entwicklungsdynamik einschließen noch auf ältere Schüler beziehbar sind. Er stellte fest, daß Wahlstatus und Ablehnungsstatus (im Sinne PETILLONS, vgl. unten) der behinderten Kinder dem der übrigen Kinder weitgehend entsprachen; nur der Wahlstatus beim jeweils eigenen Geschlecht war geringer. Zusammenfassend schreibt WOCKEN, daß "die affektiven Austauschbeziehungen zwischen den Behinderten und Nichtbehinderten in hohem Maße ausgeglichen" seien (WOCKEN 1987, S. 256).

MAIKOWSKI/PODLESCH haben bei ihren Untersuchungen in der *Berliner Fläming-Grundschule* zwischen 1984 und 1986 festgestellt, daß "die 12 behinderten Kinder aus den drei (untersuchten - d.V.) Integrationsklassen .. ganz überwiegend sozial integriert (sind)" (dies. 1988a, S. 235). Die Ergebnisse zeigten, daß im Vergleich zu parallelen Regelklassen die "Gruppeninteraktion" und der gegenseitige Besuch außerhalb der Schule in den Integrationsklassen häufiger waren. Sie führten dies allerdings selbst auf einen ungewöhnlichen Faktor zurück: Die behinderten Kinder, die überwiegend in weit entfernten Stadtgebieten wohnen, sind nachmittags im zugeordneten Schülerladen ("Kinderhaus Friedenau") mit ihren Klassenkameraden zusammen. Sie verwiesen darauf, daß die Statuspositionen der 'Behinderten' zwar zuerst negativ waren, im Laufe der Grundschulzeit jedoch stiegen (dies. 1988b, S. 277).

Während diese quantifizierenden bundesdeutschen Studien, ebenso wie Verfahren hermeneutisch-interpretativer Art, wie sie etwa SUCHAROWSKI in Schleswig-Holstein bei sog. geistigbehinderten Schülern in Integrationsklassen anwendet, zu einhellig positiven Ergebnissen kamen, ergab eine noch laufende *Schweizer Untersuchung* Widersprüchliches. Die Forschungsgruppe um HÄBERLIN hat festgestellt, daß 'integrierte schulleistungsschwache Schüler' sich subjektiv ebenso wohl (oder unwohl) fühlen wie entsprechende Schüler in Hilfsschulklassen. Damit wird die verbreitete Auffassung widerlegt, schlechte Schüler/innen würden aufgrund der ständigen Vergleichssituation besonders leiden. Allerdings hat das Team auch festgestellt, daß der soziometrische Status der 'schulleistungsschwachen Schüler' in integrativen Klassen geringer war als der der übrigen Schüler, und zwar besonders dann, wenn Sonderpädagogen sie speziell unterstützten (HÄBERLIN 1988). Ein soziometrischer Vergleich mit der Sonderschule ist logischerweise nicht möglich, da alle Schüler in einer Sonderschule für Lernbehinderte 'schulleistungsschwache Schüler' sind und es auch in diesen Klassen sowohl beliebte als auch weniger beliebte Schüler gibt.

BÄCHTOLD hat - ebenfalls für die *Schweiz* - untersucht, womit diese widersprüchlichen Ergebnisse zusammenhängen könnten. Er stellte empirisch fest, daß die sozialintegrativen Wirkungen von den lokalspezifischen Bedingungen in Klasse und Schulmilieu abhängen. Vor allem seien die Art der Unterrichtsorganisation, das Erleben des Unterrichtsklimas und die Wahrnehmungsmuster abweichenden Verhaltens durch die Regelschullehrer/innen entscheidend, nicht jedoch das Intelligenz- oder Leistungsniveau der 'schulleistungsschwachen Schüler' oder deren offizielle Definition als 'lernbehindert' oder 'verhaltensgestört'. BÄCHTOLD schließt daraus, daß es entscheidend auf "echte Innovationen bezüglich lokaler Systemelemente des schulischen Bedingungsgefüges" ankommt, konkret auf "zunehmenden Abbau der äußeren Differenzierung bei gleichzeitigem Aufbau innerer Differenzierung in der Regelklasse unter dem handlungsleitenden Prinzip, soviel Integration wie möglich im Sinne gemeinsamer Tätigkeiten zu verwirklichen" (BÄCHTOLD 1988, S. 273).

Die empirischen Untersuchungen in der Uckermark-Schule haben sich auf folgende Fragestellungen bezogen:

* Wie sind die *informellen Positionen der Gutachtenkinder* in den Klassen?

* Wie *entwickeln* sie sich im Laufe der Schulzeit? Gibt es einen gemeinsamen Trend oder nur individuell interpretierbare Entwicklungen?

* Ist es gerechtfertigt, die übrigen Schüler als '*Nichtbehinderte*' homogen zu betrachten, oder gibt es besondere Gruppen, die in ihrer sozialen Stellung auffallen?

* Wie entwickeln sich die *tatsächlichen sozialen Beziehungen am Nachmittag* bei den Gutachtenkinder und den übrigen Schülern?

* Unterscheiden sich die *Gutachtenkinder in ihrem gegenstandsbezogenen Freizeitverhalten* von dem anderer Schüler(gruppen)?

* *Fühlen sich die Gutachtenkinder in der Schule wohl* oder leiden sie unter den teilweise vorhandenen Leistungsunterschieden?

* Gibt es *Unterschiede* in den sozialen Beziehungen zwischen *Sonderschülern* (sog. Lernbehinderte) einer Nachbarschule und den Schülern der Uckermark-Schule, oder lassen sich gemeinsame Strukturen feststellen?

* Wie werden die sozialen Beziehungen zwischen behinderten und nichtbehinderten Schülern von *Eltern* (besonders auch von den Eltern der Gutachtenkinder) und Lehrern *eingeschätzt*?

Ein Teil der Fragen kann nur beantwortet werden, wenn

* die methodischen Verfahren über alle Jahre einheitlich angewandt werden;

* Wiederholungsuntersuchungen mit den*selben* Schülern durchgeführt werden (echte panels);

* die Umstände der Untersuchungen möglichst konstant gehalten werden (Befragungspersonal, Art der Schülerinformation, Orte der Befragungen usw.).

Diese drei Bedingungen konnten in ausreichendem Maß erfüllt werden.

Wesentliche Datengrundlage des folgenden, zusammenfassenden Berichts sind:

* halbjährliche bzw. später jährliche soziometrische Untersuchungen nach üblichen Standards in möglichst allen Klassen;

* gleichzeitig Untersuchungen der tatsächlichen dauerhafteren nachmittäglichen Freizeitkontakte, in gleichem Umfang;

* eine jährliche, ausführliche Befragung des ältesten Schulversuchs-Jahrganges zu den informellen Beziehungen in den Klassen, den Sozialkontakten am Nachmittag, den Freizeitaktivitäten innerhalb und außerhalb der Wohnung; mit vier Wiederholungen zum gleichen Stichmonat und einer vergleichenden auswertenden Schlußuntersuchung (PREUSS-LAUSITZ/HITZLER 1988);

* eine Befragung von Gutachtenkindern über ihre Einstellung zur Schule und ihr Wohlbefinden (1988);

* eine Befragung von Eltern über ihre beruflichen und familiären Bedingungen (zwei Jahrgänge; vgl. PREUSS-LAUSITZ 1984);

* eine Befragung von Eltern über ihre Einstellung u.a. der Sozialkontakte zwischen 'behinderten' und 'nichtbehinderten' Schülern und über das Wohlbefinden ihres eigenen Kindes (vgl. Kap. 12);

Wir haben die einzelnen Untersuchungsteile auf einer Übersicht geordnet (vgl. Tab. 7-1a).- An den Befragungen wirkten neben ULF PREUSS-LAUSITZ, Dr. GÜNTER BERG-LAASE, Dr. URSULA RABE-KLEBERG, besonders lange SABINE HITZLER und ANDREAS DORN mit. Allen sei an dieser Stelle nochmals für ihre Arbeit Dank gesagt.

Alle Untersuchungsergebnisse wurden so schnell wie möglich den betroffenen Lehrern bzw. Elternvertretern der Klassen mitgeteilt. Die Soziogramme und die Untersuchung der Freizeitbeziehungen wurden mit einer Interpretation jeweils wenige Tage nach Befragung den Lehrern zur Kenntnis gegeben, mit der Bitte, sie nach ihrem Eindruck zu kommentieren. Die jährliche Freizeitstudie des ältesten Schulversuchs-Jahrganges wurde i.d.R. ein halbes Jahr später an interessierte Lehrer und Eltern in Form einer 'grauen' Publikation zurückgegeben. Die Elternbefragung wurde auf einer schulinternen Veranstaltung mit Eltern und Lehrern diskutiert. - Im übrigen flossen Einzelergebnisse auch in die Entwicklungsberichte der Gutachtenkinder ein.

Unseres Wissens liegt mit den durchgeführten Untersuchungen das bislang umfangreichste Material über die sozialen Beziehungen von 'behinderten' und 'nichtbehinderten' Schülern in der Bundesrepublik vor. Darüber hinaus hat die fünfmal durchgeführte Freizeitstudie Ergebnisse über Kinderverhalten in den 80er Jahren erbracht, das in dieser Weise bislang neuartig ist.

Angesichts der sich wiederholenden Befragungen der Kinder hätte erwartet werden können, daß diese sich mit der Zeit verweigern würden. Das war jedoch nicht so. Im Gegenteil: die Schüler/innen haben die Befragungen offensichtlich gern mitgemacht und als angenehme Abwechslung im Schulalltag angesehen. Die Interviewpartner waren ihnen ja zum großen Teil vertraut. Wir glauben, daß aus diesem Grund auch die Qualität der Aussagen relativ hoch blieb; Stichprobenbefragungen einzelner Lehrer bestätigten dies.

Widerstand gegen Befragungen traten nur bei wenigen Lehrern auf. Eine Lehrerin konnte erst nach mehreren Jahren bewegt werden, soziometrische Befragungen in ihrer Klasse zu tolerieren. Sie war der Auffassung, daß solche Befragungen "nichts brächten" und ihre Kenntnis über die Schüler nicht

Tab. 7-1a:

Befragungszeiten und -themen zur sozialen Integration

	1 Mai 83	2 Nov. 83	3 Juni 84	4 Dez. 84	5 Juni 85	6 Nov. 85	7 Jun 86	8 Nov. 86	9 Jun 87	10 Nov. 87	11 Mai 88
Jg. 82/83 N = 60, 3 Kl.	Soziogramme 1. Kl.	Soziogramme Realkont. Freizeitakt. 2. Kl.	Soziogramme Realkont. Sozialstrukt. der Eltern	Soziogramme Realkont. Freizeitakt. 3. Kl.	Soziogramme Realkont.	Soziogramme Realkont. Freizeitakt. 4. Kl.	Soziogramme Realkontakte	Soziogramme Realkontakte Freizeitakt. 5. Kl.	Soziogramme Realkontakte	Soziogramme Realkontakte Freizeitakt. 6. Kl.	
Jg. 83/84 N = 60, 3 Kl.		1. Kl.	Soziogramme Realkont. Sozialstrukt. der Eltern	2. Kl.	Soziogramme Realkont.	3. Kl.	Soziogramme Realkontakte	4. KL.	Soziogramme Realkontakte	5. Kl.	Soziogramme Realkontakte Eltern-Einst.
Jg. 84/85 N = 60, 3 Kl.				1. Kl.	Soziogramme Realkont.	2. Kl.	Soziogramme Realkontakte	3. Kl.	Sozigramme Realkontakte	4. Kl.	Soziogramme Realkontakte
Jg. 85/86 N = 60, 3 Kl.						1. Kl.	Soziogramme Realkontakte	2. Kl.	Soziogramme Realkontakte	3. Kl.	Soziogramme Realkontakte Eltern-Einst.
Jg. 86/87 N = 6o 3 Kl.								1. Kl.	Soziogramme Realkontakte	2. Kl.	Soziogramme Realkontakte
Jg. 87/88 N = 60 3 Kl.										1. Kl.	Soziogramme Realkontakte Eltern-Einst.

erweiterte. Andere Lehrer/innen dagegen schätzten die regelmäßig durchgeführten Untersuchungen als willkommene Kontrolle ihrer eigenen Wahrnehmung und benutzten sie, um sie zum Anlaß von Fallbesprechungen zu nehmen.

7.2 Entwicklung der sozialen Beziehungen in den Klassen

7.21 Zum Verfahren

Für die Untersuchung der informellen Klassenstrukturen bieten sich soziometrische Verfahren an. Die bekanntesten sind die von PETILLON (1980) zusammengefaßten. Wir haben uns 1982 entschlossen, ein abweichendes Verfahren zu verwenden und nach diesem bis 1988 einheitlich zu arbeiten. Der Vorzug gegenüber dem Verfahren von PETILLON liegt unseres Erachtens darin, daß Ablehnungsstatus und Wahlstatus in einem *integrierten Sympathiestatus* zusammengefaßt sind, so daß die informelle Gesamtposition des Schülerns leichter überblickt und im jährlichen Vergleich untersucht werden kann. Der Nachteil gegenüber dem Verfahren von PETILLON, nämlich die Größe der Klasse rechnerisch nicht zu berücksichtigen, ist bei unserer Studie unerheblich, da die Durchschnittsfrequenz von 20 in allen Klassen überwiegend beibehalten oder nur wenig unterschritten wurde. - Um den Vergleich mit anderen Studien zu erleichtern, haben wir nachträglich die Rohdaten der Gutachtenkinder zusätzlich nach den Verfahren von PETILLON ausgewertet.

In unserem Verfahren bezogen sich die Fragen auf Kinder aus der Klasse,

* mit denen man besonders gern im Unterricht zusammenarbeitet;
* mit denen man besonders gern nachmittags zusammen sein würde (auch wenn dies aus räumlichen oder anderen Gründen nicht ginge);
* mit denen man auf keinen Fall nachmittags zusammen sein möchte (und warum nicht).

Es konnten jeweils beliebig viele andere Schüler/innen genannt werden.

Aus den gewonnenen Daten errechneten wir einen integrierten Sympathiestatus, und zwar wie folgt:

$$Sy = \frac{F_{+} + U_{+}}{2} - F_{-}, \text{ wobei}$$

F_{+} = Anzahl der erhaltenen Wahlen im Freizeitbereich,
F_{-} = Anzahl der erhaltenen Ablehnungen im Freizeitbereich,
U_{+} = Anzahl der erhaltenen Wahlen im Unterrichtsbereich.

Wir interpretieren Schüler/innen, die einen Sympathiestatus von +2 und mehr erhielten, als *'besonders beliebte Schüler'*, Schüler, die einen Status von -1,5 und weniger erreichten, als *'weniger beliebt'*. Diese können jedoch nicht insgesamt als Außenseiter interpretiert werden. (Ein Wert von -1,5 ergibt sich schon dann, wenn ein Kind zwei Ablehnungen und eine Wahl erhält.) Als Außenseiter sind vielmehr erst dann Kinder anzusehen, wenn sie von einer erheblichen Gruppe der gesamten Klasse abgelehnt werden (von einem Viertel, also hier 5 Kindern, oder mehr).

Die integrierten Sympathiewerte aller Schüler - auch der Gutachtenkinder - wurden pro Klasse tabellarisch aufgelistet und jährlich fortgeschrieben. Daraus wurden die durchschnittlichen Sympathiewerte der Klassen gebildet. Die Strukturen der individuellen Sympathien und Abneigungen in einer Klasse wurden jeweils grafisch dargestellt, wobei die räumliche Anordnung eines Kindes von der ersten bis zur letzten Untersuchung gleich blieb. Jeder Schüler erhielt bei Einschulung eine Codezahl, so daß die Soziogramme anonymisierbar wurden. - Als Beispiel werden Soziogramme einer Klasse im Laufe der Schulzeit beigefügt (vgl. Tab. 7-1b/1c).

7.22 Entwicklung der Sympathiestrukturen in den Klassen

Insgesamt wurden zwischen 1982 und 1988 siebenundfünfzig soziometrische Befragungen (mit insgesamt rd. 1000 Einzelbefragungen) durchgeführt. Bei der Bildung des integrierten Sympathiewertes im Klassendurchschnitt konnte festgestellt werden, daß es nur in 4 Fällen negative Werte (maximal -0.37) gab, in 53 Fällen positive Werte (maximal + 2.03). Besonders aufschlußreich ist es, daß das positive Klima vom ersten bis zum sechsten Jahr in fast allen Klassen *zunimmt*. Das soll anhand der Durchschnittswerte der Klassenstufen dargestellt werden:

Tab. 7-1b:

Soziogramm (Wahlen und Ablehnungen) der Klasse 2b - Code 131ff.
- Im Schuljahr 1983/84 (erhoben im Juni 84)

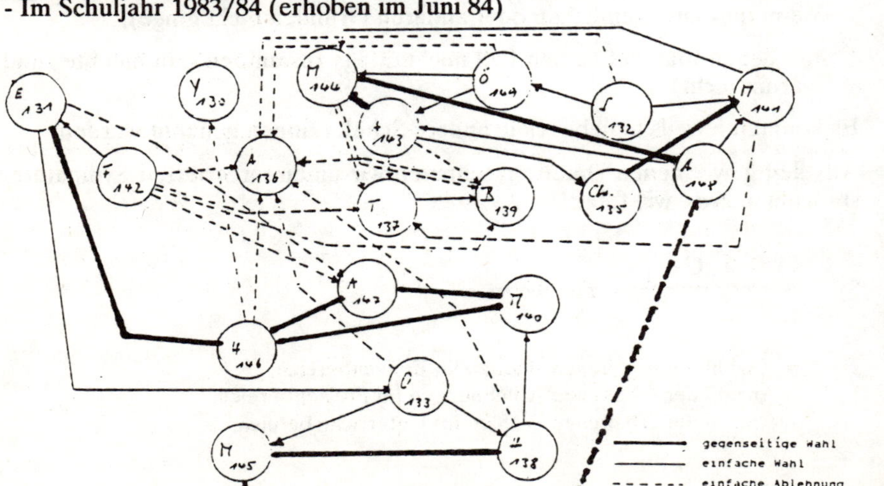

Tab. 7-1c:

Soziogramm (Wahlen und Ablehnungen) der Klasse 6b - Code 131ff. - Im Schuljahr 1987/88 (erhoben im Nov. 87)

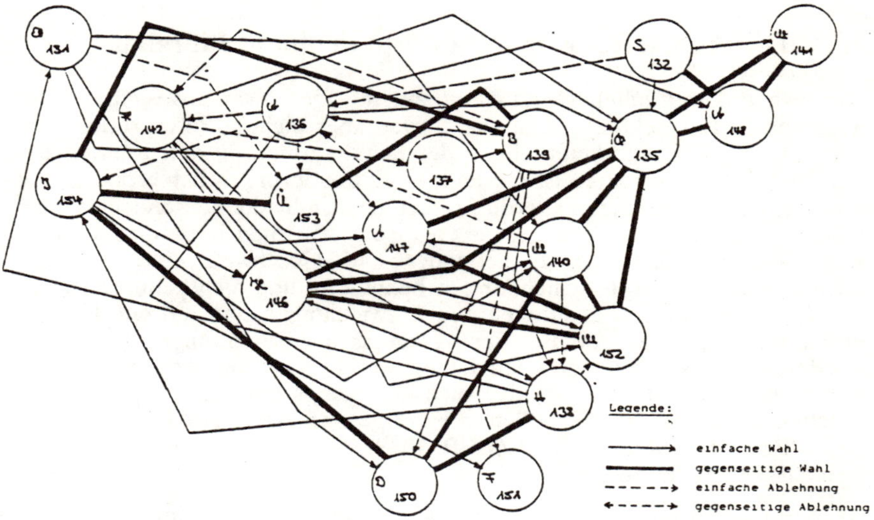

Tab. 7-1d:

Entwicklung der allgemeinen Sympathiewerte von den ersten bis zu den sechsten Klassen (1982 - 1988)

1. Kl. (13 Kl.)	2. Kl. (14 Kl.)	3. Kl. (12 Kl.)	4. Kl. (9 Kl.)	5. Kl. (6 Kl.)	6. Kl. (3 Kl.)
+0.28	+0.45	+0.78	+0.84	+1.04	+1.46

In den Klassen der Uckermark-Schule nehmen, wie die Einzelanalyse zeigt, die Ablehnungen anderer Kinder ab und die positiven Wahlen insgesamt zu. Es gibt insgesamt kaum 'Außenseiter', also Kinder, die von vielen in der Klasse abgelehnt werden. Fortzug und Zuzug wirkten sich nicht in einer einheitlichen Richtung aus; d.h., daß der Zuwachs an positivem Klassenklima nicht auf den Fortzug weniger beliebter Schüler zurückgeführt werden kann.

Wir können nicht beurteilen, ob dieses erfreuliche Ergebnis auch in anderen Schulen beobachtbar wäre, also als Ausdruck einer allgemeinen Entwicklung in der Haltung unter Kindern. Um dies feststellen zu können, müßten vergleichbare Längsschnittuntersuchungen durchgeführt werden. Wir können nur sagen: die integrative Pädagogik in der Uckermark-Grundschule behindert in keinem Fall die Entwicklung eines zunehmend positiveren Klassenklimas, und zwar erstaunlicherweise in nahezu allen Klassen trotz sehr unterschiedlicher Lehrkräfte. Unsere Hypothese ist, daß integrative Pädagogik für diese positive Entwicklung mitursächlich ist.

7.23 Differenzierte Sympathiewerte in einem Jahrgang

Die bisher dargestellten Durchschnittswerte sagen zwar etwas über einen allgemeinen Entwicklungstrend aus, dürfen aber nicht so interpretiert werden, als ob die Beliebtheitsstellung der Schüler/innen in den Klassen einheitlich sei. Das Gegenteil ist der Fall; es gibt außerordentlich große Unterschiede. Uns interessieren allerdings jetzt nicht individuelle, sondern Unterschiede und Entwicklungen ganzer Gruppen: Mädchen und Jungen, Deutsche und Nichtdeutsche, Einzelkinder und Geschwisterkinder, Unterschichtkinder und Mittelschichtkinder, behinderte und nichtbehinderte Kinder. (Die *individuellen* Positionen und Entwicklungen sind mit den Lehrern erörtert und ggf. zum Anlaß neuer pädagogischer Bemühungen genommen worden.) Aus Kapazitätsgründen haben wir diese Differenzierung auf die drei Klassen des ältesten Schulversuchs-Jahrgangs beschränkt. Die Einzelergebnisse wurden samt Tabellen in einer gesonderten Broschüre vorgelegt (vgl. PREUSS-LAUSITZ/HITZLER 1988). Hier greifen wir die wichtigsten Ergebnisse heraus.

Auch in diesem Jahrgang gab es, wie bei den jüngeren, eine insgesamt positive Entwicklung der integrierten Sympathiewerte, wobei in der 3. und 4. Klasse diese etwas geringer waren und in den 5. und 6. Klassen stark anstiegen. In diesen letzten beiden Jahren gab es sehr viele besonders beliebte Schüler/innen und immer weniger unbeliebte. Außenseiter gab es gar nicht mehr.

In allen sechs Schuljahren waren *Mädchen beliebter als Jungen*. In den letzten beiden Schuljahren galten mehr als die Hälfte aller Mädchen als 'besonders beliebt'; für die Jungen traf dies nur für jeden dritten zu. Diese Unterschiede betrafen nicht einheitlich die weniger beliebten Kinder: hier konnte kein geschlechtsspezifischer Unterschied festgestellt werden. Also kann nicht gesagt werden, daß Mädchen häufiger beliebt, Jungen häufiger unbeliebt sind; es ist vielmehr so, daß sich Jungen häufiger als Mädchen im 'unauffälligen' Mittelfeld der Sympathien bewegen, daß aber einige Jungen wie Mädchen, möglicherweise aus unterschiedlichen Gründen, Ablehnung erfahren.

Auch der Unterschied zwischen deutschen und ausländischen Schülern war über alle Jahre - in unterschiedlichem Ausmaß - gleich: *deutsche Schüler sind beliebter*, ausländische häufiger unbeliebt. Auch wurden deutsche Schüler im Laufe der 6 Schuljahre im Schnitt immer beliebter, während dies für die ausländischen Schüler nur geringfügig zutraf. Allerdings ging im 5. und 6. Schuljahr der Anteil der unbeliebten Ausländer/innen stark zurück. Wir vermuten, daß Untersuchungen in anderen Grundschulen ähnliche Ergebnisse hervorbrächten; in jedem Fall steckt in diesem Ergebnis ein ungelöstes pädagogisches wie politisches Problem, dem unseres Erachtens generell zu wenig Aufmerksamkeit geschenkt wird.

Beliebtheit in Schulklassen ist seit Jahrzehnten in angloamerikanischen wie in deutschen Untersuchungen immer eng mit der sozialen Herkunft verknüpft gewesen: Mittelschichtkinder sind im allgemeinen beliebter. Für die Zwecke dieser Untersuchung haben wir die Berufe sowohl der Väter als auch der Mütter dem traditionellen Schichtindex von KLEINING/MOORE (1968) zugeordnet. Für Signifikanzprüfungen wurde eine Zweiteilung vorgenommen.

Auch in der Uckermark-Schule spiegelt sich das herkömmliche Muster wider: *Mittelschichtkinder sind durchweg häufiger beliebt*. Ihr Anteil an den Beliebten nimmt im Laufe der Grundschulzeit zu (6. Schj.: mehr als zwei Drittel). Der Anteil der besonders Beliebten bei den Unterschichtkindern ist dagegen nicht nur durchweg niedriger, er nimmt auch insgesamt nicht zu. Die Ergebnisse sind statistisch hoch signifikant.

Hier ist ein ähnliches Ergebnis wie bei Jungen/Mädchen festzustellen: die Unterschiede sind bei den weniger Beliebten unbedeutend (Ausnahme: 4. Schj.). Unbeliebtsein ist offenbar eine Zuschreibung, die aufgrund sehr individueller Merkmale erworben wird und wenig mit gruppenspezifischen Merkmalen zu tun hat.

Die schichtspezifischen Unterschiede sind *nicht* auf einen eventuellen größeren Anteil ausländischer Kinder innerhalb der Unterschicht zurückzuführen, wie die statistische Prüfung ergab.

Aufschlußreich war eine weitere Differenz: die zwischen Kindern ohne und Kindern mit Geschwistern. Die 18% Einzelkinder der drei Klassen waren durchweg Deutsche, zu fast gleichen Teilen aus beiden Schichten und gleichmäßig Jungen wie Mädchen. *Einzelkinder waren beliebter* als Geschwisterkinder (nur im 3. Schj. gleich beliebt), im 4. und 5. Schj. waren sie sogar doppelt so häufig unter den besonders beliebten Schülern. Auch hier gab es keine bedeutsamen Unterschiede zwischen Einzelkindern und Geschwisterkindern unter den weniger Beliebten.

Wir erklären uns die auffälligen Unterschiede so, daß Einzelkinder sich stärker um ihre Anerkennung in der Klasse bemühen (müssen), da sie nur so zu anderen Kindern Kontakt gewinnen. Offenbar scheint ihnen dies auch zu gelingen. (Unten wird dargestellt, ob dieser Umstand auch zu mehr Freunden am Nachmittag führt.)

Von den insgesamt sieben *Gutachtenkindern* dieses Jahrganges verzogen im Laufe des Schulversuchs drei ins Ausland bzw. nach Westdeutschland. Zwei davon waren besonders beliebt, einer sogar 'Star' in seiner Klasse (ein dauerhaft leistungsschwacher Schüler). Von den übrigen bewegten sich 2-3 im *Mittelfeld der Beliebtheit*, 1-2 waren weniger beliebt. Im 6. Schuljahr gab es unter ihnen keine Schüler mehr, die weniger beliebt waren. Der kontinuierliche Zuwachs der informellen Position bei den Gutachtenkindern dieses Jahrganges erklärt sich nicht durch einen besonderen Zuwachs an Sympathie, sondern durch die *Abnahme an Abneigung*. (Die durchschnittlichen

Sympathiewerte waren im 1., 2., 3., 5. und 6. Schj. positiv und lagen dreimal unter und zweimal über dem Klassendurchschnitt.)

Berücksichtigt man, daß die Gutachtenkinder dieses Jahrganges

* alle der Unterschicht angehörten,
* überwiegend männlich,
* alle Geschwisterkinder und
* überwiegend deutsch waren,

also 3 von 4 Faktoren eher in Richtung geringerer Beliebtheit wirken - auch ohne Gutachtenstatus -, und bedenkt man, daß gerade im 5. und 6. Schj. das allgemeine Sympathieniveau in diesen Klassen stark stieg, dann hätten eher negative statistische Zusammenhänge zwischen Gutachtenstatus und Beliebtheit, und zwar in *zunehmendem* Maß, erwartet werden müssen. Es gab aber keine statistischen Zusammenhänge zwischen (Un)Beliebtsein und Gutachtenstatus. Die verbliebenen vier Gutachtenkinder näherten sich vom 3. bis zum 6. Schj. kontinuierlich der Gleichverteilung der Gesamtgruppe an, so daß im 6. Schj. das Signifikanzniveau bei 0.70 lag. Die 'soziale Integration' ist für diese Kinder also erreicht worden.

Zusammenfassend kann für die Entwicklung des Klassenklimas im ältesten Schulversuchs-Jahrgangs festgestellt werden:

* Das Klassenklima verbesserte sich im 5. und 6. Schj. besonders stark.
* Der Anteil der extrem Abgelehnten war durchweg gering und verschwand im 6. Schuljahr völlig.
* Auch der Anteil der 'wenig Beliebten' nahm ab.
* Soziologisch bedeutsame Wirkungsfaktoren lassen sich eher bei den besonders beliebten und weniger bei den unbeliebten Kindern feststellen. Dies bedeutet, daß bei den weniger Beliebten eher individuelle Merk male (des Sozialverhaltens) für die Einschätzung durch andere Kinder eine Rolle spielen.
* Eigenständige Wirkungsfaktoren für die Beliebtheit sind das weibliche Geschlecht, die Mittelschichtzugehörigkeit, die deutsche Herkunft und die Geschwisterlosigkeit.

Das - statistisch - beliebteste Kind ist also das "deutsche Mittelschichtmädchen als Einzelkind". Die Vorstellung, den 'Behinderten' bzw. den Gutachtenkindern die Gruppe der sog. 'Nichtbehinderten' gegenüberzustellen, suggeriert eine Homogenität unter diesen, die reichlich fiktiv ist. Natürlich ist es gerechtfertigt, für statistische Zwecke zwei Gruppen (Behinderte/ Nichtbehinderte) zu bilden. Wenn jedoch statistische Durchschnittsunterschiede festgestellt werden, dann sind diese nicht notwendigerweise auf die informelle Lage aufgrund der Behinderung bzw. des Gutachtenstatus zurückzuführen, sondern möglicherweise auf überdurchschnittlich vertretene soziale Merkmale, wie wir sie oben herausgearbeitet haben.

7.24 Sympathiestatus aller Gutachtenkinder

Es liegen für 38 Gutachtenkinder integrierte Symathiewerte vor, wobei für den ältesten Jahrgang Ergebnisse aus sechs Jahren, für den letzten und vorletzten Jahrgang nur Ergebnisse aus dem ersten bzw. aus dem zweiten Schuljahr vorliegen. Für die übrigen liegen vollständige Daten bis zum Schuljahr 1987/88 (Mai 1988) vor.

Bis auf den ältesten Jahrgang haben sie in allen anderen Jahren überwiegend mit negativen Sympathiewerten ihr erstes Schuljahr beendet (die Befragungen wurden jeweils im Mai/Juni durchgeführt), sechs von ihnen als 'Außenseiter', nur zwei als besonders beliebte Kinder. Von den vier Jahrgängen, über die Verlaufsdaten vorliegen (Jg. Code 1-4), weisen die *Sympathieentwicklungen alle in eine positive Richtung*. Für den ältesten Jahrgang wurde dies schon dargestellt. Es läßt sich jedoch auch für die Jahrgänge Code 2-4 feststellen. So hat sich der durchschnittliche Sympathiestatus bei den jeweils 5-7 Gutachtenkindern pro Schuljahr im Jahrgang Code 4 von

Soziometrische Typenbildung nach PETILLON

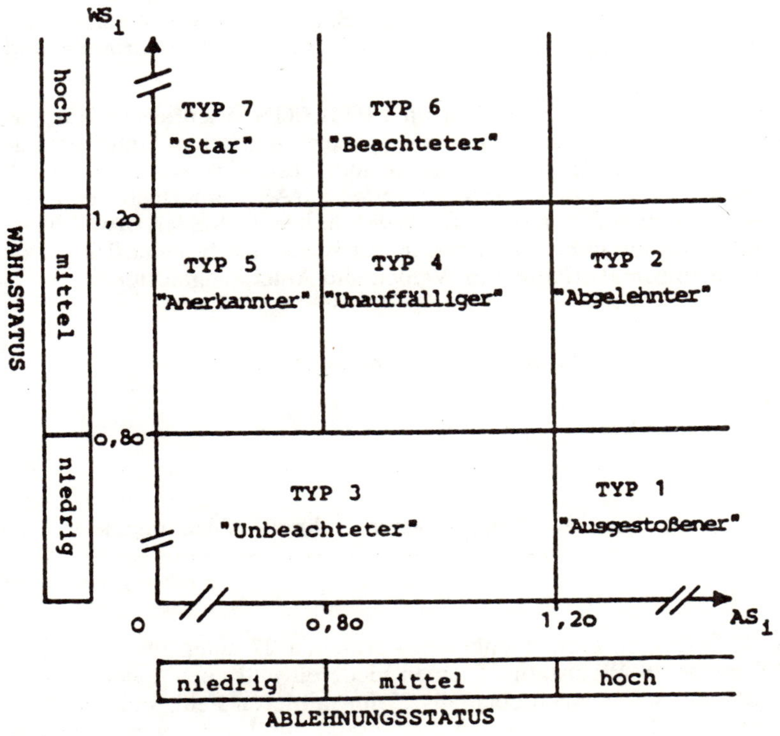

Quelle: PETILLON 1980, S. 105.

-0.90 im ersten Schuljahr auf +0.21 im 3. Schuljahr verbessert (darunter keine Außenseiter mehr, zwei besonders Beliebte, ein weniger Beliebter). Im Jahrgang Code 3 stieg der Sympathiestatus von -2.21 (darunter zwei extreme Außenseiter) auf -0.10 (darunter zwei besonders Beliebte, eine weniger Beliebte, keine Außenseiter) im 4. Schuljahr. Im Jahrgang Code 2 stieg der Sympathiestatus von -1.50 (darunter ein Außenseiter, ein weniger Beliebter) auf +0.60 (darunter ein besonders Beliebter, ein weniger Beliebter) im 4. Schuljahr, sank dann durch Zugang eines nicht geschätzten Gutachtenkindes allerdings wieder im Schnitt auf -0.80.

Mit anderen Worten: Die Gutachtenkinder der Schule, die ja vorwiegend Kinder mit Lern- und Verhaltensauffälligkeiten sind und zu erheblichen Teilen aus sozial schwachen Familien stammen, können im Großen und Ganzen ihre informelle Position im Laufe der Jahre verbessern. Sie werden in der Regel jedoch nicht so beliebt wie das statistische "deutsche Mittelschichtmädchen als Einzelkind", von dem oben die Rede war. Man muß außerdem davon ausgehen, daß jene sonderpädagogisch geförderten Kinder, die körper- oder sinnesbehindert sind, eine bessere Ausgangsposition für ihre Beliebtheit in den Klassen haben als *sozial* auffällige Schüler. Darauf weisen nicht nur unsere eigenen Daten hin (die aufgrund der geringen Anzahl der körper- und sinnesbehinderten Schüler hier nicht rechnerisch gesondert aufbereitet werden), sondern auch die im ganzen positiven Ergebnisse aus Hamburg; dort waren ja unter den 'Behinderten' vor allem körper- und geistigehinderte und weniger sozial benachteiligte Schülerinnen und Schüler.

Zum Vergleich mit den methodisch an PETILLON orientierten Integrationsstudien haben wir die Rohdaten aus den soziometrischen Untersuchungen von 1988 speziell für die Gutachtenkinder zusätzlich aufbereitet nach dem "*Wahlstatus*" (WSt) bzw. "*Ablehnungsstatus*" (ASt) innerhalb der Klassen, wobei WSt und ASt aus den individuell erhaltenen Wahlen bzw. Ablehnungen entstehen, die in bezug zu den in der Klasse durchschnittlich erhaltenen und den maximal erhaltbaren Wahlen und Ablehnungen stehen:

$$\text{WSt} = 1 + \frac{\text{erhaltene Wahlen - durchschschnittliche Wahlen}}{\text{N - 1}}$$

und

$$\text{ASt} = 1 - \frac{\text{erhaltene Ablehnungen - durchschnittl. Ablehnungen}}{\text{N - 1}}$$

Von den 33 befragten Gutachtenkindern erhielten 27 einen im Sinne PETILLONS mittleren Wahlstatus, 5 einen niederen und einer einen hohen. Beim Ablehnungsstatus lagen ebenfalls 29 im mittleren Feld, vier im stark abgelehnten Feld. Beides mal waren die Gesamtmittelwerte beim positiven leicht nach unten und beim negativen Status leicht nach oben verschoben.

Tab. 7-2:

Wahlstatus und Ablehnungsstatus von Gutachtenkindern (1988)
N = 33

Werte bis jeweils:

	0.80	0.90	1.00	1.10	1.20	1.30 u.m.
Wst	15%	33%	33%	9%	6%	3%
Ast	----	12%	43%	30%	3%	12%

Ordnet man die Statuswerte den von PETILLON gebildeten "Typen" in ihrer Kombination von Wahl- und Ablehnungsstatus zu, dann ergibt sich folgendes Bild:

Tab. 7-3:

Soziometrische Typen unter den Gutachtenkindern der UckG
(N = 33)

Typ 7:	Star	1
Typ 6:	Beachteter	1
Typ 5:	Anerkannter	0
Typ 4:	Unauffälliger	22
Typ 3:	Unbeachteter	4
Typ 2:	Abgelehnter	4
Typ 1:	Ausgestoßener	1

Auch die Schwerpunkte in dieser 'Typologie' zeigen, daß sich die meisten Gutachtenkinder im unauffälligen Mittelfeld bewegen, daß sie in wenigen Fällen zu den besonders beliebten oder zu besonders unbeliebten Kindern zählen. Oder anders gesagt: Während der Ablehnungsstatus genau bei 1 liegt, also exakt im Mittelfeld, liegen die durchschnittlichen Sympathiewerte leicht darunter, jedoch noch innerhalb der mittleren Bandbreite.

Allerdings wird auch in dieser Form der Auswertung deutlich, daß die pädagogische Unterstützung eine dauerhafte Aufgabe bleibt; für einen erheblichen Teil der durch die gemeinsame Erziehung integrierten Kinder ist jedoch schon die "unauffällige" Position ein großer pädagogischer Erfolg und ein Hinweis auf die Toleranzbreite unter den Schülern dieser Klassen.

Ein Vergleich zu den entsprechenden Daten aus Hamburg (1. Klassen) zeigt, daß der Durchschnitt des Wahlstatus unserer Gutachtenkinder zwischen den von WOCKEN für "WSt beim eigenen Geschlecht" und "WSt beim anderen Geschlecht" liegt (0.92), ebenso der Ablehnungsstatus (1.00) zwischen denen bei WOCKEN für "ASt beim eigenen Geschlecht" und "ASt beim anderen Geschlecht" genannten Zahlen (vgl. WOCKEN 1987, S. 236).

Im Vergleich zu den Hamburger Ergebnissen sind die der Uckermark-Schüler *stärker im Mittelfeld konzentriert*:

Tab. 7-4:

Wahlstatus und Ablehnungsstatus bei Behinderten in Hamburg und Gutachtenkindern in der UckG

Status	sehr niedrig	niedrig	durchschn.	hoch	sehr hoch
WSt HH	13%	18%	61%	5%	3%
WSt UckG	---	15%	81%	3%	--
ASt HH	---	10%	74%	8%	8%
ASt UckG	---	12%	77%	12%	--

Trotz aller insgesamt positiven Ergebnisse - vor allem in Hinblick auf die Entwicklung während der sechsjährigen Grundschulzeit - bleibt unübersehbar, daß die Gutachtenkinder nicht nur eine besondere unterrichtsbezogene Förderung, sondern auch eine wohlüberlegte Unterstützung ihrer informellen Position brauchen. Das ist den Lehrern, besonders bei stark verhaltensauffälligen Kindern, natürlich klar. Sie sind jedoch in der Regel unsicher, wie diese Unterstützung erfolgen soll. Uns scheint in diesem Feld ein wesentlicher Inhalt *kontinuierlicher* Fortbildung zu liegen.

7.3 Entwicklung der Freizeitbeziehungen im Stadtteil

7.31 Methodische Vorbemerkungen

Um sinnvolle Aussagen über die tatsächlichen sozialen Beziehungen der 'behinderten' Kinder in einer Grundschule der 80er Jahre machen zu können, ist es unvermeidlich, sich erst einmal allgemeine Informationen über das Spiel- und Freundschaftsverhalten heutiger Kinder zu beschaffen. Kindheitsforschung steckt in Deutschland (Ost wie West) immer noch in den Anfängen. Gerade über Umfang und Inhalte der Freundschaftsbeziehungen wissen wir meist wenig (vgl. dazu etwa PREUSS-LAUSITZ u.a. 1983, HARMS u.a. 1985, BERG/JACOB 1986). Unter dem Aspekt des Aufbaus von über die Schule hinauswirkenden, auch längerhaltenden sozialen Beziehungen scheinen uns die Untersuchung - und die Förderung - der nachmittäglichen Beziehungen von großem Gewicht.

Wir haben in den sechs Jahrgängen mit je drei Klassen 52 Befragungen über die regelmäßigen Freizeitpartner/innen durchgeführt. Dabei wurde notiert, wie diese Partner heißen (Kinder, deren Name nicht erinnerlich war, wurden nicht notiert; wir gingen davon aus, daß die Kenntnis des Namens ein Stück Nähe garantiert), und vor allem, ob sie aus der unmittelbaren Nachbarschaft, aus der eigenen Klasse, den übrigen Klassen der Schule, dem Hort oder einem Verein bekannt waren, oder ob es sich um Verwandte bzw. Geschwister oder andere Kinder handelt (etwa um Kinder von Freunden der Eltern). Mehrfachnennungen waren möglich.

Wir fragten ausdrücklich nicht nach 'Freunden', weil wir in informellen Vorbefragungen feststellten, daß dieser Begriff bei Kindern sehr unterschiedlich definiert wird, sondern operational nach jenen Kindern, mit denen sie öfter nachmittags zusammen sind, sich häufiger verabreden oder miteinander spielen. Auf dieser Ebene konnten die Kinder, von der ersten Klasse an, ziemlich präzise Angaben machen. Diese Angaben wurden dann - ebenso wie die Soziogramme - grafisch aufbereitet und mit den Lehrern diskutiert (vor allem, wenn die nachmittägliche Isolation eines Schülers festgestellt wurde). Solche, sehr unterschiedliche, Beziehungsgefüge zweier Klassen sind in Tab. 7-7b/c dargestellt.

7.32 Umfang und Herkunft der Freizeitbeziehungen

Im Schnitt aller rd. 1000 Einzelbefragungen haben die Schüler der Uckermark-Schule drei (3,03) *regelmäßige Freizeitpartner/innen* genannt (einschließlich jener Geschwister, mit denen sie häufig zusammen etwas unternehmen). Etwa 20% (!) aller Schüler/innen müssen als ziemlich isoliert angesehen werden; sie konnten nämlich gar keine Kinder nennen, mit denen sie außer Hause oder in der Wohnung öfter zusammen waren.

Wie bei den informellen Beziehungen innerhalb der Klassen läßt sich auch bei den Freizeitbeziehungen eine Entwicklung von der 1. bis zur 6. Klasse feststellen: *die durchschnittliche Anzahl der regelmäßigen Freizeitpartner/innen nimmt leicht zu*:

Tab. 7-5:

Reale Nachmittagskontakte vom 1. bis zum 6. Schuljahr
(Klassendurchschnitte pro Kind)

1. KL.	2. Kl.	3. Kl.	4. Kl.	5. Kl.	6. Kl.
2,7	3,1*	2,9	3,1	3,15	3,1

(52 Klassen; rd. 1000 Befragte; Jg. Code 1-6; Daten 1982-1988);
* (2. Kl. ohne Jg. Code 1: 2,8)

Untersucht man die Entwicklungen innerhalb der einzelnen Klassen, so ist diese Zunahme (bis auf Jahrgang Code 1) ebenfalls festzustellen. Wir erklären uns dies u.a. damit, daß die jüngeren Kinder häufiger im Hort sind und damit weniger Zeit haben, mit anderen befreundeten Kindern zusätzlich zusammen zu sein, daß jedoch nach dem 8. - 9. Lebensjahr, wenn die Attraktivität des Horts für viele nachläßt und ihre Mobilität und Selbständigkeit gewachsen ist, die 'peer group' der engeren Spielpartner/innen eine zunehmende Bedeutung erhält.

Fragt man nach der Herkunft der nachmittäglichen Sozialkontakte, so stellt man fest, daß im Schnitt aller Klassen und Jahrgänge fast die Hälfte der Partner/innen aus der je eigenen Klasse stammt. *Die Klasse ist heute der Dreh- und Angelpunkt der Freundschaftsbildung bei Kindern.* Ein Fünftel aller Freizeitpartner stammt aus der Nachbarschaft, *ohne* daß sie zugleich aus der Schule bekannt sind:

Tab. 7-6:

Herkunft der Freizeitpartner/innen

Klasse	übrige Kl.	Hort	Geschw./ Verw.	Vereine u.a.	Nur N.
45%	17%	5%	1%	4%	20%

(Jg. Code 1-6; Daten von 1984-1988; 38 Klassen; 3.835 Spielpartner); N = Nachbarschaft

Insgesamt werden 59% der Freizeitpartner als 'Nachbarskinder' eingeschätzt (einschl. der Geschwister). Während innerhalb der eigenen Klasse nur etwa die eine Hälfte der Spielpartner im engeren Wohnumfeld wohnte, die andere Hälfte (mit zunehmender Tendenz im Laufe der Schulzeit) im Schulbezirk weiter entfernt, entstanden Freundschaften zu Kindern aus anderen Klassen der Uckermark-Schule nur dann, wenn diese in der unmittelbaren Nachbarschaft wohnten. Die gemeinsame Erfahrung *in* der Klasse schafft also neue Freunde auch außerhalb des engeren Wohnmilieus; stimmen Nachbarschaft und Klassenzugehörigkeit überein, dann ist dies die beste Bedingung für die Entstehung sozialer Beziehungen.

Die Zugehörigkeit zu Vereinen spielt so gut wie keine Bedeutung für die Schaffung neuer Freundschaftsbeziehungen - obwohl ein erheblicher Teil der Schüler/innen Vereine, Jugendgruppen usw. besucht. Der Besuch der Vereine ist sachbezogen, man geht hin und danach gleich wieder nach Hause; es sei denn, schon befreundete Kinder besuchen gemeinsam einen Verein.

7.33 Differenzierte Ergebnisse aus einem Jahrgang

Die hier dargestellten Ergebnisse über Umfang und Herkunft der Freundschaften aller Schüler/innen sollen natürlich die Unterschiede unter Kindern nicht verdecken. Wir stellen wieder die Ergebnisse des ältesten Schülerversuchs-Jahrganges aus unserer mehrjährigen Freizeitstudie exemplarisch dar, wobei wir uns auf die Entwicklung im 5. und 6. Schuljahr beschränken (vgl. PREUSS-LAUSITZ/HITZLER 1988).

Die Kinder dieses Jahrganges hatten in den ersten Schuljahren im Vergleich zu den späteren Jahrgängen erheblich mehr nachmittägliche Spielpartner (im Schnitt über 4). Das pendelte sich im 4.-6. Schj. bei reichlich drei durchschnittlichen Nachmittagsfreunden ein. Auch das Problem der völligen sozialen Isolation am Nachmittag verschwand im 6. Schuljahr. Jedes Kind hatte nun mindestens einen regelmäßigen Freizeitpartner. (Allerdings durften oder konnten *rd. 30% keine Besuche anderer Kinder in der Wohnung empfangen*, was in der halbjährigen kalten Jahreszeit eine erhebliche Einschränkung bedeutet!)

Bei der durchschnittlichen Anzahl der Spielpartner/innen unterschieden sich Jungen und Mädchen, Mittelschicht- und Unterschichtkinder kaum. Auffällig *mehr Kontakte hatten ausländische Kinder* (Deutsche: 3,0 ; Ausländer 3,5); dieser Unterschied war *nicht* durch die größere Anzahl an Geschwistern bei den Ausländern bedingt. Es liegen hier offenkundig kulturell bedingte Unterschiede vor.

Einzelkinder hatten seit dem 4. Schj. weniger Spielpartner als Kinder mit Geschwistern (Einzelk. 2,8; Geschwk. 3,2). Die günstige informelle Position der Einzelkinder in den Klassen setzt sich also nicht in einem größeren Freundeskreis in der Freizeit fort!

Die Gutachtenkinder dieses Jahrganges hatten alle feste Nachmittagspartner; einer hatte 'nur' einen Freund, mit dem er auch in der Klasse engen Kontakt hielt, die anderen zwei bis vier Spielpartner/innen.

Tab. 7-7a:

Herkunft der Freizeitpartner/innen im 6. Schuljahr (Jg. Code 1; 1988)

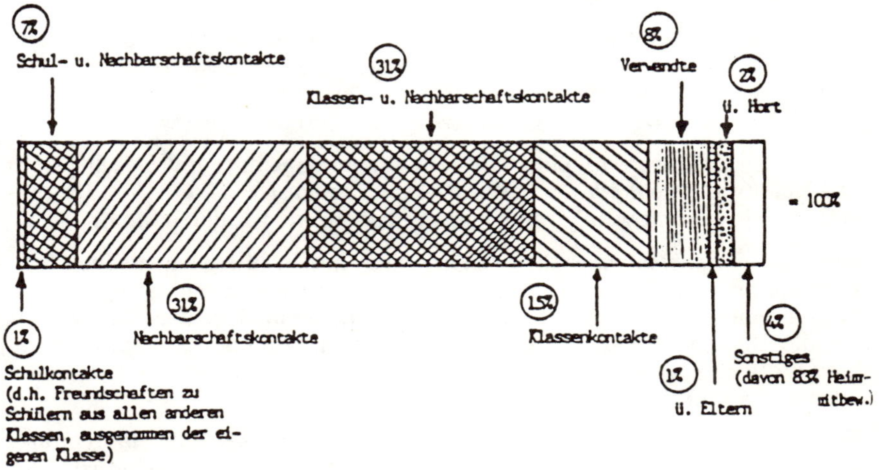

Wie dicht das Beziehungsgeflecht innerhalb der Klasse auch für die außerschulischen Freundschaften ist, wird exemplarisch an zwei sehr unterschiedlichen Klassen in den Tab. 7-7b/c dargestellt.

Wir haben gefragt, ob die Kinder gern mehr Freunde hätten. 40% haben dies bestätigt. Was dieser Wunsch jedoch bedeutet, wäre erst in qualitativen Gruppendiskussionen zu klären. Denn unsere Überraschung über den hohen Anteil von Kindern, die gern mehr Freunde hätten, veranlaßte uns zu einer gesonderten Prüfung; dabei stellten wir fest, daß auch unter den Kindern mit einem relativ großen Freundeskreis sich viele mehr Freunde wünschten. "Freunde", sagte ein (türkisches) Kind beim Interview, "kann man nie genug haben".

Im 6. Schj. hat sich die Herkunft der Spielpartner erweitert: es gibt nun mehr Kontakte aus der erweiterten Nachbarschaft, ohne daß sie zugleich Schulfreundschaften wären. Aber auch mit zwölf Jahren hat sich bei Kindern die zentrale Rolle von unmittelbarem Wohnumfeld und Klasse nicht verändert, und Freundschaften durch Vereinsaktivitäten entstehen weiterhin selten.

Prüft man für einzelne Gruppen die Bedeutung der verschiedenen Herkünfte der Spielpartner, so stellt man fest, daß *Mädchen wie Jungen* sich gleichermaßen auf Nachbarskinder beziehen (zu 70%). Mädchen haben jedoch im 6. Schj. schon häufiger auch Beziehungen zu Kindern anderer Klassen. Die *eigene* Klasse ist dennoch (zu je knapp der Hälfte aller dauerhafteren Kontakte) für beide Gruppen nach wie vor zentraler Ort der Bildung von Freizeitbeziehungen.

Auch die Unterschiede zwischen *deutschen und ausländischen* Schülern sind jetzt geringer geworden. Für Ausländer wurden die Kontakte im Laufe der Jahre zu Klassenkameraden wichtiger und zu (ausländischen) Kindern anderer Klassen weniger wichtig. Sie hatten (im 6. Schj.) zwar vorwiegend Kontakte zu anderen ausländischen Kindern (zu 73%), aber dennoch häufiger Beziehungen zu deutschen Kindern (zu 27%) als deutsche Kinder zu ausländischen (zu 18%). Der zentrale Ort der bi-nationalen Beziehungen scheint, wie eine genauere Prüfung ergab, vor allem die eigene Klasse zu sein, erst in zweiter Linie die Nachbarschaft.

Schichtspezifische Unterschiede sind erheblich: Mittelschicht-Kinder pflegen häufiger Freundschaften mit Kindern aus der eigenen Klasse (63% zu 33%) und weniger zu Geschwistern und anderen Verwandten (4% zu 10%). Letzteres kann auf eine geringere Geschwisterzahl zurückgeführt werden.

Für *Einzelkinder* war auffällig, daß sie häufiger als Kinder mit Geschwistern Spielgefährten *innerhalb der eigenen Klasse* fanden (64% zu 42%). (Wenngleich sie insgesamt weniger Spielpartner haben, wie wir darstellten.)

Auch die *Gutachtenkinder* dieses Jahrganges hatten überwiegend (zu 70%) Freunde aus der eigenen Klasse. Das war übrigens während der gesamten Grundschulzeit so. Die Klasse war für die Gutachtenkinder dieses Jahrgangs für die Bildung der sozialen Beziehungen von besonderem Gewicht. Sie hatten offenbar größere Schwierigkeiten, ohne Vertrautheit der Klassenerfahrung Partner/innen für die Freizeit zu finden.

Für alle Gruppen der Grundschüler blieb die Nachbarschaft ein zentrales Vermittlungsfeld festerer sozialer Beziehungen. Bis zur 6. Klasse sind rd. 70% aller Partner aus der engeren Nachbarschaft gekommen. Aus diesem Grund

Tab. 7-7b:

Klasse 2a (Jg.Code 4): Klasse mit starken Freizeitbeziehungen außerhalb der Klasse (1987)

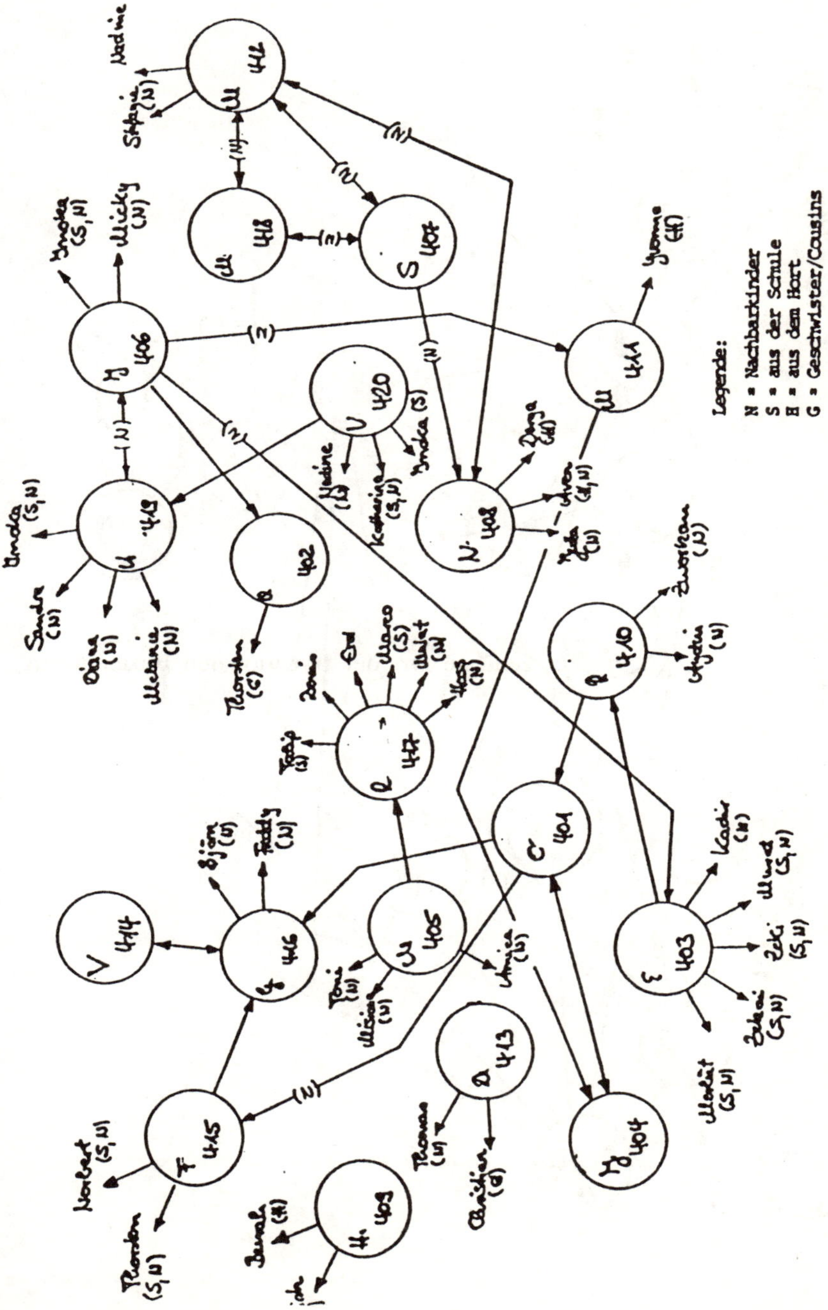

Tab. 7-7c:

Klasse 6b (Jg. Code 1): Klasse mit intensiven Freizeitbeziehungen innerhalb der Klasse (1987)

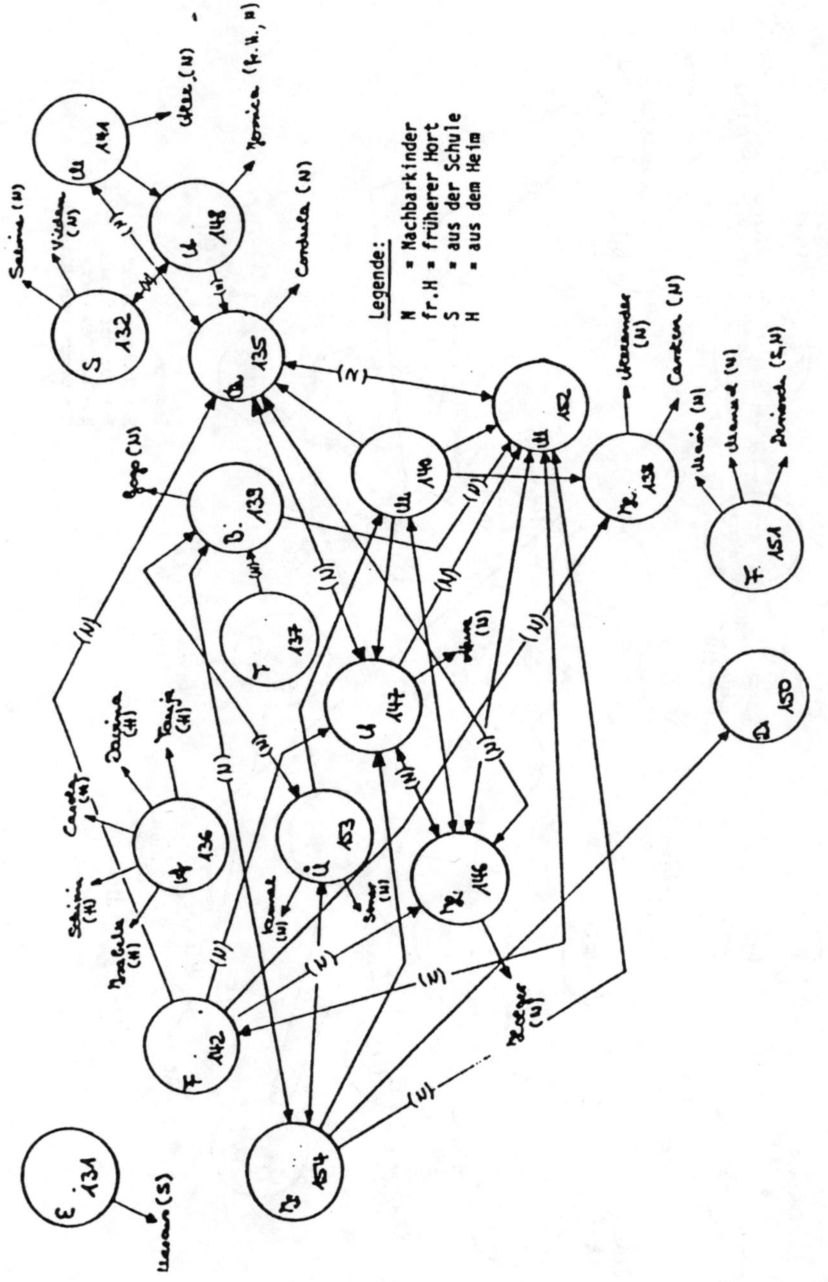

ist - gerade für die gesamte Zeit der Kindheit - das Konzept der 'Stadtteilschule' als einer wohnortnahen Schule für alle Kinder für die Freundschaftsbildung so bedeutsam. Dies konnte durch unsere Untersuchung für die Dauer der 2. bis 6. Klasse bestätigt werden.

Freundschaften innerhalb der eigenen Klasse spielen eine weit größere Rolle als Kontakte zu Schülern anderer Klassen. *Die eigene Klasse als Ausgangspunkt für soziale Beziehungen erweist sich für Einzelkinder, Mittelschicht-Kinder und Gutachtenkinder als besonders wichtig.* Einzelkinder und Mittelschicht-Kinder sind in den Klassen überdurchschnittlich beliebt. Die Klasse ist für sie offenbar das soziale Feld, in dem sie ihre Sympathien in außerschulische Freundschaften umsetzen. Gutachtenkinder, die eher im Mittelfeld der Beliebtheit zu finden sind, haben ebenfalls besonders durch ihre Kontakte in der Klasse die Möglichkeit, Freunde zu finden. Gerade für sie bedeutet die Wohnnähe zu einem anderen Kind nicht unbedingt, daß dadurch gleichsam automatisch Spielpartner zu finden wären: es muß meist schon das *gemeinsame Erfahrungsfeld der Klasse hinzukommen.*

7.34 Nachmittagskontakte aller Gutachtenkinder

Die durchschnittliche Anzahl der regelmäßigeren Freizeitkontakte der Gutachtenkinder aller Jahrgänge (Code 1-6) zwischen 1982 und 1988 lag bei 2,6, also um 0,4 niedriger als im Schnitt aller Kontakte (und etwas niedriger als bei Einzelkindern). Die Unterschiede waren zwischen den Jahrgängen groß, so daß kaum von einem einheitlichen Bild gesprochen werden kann. Während etwa im Jg. Code 6 die sechs Gutachtenkinder im Schnitt 3,5 regelmäßige Spielpartner hatten (1. Schj.), waren es im Jg. Code 5 nur 2,0 (2. Schj.). Auch die Untersuchung der *Entwicklung* der Sozialbeziehungen, die allgemein, wie dargestellt, in Form einer leichten Zunahme der Kontakte verlief, kann so bei den Gutachtenkindern insgesamt nicht dargestellt werden:

Tab. 7-7d:

Vergleich der Anzahl der Freizeitpartner aller Schüler mit denen der Gutachtenkinder in den einzelnen Klassenstufen

	1. Kl.	2. Kl.	3. Kl.	4. Kl.	5. Kl.	6. Kl.
alle Schüler	2,7	3,1	2,9	3,1	3,15	3,1
GK	2,6	2,6	2,4	2,6	2,8	2,5

Diese Gesamtergebnisse, die eine große Streuung von Kindern ohne jeden regelmäßigen Kontakt bis zu Kindern mit vier oder fünf festen Freunden einschließen, besagen aber auch, daß nicht von einer grundsätzlichen Isolierung der Gutachtenkinder in den realen Freizeitbeziehungen gesprochen werden kann. Wir haben an anderer Stelle schon darauf hingewiesen, daß die Quantität nicht unbedingt etwas über die Qualität aussagt. Aber sie ist eine Grundlage für die Erweiterung der sozialen Erfahrungen, und bei Kindern, die aufgrund ihrer physischen oder ihren sozialen familiären Lage in der Gefahr der sozialen Isolation stehen, hat auch die Menge der Kontakte einen Qualitätswert.

Die *Herkunft* der regelmäßigen Freizeitpartner/innen der Gutachtenkinder aller sechs Jahrgänge unterscheidet sich von der der übrigen kaum:

Tab. 7-8:

Herkunft der Freizeitpartner/innen von Gutachtenkindern im Vergleich zu der aller Schüler/innen (1984-1988)

	Klasse	übr. Kl.	Hort	Geschw.	Verein	nur N
alle Schüler	45%	17%	5%	10%	4%	20%
GK	44%	14%	7%	20%	1%	14%

(Bei den Gutachtenkindern wurden 132 Kontakte ausgewertet, bei allen Schülern 3.838.); N = Nachbarschaft

Gutachtenkinder spielen doppelt so häufig mit ihren Geschwistern; sie haben jedoch nur teilweise mehr Geschwister; Geschwister können auch Ersatz für fehlende andere Spielpartner/innen sein. Ansonsten ist auffällig, daß Gutachtenkinder tatsächlich weniger Freunde hatten, die nur Nachbarskinder sind, auch etwas weniger aus den übrigen Klassen. Für alle Gutachtenkinder gilt, was über die des ältesten Jahrgangs schon gesagt wurde: der Aufbau der sozialen Beziehungen über die eigene Klasse ist für sie besonders wichtig. Beziehungen, die durch Vereine oder anderes entstehen, spielen für sie keine Rolle.

Insgesamt bestätigt diese Auswertung, daß die Gutachtenkinder weitgehend in die Freizeitbeziehungen der übrigen Schüler/innen eingebunden sind, vor allem in die der eigenen Klasse. Darüber hinaus muß von einer stärker '*familienzentrierten*' Akzentuierung der Kontakte ausgegangen werden. Würden die Beziehungen, die vormittags in den Klassen entstehen, bei behinderten Schülern - etwa aufgrund weiter Wege zu Sonderschulen - weitgehend wegfallen, dann hätten diese Schüler erheblich weniger Spielpartner. Mit anderen Worten: *gemeinsame, wohnungsnahe Erziehung verstärkt die sozialen Beziehungen der sinnes- bzw. körperbehinderten und lernschwachen Schüler/innen.*

7.4 Vergleich der sozialen Beziehungen zwischen den Uckermark-Schülern und einer benachbarten Sonderschule für Lernbehinderte

Unmittelbar neben der Uckermark-Schule liegt die Prignitz-Schule für Lernbehinderte, beide Schulen sind sich freundschaftlich verbunden. Die Schulleitung dieser Sonderschule ermöglichte es, eine kleinere vergleichende Untersuchung über die Freizeitkontakte der Kinder durchführen zu können. Wir haben im November 1984 alle Sonderschüler der Klassen 1/2, 3, 4 und 5 (N = 30) mit dem gleichen Fragebogen und in gleicher Weise befragt wie jährlich den ältesten Schulversuchs-Jahrgang (Nov. 1984: N = 59), der damals im 3. Schuljahr war. Die soziometrischen Ergebnisse in den Klassen 3-5 wurden den Lehrern unmittelbar nach der Befragung ausgewertet zur Verfügung gestellt, die Gesamtergebnisse als ‘graue Literatur’ veröffentlicht (BERG/PREUSS-LAUSITZ 1985). Geprüft werden sollte, ob sich die realen Beziehungen der Sonderschüler wesentlich von denen der Grundschüler unterscheiden. Die Studie kann aufgrund ihrer geringen Population in ihren Ergebnissen nur zur empirisch begründeten Hypothesenbildung dienen.

> Beide Populationen unterschieden sich in einigen Merkmalen: Ausländische Schüler waren in der Sonderschule für Lernbehinderte etwas häufiger vertreten (31% zu 24%). Es gab mehr Kinder mit mehr als zwei Geschwistern (43% zu 20%). Der Anteil der Jungen lag in beiden Schulen höher als der der Mädchen, in der Uckermark-Schule sogar noch höher. Auf Schichtzuordnung wurde damals verzichtet. Der Anteil der Mittelschichtkinder dürfte jedoch in der Uckermark-Schule erheblich höher gewesen sein.

Die durchschnittliche Anzahl der Freizeitpartner der Sonderschüler lag unter der der damaligen Vergleichsgruppe (3,3 zu 3,6), aber durchaus relativ günstig, wenn wir die späteren Untersuchungen mit einbeziehen. Weitgehend kommt dies durch die Art der Freizeitpartner zustande.

Unsere Vermutung bestätigte sich, daß für die Sonderschüler die Fortsetzung der schulischen Sympathien in reale Freizeitkontakte nicht in dem Maß wie in der Grundschule möglich war. Bei der Antwort auf die Frage, ob sie in den letzten Tagen mit Kindern aus der eigenen Klasse bzw. anderer Klassen der Schule zusammen waren, bestätigten dies 69% der ‘Uckermärker’, aber nur 31% der ‘Prignitzer’ (nur mit Kindern der eigenen Klasse: 52% zu 24%). Mehrfach wurde darauf hingewiesen, daß man sich gern treffen würde, die Wege jedoch zu weit seien.

Bei den Sonderschülern spielten die Geschwisterkontakte eine erheblich größere Rolle (sie erklären den günstigen Durchschnitt), ebenso die Kontakte aus der unmittelbaren Nachbarschaft.

Sonderschüler übernachteten seltener als Grundschüler bei anderen Kindern (37% zu 56%) und hatten seltener Sport- oder andere Vereinstermine, dagegen häufiger Arzt/Therapie-Termine (allerdings ebenso viele wie die

Gutachtenkinder der Grundschule). Aufschlußreich war, daß sie ihre nachmittäglichen Streifräume weiter anlegten als die Grundschüler. Dies mag daran liegen, daß sie bereits gewohnt waren, längere Strecken selbständig durchqueren zu müssen und sich daher auch nachmittags eher 'heraustrauten' aus dem engeren Wohnumfeld. Ihr Begriff von 'Nachbarschaft' war weiter gefaßt.

Zusammenfassend wurde festgestellt, daß bei den Schülern (einer Sonderschule für Lernbehinderte)

* die Kontakte weniger über den gemeinsamen Schulbesuch vermittelt sind;
* daß die Beziehungen zu anderen Kindern weniger in den familiären Bereich hineinreichen (weniger Besuche in Wohnungen);
* daß ihre regelmäßigen wöchentlichen Termine eher (ärztliche) Pflichttermine sind als Freizeittermine;
* daß unter ihnen körperliche Bewegungsspiele mit der Möglichkeit des Ausagierens weniger verbreitet waren als unter den Grundschülern;
* daß ihr Medienkonsum geringer (!) ausfiel;
* und daß schließlich ihre räumliche Mobilität eher über das unmittelbare Wohnumfeld hinausreicht als bei den untersuchten Kindern der Grundschule.

Diese Ergebnisse scheinen in engem Zusammenhang zu stehen sowohl mit der durchschnittlich höheren Geschwisterzahl, dem höheren Ausländeranteil und den räumlich breiter gestreuten Wohnorten der Sonderschüler. Daraus und aus deren sozialem Milieu ergibt sich offenbar eine insgesamt stärkere Familienzentriertheit der Kinder, die mit einer außerhäuslichen Kontaktbegrenzung einhergeht.

7.5 Freizeitaktivitäten im Verlaufe der Grundschulzeit

Soziale Beziehungen von Kindern in der Vorschulzeit und in den ersten Grundschuljahren vollziehen sich nicht nur auf der Kommunikationsebene; ihr Medium ist i.d.R. eine gemeinsame Aktivität, ein gemeinsamer Gegenstand und ein bestimmter, oft extra aufgesuchter Ort. Sozialisationstheoretisch wird diese Tatsache im Konzept der sozialökologischen Theorie in der Tradition BRONFENBRENNERS (1975, vgl. auch WALTER 1981) berücksichtigt. Welche Gegenstände und Aktivitäten bei bundesdeutschen Kindern der 80er Jahre eine besondere Rolle spielen, wird erst seit wenigen Jahren empirisch untersucht. Die Frage, in welcher Weise behinderte Kinder in die allgemeine Entwicklung der Freizeitneigungen und -aktivitäten einbezogen sind, gehört unseres Erachtens wesentlich zur Klärung der

Frage nach 'sozialer Integration' hinzu. Um dafür *Grundlagen* zu schaffen, mußten neue empirische Daten gewonnen werden.

Wir haben, vom 2. Schuljahr an, den ältesten Schulversuchs-Jahrgang jeweils im Spätherbst bis zum 6. Schuljahr mit gleichen Fragen zu ihren Freizeitpräferenzen - innerhalb und außerhalb der Wohnung, allein und mit anderen - individuell befragt. Die Ergebnisse sind seit 1984 jeweils jährlich als Berichte vorgelegt worden (vgl. graue Literatur). Die Daten wurden jeweils mit SPSS-7 (Statistical Package for Social Science) aufbereitet. Die verschiedenen Jahrgangsergebnisse wurden abschließend zusammengefaßt (vgl. PREUSS-LAUSITZ/HITZLER 1988). Hier werden nur sehr knapp wesentliche Ergebnisse herausgegriffen. Dabei gilt unsere besondere Aufmerksamkeit Unterschieden zwischen Gruppen, einschließlich der Gutachtenkinder.

Zu unserer Überraschung blieben die *häufigsten Aufenthaltsorte der Kinder* bis zum 6. Schj. die Bereiche ums eigene Haus, um den Wohnblock, die nähere Umgebung mit ihren Straßen und speziellen Spielplätzen. Besuche anderer Orte galten als 'Ausflüge', als besondere Gelegenheiten, etwa in den Grunewald, in den Zoo oder auch in die Kaufhäuser benachbarter Stadtbezirke. Spiel- und Streifraum sind in der gesamten Grundschulzeit weithin stadtteilbezogen.

Die Menge der Aktivitäten mit anderen nahm immer mehr zu, die, die allein unternommen wurden, gingen zurück. Der *öffentliche* Raum ist für 10-12jährige offenbar nur noch dann interessant, wenn etwas *gemeinsam* unternommen werden kann.

Fußballspielen und Radfahren standen weiterhin an der Spitze der Beliebtheit, und zwar seit dem 4. Schj. zunehmend. Während eher kindhafte Spiele wie 'Seilhüpfen', 'Fangen' und 'Ballspiele' (außer Fußball) in ihrer Bedeutung abnehmen, gewinnen Skateboardfahren und Rollschuhlaufen als Aktivitäten, die die körperliche Geschicklichkeit mit ihrer öffentlichen Inszenierung verbinden können, eine zunehmende Bedeutung. Und natürlich macht es vor allem mit anderen zusammen Spaß, 'Leute zu ärgern' oder einfach nur herumzuspazieren und miteinander zu sprechen; dem lassen sich zwei Drittel aller Aktivitäten im öffentlichen Raum zuordnen. In den offenen Interviews wurde immer wieder darauf hingewiesen, daß man häufig eigentlich gar nichts tue als herumzulaufen und miteinander zu sprechen. Nun, am 'Ende der Kindheit', wird die 'peer group' als solche, also die 'reine' soziale Aktivität, immer wichtiger, und die gegenstandsbezogenen Spiele gehen zurück. Dafür nehmen gezielte, meist individuelle sachbezogene Aktivitäten in Vereinen und Clubs zu.

Innerhalb der Wohnung wächst die Mediennutzung immer mehr (TV, Video, Cassetten, Schallplatten). Das gilt natürlich besonders, wenn die Kinder allein sind (45% aller Aktivitäten), aber auch, wenn sie mit anderen zusammen sind (31%). Aus anderen Untersuchungen weiß man, daß der TV-Konsum bis zum 13. Lebensjahr zunimmt und dann durch andere, soziale Aktivitäten zurückgedrängt wird (vgl. BONFADELLI 1985). Während in der frühen Grundschulzeit die Beschäftigung mit Spielzeug noch eine große Rolle spielt, nimmt sie im 5. und 6. Schj. immer mehr ab. Sind Kinder allein, gewinnt Lesen eine verstärkte Bedeutung (20% aller Aktivitäten).

Auch Kinder, die nicht mehr den Hort besuchen (wie im 6. Schj. alle bis auf ein Kind), haben nachmittags feste Termine: Sportgruppen, Musikunterricht, 'türkische Schule', (Zahn)Arzttermine, Nachhilfe. Im 6. Schj. hatten schließlich 84% aller Kinder mindestens einmal pro Woche einen festen Termin, im Durchschnitt 2,6. Nachhilfe spielte erst im 6. Schj. eine Rolle (12%!). Wir untersuchten darüber hinaus die Orte dieser festen Termine. Häufig waren sie der einzige regelmäßige Anlaß, das engere Wohnumfeld zu verlassen, stellen also eine Möglichkeit der räumlichen Erfahrungserweiterung dar.

Zusammenfassend kann gesagt werden, daß die Freizeitaktivitäten ein wichtiges Feld zur Erprobung der Mobilität, der Eigenständigkeit, der Realisierung eigener Interessen und des Umgangs mit Spielpartner/innen darstellen. Sie nehmen ab dem 4. Schj. immer mehr an Gewicht zu, was teilweise durch den Rückgang des Hortbesuchs erklärbar ist. Immer größere Wichtigkeit kommt dem gesamten Medienbereich zu, und, bei Aktivitäten im Freien, dem Zusammentreffen mit anderen Kindern. Regelmäßige Termine nehmen einen wichtigen Stellenwert in der Freizeit ein. Die Wintermonate führen relativ viele Kinder in eine soziale Einschränkung, da Hausbesuche bei einem erheblichen Teil unerwünscht oder erschwert sind.

Das Reden von 'dem Grundschulkind' ist auch in diesem Bereich ungenau. Dennoch haben wir festgestellt, daß im Gegenstandsbereich die größten Übereinstimmungen zwischen unseren untersuchten soziologischen Gruppen feststellbar sind, wogegen im Bereich der sozialen Beziehungen doch größere Differenzen beobachtbar waren.

In den ersten Untersuchungen stellten wir große Unterschiede zwischen *Jungen und Mädchen* bei der Wahl ihrer Lieblingsspiele und -aktivitäten fest, die herkömmlichen Musters waren. Im 5. und besonders im 6. Schj. gingen diese Unterschiede stark zurück, es entwickelte sich eine relative Übereinstimmung in den Freizeitaktivitäten: Radfahren, Fußballspielen, Rollschuh- bzw. Skateboardfahren rangierten bei beiden Gruppen hoch. Nur das Seilhüpfen spielte bei den Mädchen immer noch eine Rolle. Der Medienkonsum war bei beiden Gruppen gleich groß; Lesen war bei Mädchen häufiger verbreitet (25% gegenüber 16% bei Jungen), wobei auch die Art der Bücher unterschiedlich war: Jungen bevorzugten Comics (zu 52%), Mädchen eher Tierbücher (22%), Kindergeschichten (12%) und Mädchenbücher (8%). Abenteuerbücher wurden von Jungen wie Mädchen gleichermaßen geschätzt (22% und 24%).

Bei den festen Terminen im 6. Schuljahr hat der große Umfang an Sportterminen aus dem 4. und 5. Schj. bei den Jungen massiv abgenommen. Jungen hatten nun gleich viele Sporttermine wie Mädchen (rd. 40% aller Termine), dafür aber mehr Nachhilfe (14% zu 9%). Besonders bei Mädchen spielte auch der Besuch der türkischen Schule eine große zeitliche Rolle (24% aller Termine).

Die *Freizeitaktivitäten der ausländischen Schüler* unterschieden sich von denen der deutschen Schüler/innen nur wenig. Unterschiede gab es nur im geringeren Umfang des Übernachtens, im (noch) höheren Medienkonsum, in den Inhalten des Medienkonsums (vor allem beim Videokonsum: türkische Filme und solche mit Gewaltthematik standen verstärkt im Vordergrund). Ausländische Kinder haben durchschnittlich mehr feste Termine, bedingt durch ihre Besuche der türkischen Schule (3,2 zu 2,4 Terminen pro Woche bei Deutschen). Sie gehen, überraschenderweise, seltener in Sportvereine (24% zu 49%), vielleicht, weil sie lieber ungebunden im Freien spielen, vielleicht auch, weil ihnen das Klima in Sportvereinen nicht so gut gefällt wie deutschen Kindern. Das insgesamt positive Bild über die soziale Eingebundenheit der ausländischen Schüler/innen dieses Jahrganges, wie es sich in den Teilstudien zeigte, hat sich im 5. und 6. Schj. verstärkt.

Schichtspezifische Unterschiede zeigten sich beim zahlreicheren Übernachten bei anderen Kindern in der Mittelschicht, beim häufigeren Lesen und in den Inhalten (nicht jedoch im Umfang!) des Medienkonsums. Unterschichtkinder gingen öfter spazieren oder sprachen einfach mit anderen draußen, häufiger auch ungezielt; Mittelschicht-Kinder verabredeten sich häufiger gezielt, auch fuhren sie öfter Rad. Dies könnte durch ein stärker planendes Verhalten bei Mittelschicht-Kindern erklärbar sein. Darüber hinaus gab es jedoch keine schichtspezifischen Unterschiede.

Einzelkinder sind in den Klassen durchschnittlich beliebter und haben dennoch weniger Nachmittagspartner. Es zeigte sich, daß sie auch weniger Besuche in der eigenen Wohnung hatten. Kompensatorisch entschieden sie sich häufiger für Vereins- und Gruppenaktivitäten und bevorzugten häufiger als Geschwisterkinder Übernachtungen bei anderen Kindern. Die Arten der Freizeitaktivitäten waren ansonsten kaum unterschieden. Erstaunlich war für uns, daß die befragten Einzelkinder weniger fernsahen bzw. Videos konsumierten als Geschwisterkinder. Statt dessen hörten sie häufiger Cassetten (Musik, Geschichten).

Über die *Freizeitaktivitäten der Gutachtenkinder* dieses Jahrganges kann zusammenfassend gesagt werden:

* Ihre Spielpartner waren überdurchschnittlich häufig aus der Klasse, durchweg gleichgeschlechtlich (wenn es sich nicht um Geschwister handelte) und vorwiegend gleichaltrig;

* Zwei der im 6. Schj. verbliebenen Gutachtenkinder hatten keine Möglichkeit, Freunde mit in die Wohnung zu nehmen;

* Ihre Spiel- und Aktivitätspräferenzen entsprachen denen anderer Kinder; allerdings war ihre Medienbezogenheit (Computer, TV, Video, Cassetten) noch stärker ausgeprägt als ohnehin in dieser Altersgruppe. Auch wenn sie allein in der Wohnung sind, werden vorwiegend diese Medien genutzt. Die schon in den ersten Schuljahren festgestellte 'Gegenstandsarmut' dieser Kinder hat bis zur 6. Klasse angehalten.

* Die festen Termine der Gutachtenkinder waren nicht geringer und entsprachen denen der übrigen: neben Nachhilfe und altersbedingten (Zahn)Arztterminen wurden Fußball, Musik- und Theaterspielen (innerhalb der Schule) genannt.

Die Freizeitaktivitäten dieser Gutachtenkinder spiegelten das soziale Bedingungsgeflecht ihrer Familien wider. Sie waren nicht 'behindertenspezifisch', sondern 'sozialspezifisch' - und unterschieden sich von denen aus anderen sozial belasteten Familien höchstens im Ausmaß bzw. in der Häufung bestimmter (teilweise ungünstiger) Bedingungen. Gerade für sie sind offene

Nachmittagsangebote in der Schule (Musik, Theater, Spielgruppen u.ä.) besonders wichtig.

7.6 Fühlen sich die Gutachtenkinder in der Schule wohl? Ergebnisse einer Befragung

Häufig wird die Annahme vertreten, schulleistungsschwache Schüler und Kinder mit Behinderungen würden in regulären Klassen aufgrund ihrer besonderen Situation Schulunlust entwickeln und sich generell unwohl fühlen. Diese Annahme wird als Tatsache ausgegeben und als Begründung für die Notwendigkeit einer vermeintlich psychisch entlastenden Schule - des 'Schonraumes' Sonderschule - herangezogen.

Es gibt aus deutschen Schulen unseres Wissens keine Studien, die vergleichend etwas über die subjektive Befindlichkeit der behinderten Schüler in verschiedenen Schularten wissenschaftlich abgesichert aussagen. Daher haben wir, über das - positive - Urteil der Eltern (auch von Gutachtenkindern, vgl. Kap. 12) und die dargestellte tatsächliche Beziehungssituation in den Klassen und in der Freizeit hinaus im Mai 1988 bei den Gutachtenkindern der Klassen 1-5 zusätzlich zu den soziometrischen und Freizeit-Befragungen Interviews über ihre allgemeine Schuleinstellung durchgeführt. Wir wollten nicht nur von ihren Eltern, sondern auch von ihnen selbst erfahren, ob sie sich in der Schule wohlfühlen, was ihnen gefällt, was sie stört und was sie gern geändert hätten.

Von den 26 befragten Gutachtenkindern haben 18 geäußert, daß es ihnen in der Schule gut gefalle; vier meinten, das sei nur manchmal so - ohne dies genauer begründen zu können. Vier gefiel es in der Schule nicht.

> Eine Schülerin begründete dies damit, daß sie ungern so früh zur Schule gehe - sie würde lieber erst um 10 Uhr kommen (5. Schj.); ein Junge meinte, die Nachbarschule habe sie im Sportwettbewerb besiegt, deswegen gefalle ihm seine Schule nicht (2. Schj.); einem Kind gefielen alle Lehrer nicht (3. Schj.) und eine Schülerin mochte außer Rechnen den Unterricht nicht (1. Schj.). Nur zwei Kinder nannten also unterrichtsbezogene Gründe.

Auch die Nachfrage, ob sie gern "oder manchmal nicht so gern" zur Schule gingen, beantworteten die meisten positiv: 17 sagten uneingeschränkt, sie gingen gern zur Schule, zwei 'manchmal gern' und 7 'manchmal ungern'.

> Auch bei diesen sieben Kindern waren die Begründungen sehr unterschiedlich: ein Junge fand, man könne zu wenig toben (2. Schj.); einer wollte mehr Sport (4. Schj.); ein Mädchen monierte das 'Meckern' ihrer Klassenlehrerin (5. Schj.) und ein Mädchen wieder den für sie zu frühen Schulbesuch (5. Schj.).

Durchweg waren die Begründungen also nicht integrationsbezogen.

Die direkte Frage, ob sie lieber auf eine andere Schule gehen würden, verneinten 21 Gutachtenkinder. Fünf bejahten sie. Dabei spielte für zwei das 'Meckern' von Lehrern für ihre Abneigung gegen die Schule eine Rolle. Die übrigen Begründungen waren offenkundig Übernahmen von Erwachsenenäußerungen ("weil in der X-Schule mehr gelernt wird") oder in dem Wunsch begründet, mit Freunden zusammen zu sein, die eine andere Grundschule besuchten. Kein Kind sagte, daß es lieber in eine Sonderschule gehen würde.

Uns interessierte darüber hinaus, ob die Schule selbst als "etwas Besonderes" angesehen wurde - schließlich ist die Uckermark-Schule als Schulversuch oft in der lokalen und überregionalen Presse dargestellt worden (deren Artikel und Fotos im Schulgebäude hängen); in den Klassen erschienen immer wieder Besucher.

Drei Gutachtenkinder wußten dazu nichts zu sagen, sieben fanden, die Schule sei "eine Schule wie jede andere" - was auch ein positives Urteil sein kann, nämlich dann, wenn die Kinder mit Behinderungen auf der Normalität ihrer Schule beharren. Die übrigen 16 hatten jedoch ein Bewußtsein der "Besonderheit". Bis zur 2. Klasse wurde dies mit persönlich-positiven Schuleinstellungen begründet:

> "weil die Schule toll ist"; "weil es hier schön ist" (2.Schj.);
>
> "weil die Kinder mit mir spielen" (körperbehindertes Mädchen, 1. Schj.);
>
> "weil auf dem Hof ein Klettergerüst ist, das hat die X-Schule nicht" (1. Schj.).

Die Älteren begründeten das Besondere durchweg mit Kennzeichen des Schulversuchs - man könne nicht sitzenbleiben, die Behinderten lernten zusammen mit 'Nichtbehinderten', "und das ist schön", man lerne "alles ganz langsam, das ist gut". Zwei der Gutachtenkinder betonten, wie gut es sei, auch 'Behinderte' aufzunehmen, aber sie selbst würden keine in der Klasse haben bzw. kennen. Sie haben sich also selbst nicht als 'behindert' eingestuft - beides gesunde, schulleistungsschwache und stark verhaltensauffällige Schüler. Der 'Behindertenbegriff' wird von Kindern durchweg nur auf körper- und sinnesbehinderte Menschen bezogen.

Entsprechend dem überwiegend positiven Schuleindruck der integrierten behinderten bzw. schulleistungsschwachen Schüler ist auch ihr Urteil über die Lehrer wohlwollend. Gut finden sie, daß die Lehrer "nett" sind, zuweilen "lustig". Gefragt, was ihnen an Lehrern nicht gefalle, wußten die meisten nichts zu beanstanden; einzelne störte, daß - bestimmte - Lehrer "meckern" oder laut werden. "Wenn sie schreien, erschrecke ich", sagte ein Kind der 2. Klasse. Insgesamt spielt dies jedoch nur bei zwei Kindern eine größere Rolle.

Ergänzend zu den Ergebnissen der soziometrischen Befragungen wollten wir wissen, wie stark das Gefühl verbreitet ist, von anderen Kindern abgelehnt, ignoriert bzw. verspottet zu werden. Es gibt keine aktuellen vergleichenden Studien, die zeigen, wie häufig heutzutage Kinder die Erfahrung machen, mit "Ausdrücken" von anderen verächtlich gemacht oder gar verprügelt zu werden. Allerdings scheint dies, nach unseren Informationen aus den soziometrischen Untersuchungen, bei denen wir immer auch nach den Gründen von Ablehnungen fragten, eine erhebliche Alltagsbedeutung für Kinder zu spielen (vor allem bei Mädchen). Die folgenden Angaben sind wegen des fehlenden Vergleichs also nur in sich selbst relevant.

Neun der 26 Gutachtenkinder gaben an, *nie* von anderen Kindern der Klasse "geärgert" zu werden. Weitere vier meinten, das käme selten vor. 13 bestätigten, sie würden zuweilen geärgert, mit Ausdrücken bedacht oder gar "geschubst" oder "verkloppt" werden. Die Ausdrücke stellten entweder sexuelle Vulgarismen dar oder bezogen sich auf die Körperform ("du Zwerg", "du Fettsack"); nur einer gab an, als "Doofer" abgestempelt zu werden, vor allem auf dem Schulhof durch Kinder anderer Klassen. Keiner der körper- oder sinnesgeschädigten Schüler sagte, er sei wegen seiner Behinderung verächtlich gemacht worden.

Nachmittags scheinen Situationen, in den Gutachtenkinder "geärgert" werden, noch seltener vorzukommen. Dies kann daran liegen, daß Kinder sich aus Konfliktsituationen vorsichtshalber zurückziehen oder nur mit Freunden zusammen sind. 16 Gutachtenkinder gaben an, sie würden nie nachmittags von anderen Kindern geärgert, neun konnten sich an solche Situationen erinnern. Meist erwähnten sie Ältere, die sie beim Spielen zurückwiesen oder beschimpften.

Zusammenfassend kann aus den Interviews mit den Gutachtenkindern geschlossen werden, daß rund drei Viertel aller Gutachtenkinder das Gefühl haben, gern zur Schule zu gehen, sich dort wohl zu fühlen und die Schule als etwas - positives - Besonderes zu erleben. Das schließt nicht aus, daß ein Teil von ihnen auch Situationen erlebt, die als Zurückweisung oder Herabsetzung durch andere Kinder anzusehen sind. Durch den Aufbau realer Freundschaftsbeziehungen sind solche Situationen in der Freizeit seltener.

Rund ein Fünftel der befragten Gutachtenkinder äußerten mehr Unzufriedenheit mit Schule überhaupt. Dabei haben manche Gründe wenig mit der konkreten Schule zu tun. Schulversuchsbezogene Gründe tauchten so gut wie gar nicht auf. Hypothetisch wird von uns angenommen, daß diese geäußerte Unzufriedenheit die der 'nichtbehinderten' Kinder an der Schule und die anderer Grundschüler nicht übersteigt. Dies müßte empirisch geprüft werden.

Für die Gutachtenkinder dieses Schulversuchs kann zurückgewiesen werden, daß unter Bedingungen integrativer Pädagogik sinnes- und körperbehinderte und schulleistungsschwache Schüler grundsätzlich oder auch nur überwiegend Schulunlust entwickeln, soziale Zurückweisung erfahren und hohen Leidensdruck erleben. Vielmehr besteht überwiegend Zufriedenheit und Freude am Schulbesuch.

Dieser Eindruck der Gutachtenkinder wird von ihren Eltern, wie wir in Kap. 12 belegen, in vollem Umfang geteilt.

7.7 Abschließende Zusammenfassung und Interpretation

Wir können nun zusammenfassend zur Beantwortung der unter 7.1 gestellten Fragen zurückkehren. Im einzelnen haben wir festgestellt:

* Die informellen Beziehungen der Gutachtenkinder sind anfangs überwiegend ungünstig, vor allem wenn es sich um verhaltensauffällige Schüler handelt, *sie entwickeln sich jedoch im Laufe der Grundschulzeit positiv*. Dies ist ein genereller Trend bei fast allen Gutachtenkindern.

* Es ist zwar für statistische Zwecke sinnvoll, die übrigen Schüler den Gutachtenkindern bzw. behinderten Kindern für Durchschnittsvergleiche gegenüberzustellen, aber eine Untersuchung der internen Differenzierungen zeigt, daß es generell soziologisch bedeutsame Unterschiede gibt: Das - statistisch - beliebteste Kind ist das 'deutsche Mittelschicht-Mädchen als Einzelkind', das - statistisch - am wenigsten beliebte der 'ausländische Unterschicht-Junge mit Geschwistern'. Bei den Gutachtenkindern unserer Population sind drei ungünstere Faktoren für die informellen Beziehungen in der Klasse überdurchschnittlich vertreten: männlich, Unterschichtzugehörigkeit, Geschwisterkind.

* *Die Gutachtenkinder sind in die sozialen Beziehungen am Nachmittag im allgemeinen gut einbezogen*, und zwar auch zu Nicht-Gutachtenkindern, wenngleich mit etwas weniger regelmäßigen Spielpartnern als im Schnitt der übrigen (wie dies auch für Einzelkinder und deutsche Kinder gilt).

* Grob zusammengefaßt zeigte sich bei den Freizeitaktivitäten unserer Gutachtenkinder *eine größere 'Gegenstandsarmut' und eine sehr ausgeprägte Medienbezogenheit*.

* Freizeitpartner/innen stammen bei allen Schülern zur Hälfte *aus der eigenen Klasse. Überschneiden sich unmittelbare Nachbarschaft und Klassenzugehörigkeit, so ist dies die beste Bedingung für die Bildung dauerhafter sozialer Beziehungen zu anderen Kindern*.

* Die eigene Klasse spielt bei Gutachtenkindern, Einzelkindern und Mittelschicht-Kindern eine noch größere Rolle als bei allen Schülern ohnehin schon.

* Im Vergleich zu Schülern einer benachbarten *Sonderschule für Lernbehinderte* zeigte sich, daß deren Freizeitkontakte weniger durch die eigene Klasse und stärker durch Nachbarskinder ohne gemeinsame Schulerfahrung bestimmt waren. Sie waren *stärker 'familienzentriert'* und unterlagen um so mehr familiären Tendenzen, den privaten Wohnraum und die familiären Kontakte gegenüber anderen (Kindern) abzuschotten.

* *Die Gutachtenkinder fühlten sich überwiegend in der Schule wohl* und hatten selten das Gefühl, abgelehnt oder diskriminiert zu werden. Es war nicht erkennbar, daß sie aufgrund der teilweise bestehenden Schulleistungsdifferenzen zu anderen Schülern Schulunlust entwickelt hätten, im Gegenteil; ihre Schulmotivation kann als hoch eingeschätzt werden.

* Dieser positive Eindruck *wird von den Eltern der Gutachtenkinder in noch stärkerem Maß geteilt*; übrigens auch von den anderen Eltern.

Zusammenfassend kann also festgehalten werden, daß ein Ziel der gemeinsamen Erziehung, nämlich den Aufbau stabiler und positiver sozialer Beziehungen zu anderen Kindern zu unterstützen, in hohem Maß gelungen ist. Erkennbar wurde auch, daß dies kein Automatismus ist: Kinder beurteilen andere Kinder in der Regel erst einmal hart - wie sich auch in den Urteilen im 1. Schj. zeigt - und bauen später allmählich Abneigungen ab und Verständnis auf. Besonders positiv muß vermerkt werden, daß es nicht etwa zu gegenteiligen Entwicklungen kam, nämlich zu einer Verstärkung von Abneigung. Diese günstige Entwicklung ist sicherlich nicht zuletzt auf die pädagogische Arbeit der Lehrer und Lehrerinnen und die Diskussion der Eltern mit den eigenen Kindern - und der Kinder untereinander - zurückzuführen.

Es sei noch einmal daran erinnert, daß unsere 'behinderten Schüler' überwiegend die unter dem Aspekt der 'sozialen Integration' schwierigste Population darstellen. Aggressive und auch sonst sozial auffällige Kinder werden nun einmal nicht von anderen geschätzt (auch nicht von Lehrern). Ein hör- oder sehgeschädigtes Kind wird jedoch weniger nach der Behinderung als eher nach dem individuellen Sozialverhalten beurteilt. Unter den besonderen Bedingungen der sozialen Zusammensetzung der Uckermark-Schüler (vgl. Kap. 4) ist das Ausmaß der Akzeptanz, der Einbeziehung in die informellen Beziehungen und die positive Selbsteinschätzung der Gutachtenkinder besonders erfreulich. *Damit ist belegt, daß an einer ganz 'normalen' innerstädtischen Schule, mit sehr unterschiedlichen Eltern, Lehrern und Kindern, der gemeinsame Unterricht sinnes- und körperbehinderter bzw. lernschwacher und sozial auffälliger mit anderen Kindern aus dem gemeinsamen Wohnumfeld möglich ist, ohne daß von einer sozialen internen Ausgrenzung, dem Ausschluß aus den Freizeitbeziehungen und der Schulunlust bzw. dem Leiden der integrierten Schüler ausgegangen zu werden braucht.* Soziale Integration findet statt. Sie ist zugleich eine dauerhafte pädagogische Aufgabe für die ganze Grundschulzeit.

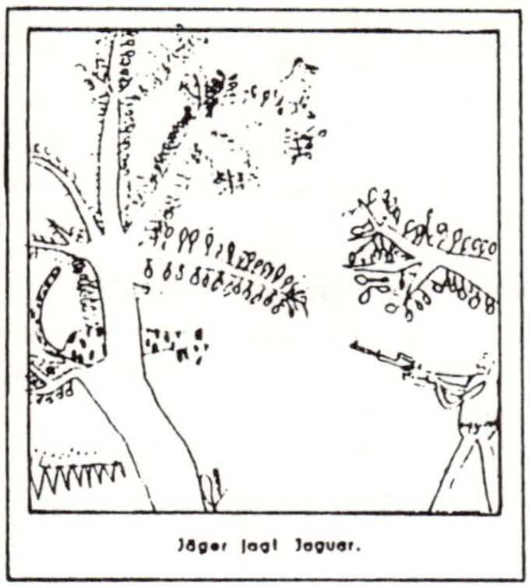

8 Die Leistungsentwicklung der Schülerinnen und Schüler

(Peter Heyer)

8.1 Zur Aufgabenstellung

Die Beobachtung und Dokumentation der Lern- und Leistungsentwicklung aller Schülerinnen und Schüler im Schulversuch, d.h. der behinderten und der nichtbehinderten Kinder, gehörte zu den zentralen Aufgaben der Wiss. Begleitung. Sie sah sich zu dieser Aufgabe in doppelter Weise verpflichtet:

Zum einen gehört es zum Selbstverständnis aller am Schulversuch Beteiligten, daß bei der gemeinsamen schulischen Erziehung und Bildung behinderter und nichtbehinderter Schüler die Kinder mit einem sonderpädagogischen Förderbedarf im gemeinsamen Unterricht auch in ihrer leistungsmäßigen Entwicklung zumindest ebenso gefördert werden müssen wie auf der für sie außerhalb des Schulversuchs zuständigen Sonderschule, während die übrigen Kinder in ihrer Entwicklung im Vergleich zu den Bedingungen an anderen Grundschulen zumindest nicht benachteiligt werden dürfen. Diese Grundforderung war auch Teil des Genehmigungsschreibens. Es heißt dort ausdrücklich: "Die am Schulversuch beteiligten Kinder dürfen durch die Organisationsform des Schulversuchs nicht in ihren individuellen Entwicklungsmöglichkeiten beeinträchtigt werden." Es war Ziel der Schule, diese Forderung zu erfüllen.

Zum anderen spielt in der öffentlichen Diskussion über Fragen der gemeinsamen schulischen Erziehung und Bildung Behinderter und Nichtbehinderter immer wieder die Befürchtung eine gewichtige Rolle, die integrative schulische Förderung habe zwar eine große Bedeutung für die Ausbildung des sozialen Verhaltens aller Beteiligter, könnte aber die leistungsmäßige Entwicklung beider Gruppen behindern.

Es galt zu prüfen, ob mit den sechsjährigen Integrationserfahrungen an der Uckermark-Schule als der ersten öffentlichen Schule im Bundesgebiet, die über einen solchen Zeitraum als dreizügig geführte sechsjährige Grundschule inzwischen mit *allen* ihren Klassen, von den Vorklassen bis zu den sechsten Klassen, integrationspädagogisch arbeiten konnte, diese Sorge zu verstärken, zu relativieren oder auszuräumen ist.

Im Vordergrund bei der Beobachtung und Dokumentation der individuellen Lern- und Leistungsentwicklung stand stets die pädagogische Zielsetzung, im Bedarfsfalle, d.h. beim Auftreten längerfristiger Lernentwicklungsstörungen, auch als Wiss. Begleitung intervenierend aktiv zu werden und an der Planung und Realisierung pädagogisch zweckmäßiger, die individuelle Lernentwicklung unterstützender, Maßnahmen mitzuwirken.

8.2 Untersuchungsverfahren und methodische Probleme

Schulische Leistungserziehung meint nicht nur die Förderung höchstmöglicher Lernergebnisse, sondern auch und vor allem die Unterstützung von Lernmotivation und Lerneinstellungen (vgl. WOCKEN 1988). Vergleichsuntersuchungen, wie sie in verschiedenen Integrationsversuchen vorgenommen wurden, etwa in der Berliner Fläming-Grundschule (HETZNER 1988) und in Hamburg (WOCKEN 1987), greifen unseres Erachtens zu kurz, weil sie sich auf einzelne Leistungsaspekte der sog. Kulturtechniken beschränkten. Derartige Untersuchungen der Leistungsentwicklung von nichtbehinderten Kindern in integrativen im Vergleich zu üblichen Grundschulen erfassen einerseits nur einen Bruchteil der wichtigen Grundschul-Lerninhalte, wie sie in den Rahmenplänen festgelegt sind, sie vernachlässigen andererseits die vielseitigen Lernleistungen, die zur ganzheitlichen Entwicklung von Kindern gehören, ohne in den Rahmenplänen ausdrücklich ihren Niederschlag gefunden zu haben, z.B. integrative Komponenten der sozialen Kompetenz, die Stärkung von Vitalität, Emotionalität und Herausarbeitung eines positiven Selbstkonzeptes. Darüber hinaus berücksichtigen diese Vergleichsuntersuchungen weder die Entwicklung individueller Lernmotivationen noch den intraindividuellen Leistungsvergleich, also den Lernzuwachs eines Kindes im Vergleich zu eigenen früheren Leistungen.

Eine Vergleichsuntersuchung, die den genannten Aspekten der Leistungsentwicklung hätte gerecht werden können, konnte wegen mangelnder Forschungsressourcen nicht durchgeführt werden (vgl. Kap. 2). Im übrigen hätte sich eine derartige Untersuchung nicht auf Klassen der Uckermark-Schule beschränken können und dürfen, weil hier alle Klassen integrativ geführt werden und damit keine internen nichtintegrativen Vergleichsklassen zur Verfügung stehen.

Die Lern- und Leistungsentwicklung *aller* Schülerinnen und Schüler spiegelt sich in den in Berichtsform angefertigten halbjährlichen Zeugnissen. Die Entwicklung der 'Gutachtenkinder' wurde außerdem in den ausführlichen jährlichen Entwicklungsberichten dokumentiert (vgl. Kap. 5). Wir haben darüber hinaus die Leistungsentwicklung aller Schüler kontinuierlich tabellarisch erfaßt, und zwar in der Weise, daß wir die Leistungsrückstände jedes Kindes, bezogen auf die Anforderungen der Rahmenpläne für die Grundschule, in jedem Lernbereich festgehalten und jährlich fortgeschrieben haben (vgl. die Jahresberichte der Wiss. Begleitung). Diese Angaben beruhten in den ersten beiden Versuchsjahren auf eigenen Leistungsüberprüfungen durch die Wiss. Begleitung, in den folgenden Jahren aus Kapazitätsgründen auf der Auswertung der schriflich vorliegenden Lernentwicklungsberichte, der Zeugnisse sowie auf Gesprächen mit Lehrerinnen und Lehrern.

Da es keine vergleichbaren Untersuchungen für die Lernzielerreichung an anderen (Berliner) Grundschulen gibt, ist die Anzahl von Lernrückständen je Jahrgangsklasse nicht bewertbar. Zusammenfassend haben wir diese *auf die Rahmenplanforderung bezogene Leistungsentwicklung* aller Schülerinnen und Schüler unter verschiedenen Gesichtspunkten rechnerisch ausgewertet. Wir haben diese Angaben außerdem ergänzt um Einschätzungen der Klassenlehrer über die *individuelle Lernentwicklung* aller Schüler während ihrer bisherigen Grundschulzeit. Anforderungen der Rahmenpläne fanden bei dieser Einschätzung formell keine Berücksichtigung.

8.3 Übergangsempfehlungen

Eine erste grobe Einschätzung der Leistungsentwicklung bietet sich durch den Vergleich der Übergangsempfehlungen in die Oberschulen an.

Die Klassenlehrer der 6. Klassen fertigen zu Beginn des zweiten Schulhalbjahres über jeden Schüler ein Gutachten an, das eine Empfehlung über den Übergang in einen der Oberschulzweige Hauptschule, Realschule oder Gymnasium enthält (gesamtschulbezogene Übergangsempfehlungen gibt es in Berlin nicht). Dieses Gutachten enthält die durchaus fragwürdige Prognose der in der Klasse unterrichtenden Lehrkräfte aufgrund der bisherigen schulischen Entwicklung eines Kindes.

Die Übergangsempfehlungen aus dem Schuljahr 1987/88 sind die ersten, die sich auf Schüler aus Integrationsklassen beziehen.

In den vergangenen drei Jahren, also sowohl für die letzten beiden Jahrgänge, die noch nicht zum Schulversuch gehörten, wie für die ersten drei Integrationsklassen, erhielten etwa die Hälfte aller Kinder Hauptschulempfehlungen. Das liegt weit über dem Berliner Durchschnitt. In den Jahren 1981-1983 waren es deutlich weniger. Möglicherweise hat sich inzwischen die soziale Zusammensetzung der Klassen verändert (vgl. Kap. 4). Der Anteil an Gymnasialempfehlungen lag im Erhebungszeitraum zwischen 25% und 30%, 1983 geringfügig darüber, 1988 etwas darunter. Angesichts der Verschiebungen in der Sozialstruktur bei den jüngeren Jahrgängen (vgl. Kap. 4) ist davon auszugehen, daß der Anteil derjenigen, die mit höheren

Empfehlungen die Grundschule verlassen, in den kommenden Jahren erheblich steigen wird.

Tab. 8-1:
Übergangsempfehlungen der Uckermark-Schule auf Oberschulzweige 1982 - 1988

Schuljahr	Übergangsempfehlung			
	OH	OR	OG	N
1981/82	37%	37%	25%	83
1982/83	38%	28%	34%	88
1983/84*				73
1984/85*				43
1985/86	50%	20%	30%	50
1986/87	50%	22%	28%	50
1987/88	51%	26%	23%	48

* Für 1983/84 und 1984/85 liegen leider keine vollständigen Daten vor. - OH = Hauptschule; OR = Realschule; OG = Gymnasium.

Bei einer Interpretation dieser Daten wäre neben der sozialen Zusammensetzung der Klassen auch zu berücksichtigen, daß für die sechsten Klassen des Schuljahres 1987/88 erstmals die Schulversuchsbedingungen galten. Damit wurde für diese Klassen auf Sonderschulüberweisungen verzichtet und die Anzahl der Klassenwiederholer drastisch gesenkt. Nur zwei Kinder aus den drei Klassen des ersten integrativen Jahrganges wiederholten im Verlauf der gesamten Grundschulzeit aus besonderen pädagogischen Gründen freiwillig eine Klassenstufe. (Für alle Jahrgänge der Uckermark-Schule fanden seit Beginn des Schulversuchs insgesamt vier Klassenwiederholungen statt, meist auf ausdrücklichen Wunsch der Eltern.)

Unter Berücksichtigung dieser Besonderheiten kann die Tatsache, daß die Übergangsempfehlungen des Schuljahres 1987/88 denen der beiden Vorjahre entsprechen, als pädagogisch beachtenwert eingeschätzt werden.

8.4 Übersicht über die Lernentwicklung im Schulversuch

Auf den folgenden Seiten wird in acht Tabellen eine Übersicht über die Lern- und Leistungsentwicklung aller Schülerinnen und Schüler im Schulversuch gegeben, bezogen auf den Stichtag Ende Schuljahr 1987/88.

Die Tabellen 8-2, 8-3, 8-4 und 8-5 stellen den Stand der individuellen Lern- und Leistungsentwicklung zum genannten Zeitpunkt dar, ohne Bezug zu den Anforderungen der Rahmenpläne zu nehmen. Die Klassenlehrer haben aus der langjährigen Kenntnis der Kinder eine subjektive Einschätzung vorgenommen, wie sie die *gesamte* schulische Lernentwicklung eines Kindes unter Einbeziehung von Leistungsmotivation und Lerneinstellungen bewerten. Diese Wertung wurde zu einer fünfstufigen Skala zusammengefaßt:

++ bedeutet eine *sehr positive* individuelle Lernentwicklung, bezogen auf die gesamte bisherige Schulzeit;

+ meint eine insgesamt *positive* Lernentwicklung;

-+ meint eine teils *positive*, teils *negative* Leistungsentwicklung;
- bedeutet, daß das Kind im ganzen gesehen eine doch eher *negative* Lern- und Leistungsentwicklung hatte;

-- bedeutet, daß das Kind eine *sehr negative* schulische Entwicklung hatte.

Tab. 8-2 umfaßt alle Schüler der Uckermark-Schule; die Tab. 8-3 bis 8-5 beschränken sich jeweils auf die Schüler zweier Jahrgänge.

Die Tab. 8-6 bis 8-9 dokumentieren den *Stand der Leistungsentwicklung zum angegebenen Zeitpunkt, bezogen auf die Anforderungen der Grundschulrahmenpläne* der entsprechenden Klassenstufe.

Dabei gelten folgende Zeichen:

O Das Kind hat mindestens die Lehrziele der Grundschulrahmenpläne der entsprechenden Klassenstufe erreicht;

X Das Kind hat in bezug zu den Anforderungen des Grundschulrahmenplans seiner Klassenstufe geringe Rückstände;

$\overline{X}$ Das Kind hat größere Rückstände in einzelnen Lernbereichen;

XX Das Kind hat größere Rückstände in allen bzw. fast allen Lernbereichen, bezogen auf die Anforderungen der Rahmenpläne für die Grundschule, jeweils der entsprechenden Klassenstufe.

8.5 Interpretation von Ergebnissen der tabellarischen Übersicht

* Tab. 8-2: Die Klassenlehrer schätzen die *individuelle Lern- und Leistungsentwicklung* von gut 70% aller Schüler als sehr positiv oder positiv ein; von nur 5,5% als negativ und von 0,6% als sehr negativ. Weit *mehr Mädchen als Jungen* haben eine sehr positive Lernentwicklung (36% gegenüber 20%); entsprechend haben Jungen häufiger als Mädchen eine insgesamt negativ eingeschätzte individuelle Lernentwicklung (8,8% gegenüber 2,2%). Die Bewertung der Lernentwicklung *ausländischer Schüler* liegt nur geringfügig

unter der der deutschen Schüler: 66,7% der ausländischen Kinder hatten eine insgesamt positive Entwicklung, gegenüber 70,3% deutscher Kinder. Die Lernentwicklung von ca. 60% der *Gutachtenkinder* wird als sehr positiv oder positiv eingeschätzt, als negativ ca. 7%, als sehr negativ 0%.

* Tab. 8-3 bis 8-5: Insbesondere die Einschätzung der Lernentwicklung der ausländischen Kinder und der Gutachtenkinder unterscheidet sich sehr auf den *verschiedenen Schulstufen*. Während nach der 5./6. Klasse (Tab. 8-5) nach Auffassung der Klassenlehrer 85,7% der Gutachtenkinder und 79% der ausländischen Kinder eine sehr gute bzw. eine gute individuelle Lernentwicklung hatten, sind dies nach der 3./4. Klasse (Tab. 8-4) nur 50% bzw. 56,4%.

* Tab. 8-6: In bezug zu den *Anforderungen der Rahmenpläne* für die Grundschule hat fast die Hälfte aller Kinder kleinere oder größere Rückstände. Hierbei fallen deutliche Leistungsunterschiede auf, und zwar besonders zwischen Mädchen und Jungen und zwischen ausländischen und deutschen Schülern:

* Insgesamt haben ca. 50% der Jungen, dagegen ‘nur’ ca. 30% der Mädchen kleinere oder größere Rückstände;
* Größere Lernrückstände haben knapp 6% der deutschen, dagegen mehr als 20% der ausländischen Mädchen.
* 30% der ausländischen Jungen haben in einzelnen bzw. in fast allen Lernbereichen größere Rückstände, von den deutschen Jungen dagegen ‘nur’ 13%.

* Tab. 8-7 bis 8-9: Die Lernrückstände ausländischer Schüler unterscheiden sich in den verschiedenen Klassenstufen. Während nach der 5./6. Klasse 16% und nach den 1./2. Klassen 18% größere Rückstände in bezug auf die Anforderungen des Rahmenplans haben, sind es nach der 3./4. Klasse doppelt so viele (36%), bei den ausländischen Jungen sogar 44%.

8.6 Zusammenfassende Bewertung der Lern- und Leistungsentwicklung

Nach der subjektiven Einschätzung der Klassenlehrer ist die *individuelle Lern- und Leistungsentwicklung* der Gutachtenkinder wie der übrigen Schülerinnen und Schüler auffallend positiv. Aus unserer sechsjährigen Erfahrung in der Wiss. Begleitung teilen wir diese Einschätzung der Klassenlehrer. Uns sind zwar keine entsprechenden Vergleichsstudien bekannt; aus unserer Erfahrung mit Schulleistungen in Grundschulen äußern wir jedoch die Vermutung, daß - bei völligem Verzicht auf Sonderschulüberweisungen und weitestgehendem Verzicht auf Klassenwiederholungen - eine derart geringe Zahl negativ eingeschätzter Lernentwicklungen für eine Grundschule ungewöhnlich ist. Die Schweizer Untersuchungen von HÄBERLIN u.a.

(1986, 1987) und BÄCHTOLD (1988) stehen mit dieser positiven Bewertung des Leistungseffektes integrativer Pädagogik in Übereinstimmung.

Die großen Unterschiede zwischen den verschiedenen Teilgruppen der Schülerinnen und Schüler in ihrer *rahmenplanbezogenen Leistungsentwicklung* sind jedoch nicht übersehbar. Daß Kinder mit einem speziellen Förderbedarf teilweise größere Rückstände in ihrer Lernentwicklung haben, liegt 'in der Natur der Sache'. Daß aber ausländische Kinder derart häufiger größere Lernrückstände haben als deutsche und Jungen wiederum mehr als Mädchen, sollte nicht als 'in der Natur der Sache' hingenommen werden. Eine Diskussion dieser Ergebnisse ist unumgänglich. Die größeren Leistungsrückstände ausländischer Kinder müssen aber auch als allgemeines pädagogisches Problem einer Großstadt wie Berlin angesehen werden: 1987 gingen 34,5% aller ausländischen Schülerinnen und Schüler *ohne Hauptschulabschluß* ab (also über ein Drittel!), und nur 7.1% erreichten das Abitur (vgl. Senator für Schulwesen 1988, S. 197).

Um die besondere Wirkung integrativer Pädagogik im Leistungsbereich in Beziehung setzen zu können zu der in Sonderschulen und in nichtintegrativen Grundschulen, empfehlen wir vergleichende Langzeitstudien mit dem von uns praktizierten methodischen Verfahren.

Tab. 8-2:

Übersicht über die Lernentwicklung der Kinder - ohne Bezug auf Anforderungen der Rahmenpläne. Klasse 1-6

Klassenstufen 1-6	N	++	+	+/-	-	--	%
alle Kinder	330	7	43	24	6	1	101
aK	75	17	49	28	3	3	100
GK	28	29	32	32	7	0	100
aGK	6	33	50	17	0	0	100
Kinder (ohne a und G)	233	30	43	21	6	0	100
Mädchen	137	37	42	19	2	1	101
aK (Mä)	29	24	55	17	0	3	99
GK (Mä)	9	44	22	33	0	0	99
aGK (Mä)	3	33	33	33	0	0	99
Mädchen (ohne a und G)	102	39	40	19	2	0	100
Jungen	193	20	44	27	8	1	100
aK (Ju)	46	13	46	35	4	2	100
GK (Ju)	19	26	37	32	5	0	100
aGK (Ju)	3	33	67	0	0	0	100
Jungen (ohne a und G)	131	22	45	23	10	0	100

aK - ausländische Kinder GK - Gutachtenkinder

++ während der bisherigen Schulzeit im ganzen *sehr* positive Lernentwicklung
\+ positive Lernentwicklung
+/- teils positive, teils negative Lernentwicklung
\- bisher im ganzen eher negative Lernentwicklung
-- bisher *sehr* negative Lernentwicklung

Tab. 8-3:

Übersicht über die Lernentwicklung der Kinder - ohne Bezug auf Anforderungen der Rahmenpläne. Klasse 1/2

Klassenstufe 1/2	N	+ +	+	+ /-	-	--	%
alle Kinder	117	32	42	22	4	0	100
aK	17	24	53	18	6	0	101
GK	11	36	18	46	0	0	100
aGK	2	50	0	50	0	0	100
Kinder (ohne a und G)	91	33	42	21	4	0	100
Mädchen	58	32	47	19	2	0	100
aK (Mä)	8	13	63	25	0	0	101
GK (Mä)	3	33	33	33	0	0	99
aGK (Mä)	1	0	0	100	0	0	100
Mädchen (ohne a und G)	48	34	45	19	2	0	100
Jungen	59	32	37	25	7	0	101
aK (Ju)	9	33	44	11	11	0	99
GK (Ju)	8	38	13	50	0	0	101
aGK (Ju)	1	100	0	0	0	0	100
Jungen (ohne a und G)	43	32	39	23	7	0	101

aK - ausländische Kinder GK - Gutachtenkinder

+ + während der bisherigen Schulzeit im ganzen *sehr* positive Lernentwicklung
+ positive Lernentwicklung
+ /- teils positive, teils negative Lernentwicklung
- bisher im ganzen eher negative Lernentwicklung
-- bisher *sehr* negative Lernentwicklung

Tab. 8-4:

Übersicht über die Lernentwicklung der Kinder - ohne Bezug auf Anforderungen der Rahmenpläne. Klasse 3/4

Klassenstufe 3/4	N	+ +	+	+/-	-	--	%
alle Kinder	112	24	46	23	5	2	100
aK	39	13	44	36	3	5	101
GK	10	20	30	30	20	0	100
aGK	2	50	50	0	0	0	100
Kinder (ohne a und G)	65	32	51	14	3	0	100
Mädchen	45	40	40	16	2	2	100
aK (Mä)	14	29	43	21	0	7	100
GK (Mä)	4	50	0	50	0	0	100
aGK (Mä)	1	100	0	0	0	0	100
Mädchen (ohne a und G)	28	46	43	7	4	0	100
Jungen	67	13	51	28	6	2	100
aK (Ju)	25	4	44	44	4	4	100
GK (Ju)	6	17	50	17	17	0	101
aGK (Ju)	1	0	100	0	0	0	100
Jungen (ohne a und G)	37	19	57	20	5	0	101

aK - ausländische Kinder GK - Gutachtenkinder

+ + während der bisherigen Schulzeit im ganzen sehr positive Lernentwicklung
+ positive Lernentwicklung
+/- teils positive, teils negative Lernentwicklung
- bisher im ganzen eher negative Lernentwicklung
-- bisher sehr negative Lernentwicklung

Tab. 8-5:

Übersicht über die Lernentwicklung der Kinder - ohne Bezug auf Anforderungen der Rahmenpläne . Klasse 5/6

Klassenstufen 5/6	N	+ +	+	+/-	-	--	%
alle Kinder	101	25	42	26	8	0	101
aK	19	21	58	21	0	0	100
GK	7	29	57	14	0	0	100
aGK	2	0	100	0	0	0	100
Kinder (ohne a und G)	77	25	38	27	10	0	100
Mädchen	34	38	38	24	0	0	100
aK (Mä)	7	29	71	0	0	0	100
GK (Mä)	2	50	50	0	0	0	100
aGK (Mä)	1	0	100	0	0	0	100
Mädchen (ohne a und G)	26	39	31	31	0	0	101
Jungen	67	18	43	27	12	0	100
aK (Ju)	12	17	50	33	0	0	100
GK (Ju)	5	20	60	20	0	0	100
aGK (Ju)	1	0	100	0	0	0	100
Jungen (ohne a und G)	51	18	41	26	16	0	101

aK - ausländische Kinder GK - Gutachtenkinder

+ + während der bisherigen Schulzeit im ganzen *sehr* positive Lernentwicklung
+ positive Lernentwicklung
+/- teils positive, teils negative Lernentwicklung
- bisher im ganzen eher negative Lernentwicklung
-- bisher *sehr* negative Lernentwicklung

Tab. 8-6:

Übersicht über die Lernentwicklung der Kinder - bezogen auf die Anforderungen der Rahmenpläne für die Grundschule. Klasse 1-6

Klassenstufen 1-6	N	o	x	$\bar{x}$	xx	%
alle Kinder	330	58	25	13	4	100
aK	75	36	37	23	4	100
GK	28	11	25	39	25	100
aGK	6	0	33	50	17	100
Kinder (ohne a und G)	233	69	22	8	2	101
Mädchen	137	69	20	9	2	100
aK (Mä)	29	38	41	17	3	99
GK (Mä)	9	22	11	44	22	99
aGK (Mä)	3	0	0	67	33	100
Mädchen (ohne a und G)	102	79	15	5	1	100
Jungen	193	50	29	17	5	101
aK (Ju)	46	35	35	26	4	100
GK (Ju)	19	5	32	37	26	100
aGK (Ju)	3	0	67	33	0	100
Jungen (ohne a und G)	131	60	27	11	2	100

aK - ausländische Kinder GK - Gutachtenkinder

o die Lernziele des Grundschulrahmenplans der entsprechenden Jahrgangsstufe wurden zumindest erreicht
x geringe Rückstände
$\bar{x}$ größere Rückstände in einzelnen Lernbereichen
xx größere Rückstände in fast allen Lernbereichen, bezogen auf die Anforderungen des Grundschulrahmenplans für die entsprechende Klassenstufe

Tab. 8-7:

Übersicht über die Lernentwicklung der Kinder - bezogen auf die Anforderungen der Rahmenpläne für die Grundschule. Klasse 1/2

Klassenstufe 1/2	N	o	x	x̄	xx	%
alle Kinder	117	60	25	10	5	100
aK	17	35	47	12	6	100
GK	11	0	46	9	46	101
aGK	2	0	50	0	50	100
Kinder (ohne a und G)	91	70	19	10	1	100
Mädchen	58	72	19	5	3	99
aK (Mä)	8	38	38	13	13	102
GK (Mä)	3	0	33	0	67	100
aGK (Mä)	1	0	0	0	100	100
Mädchen (ohne a und G)	48	81	15	4	0	100
Jungen	59	48	31	15	7	101
aK (Ju)	9	33	56	11	0	100
GK (Ju)	8	0	50	13	38	101
aGK (Ju)	1	0	100	0	0	100
Jungen (ohne a und G)	43	58	23	16	2	99

aK - ausländische Kinder GK - Gutachtenkinder

o die Lernziele des Grundschulrahmenplans der entsprechenden Jahrgangsstufe wurden zumindest erreicht
x geringe Rückstände
x̄ größere Rückstände in einzelnen Lernbereichen
xx größere Rückstände in fast allen Lernbereichen, bezogen auf die Anforderungen des Grundschulrahmenplans für die entsprechende Klassenstufe

Tab. 8-8:

Übersicht über die Lernentwicklung der Kinder - bezogen auf die Anforderungen der Rahmenpläne für die Grundschule. Klasse 3/4

Klassenstufe 3/4	N	o	x	$\bar{x}$	xx	%
alle Kinder	112	54	20	23	4	101
aK	39	28	36	33	3	100
GK	10	10	0	80	10	100
aGK	2	0	0	100	0	100
Kinder (ohne a und G)	65	74	12	11	3	100
Mädchen	45	64	18	16	2	100
aK (Mä)	14	36	43	21	0	100
GK (Mä)	4	25	0	75	0	100
aGK (Mä)	1	0	0	100	0	100
Mädchen (ohne a und G)	28	82	7	7	4	100
Jungen	67	46	21	28	5	100
aK (Ju)	25	24	32	40	4	100
GK (Ju)	6	0	0	83	17	100
aGK (Ju)	1	0	0	100	0	100
Jungen (ohne a und G)	37	68	16	14	3	101

aK - ausländische Kinder GK - Gutachtenkinder

o die Lernziele des Grundschulrahmenplans der entsprechenden Jahrgangsstufe wurden zumindest erreicht
x geringe Rückstände
$\bar{x}$ größere Rückstände in einzelnen Lernbereichen
xx größere Rückstände in fast allen Lernbereichen, bezogen auf die Anforderungen des Grundschulrahmenplans für die entsprechende Klassenstufe

Tab. 8-9:

Übersicht über die Lernentwicklung der Kinder - bezogen auf die Anforderungen der Rahmenpläne für die Grundschule. Klasse 5/6

Klassenstufe 5/6	N	o	x	x̄	xx	%
alle Kinder	101	59	32	6	3	100
aK	19	53	32	11	5	101
GK	7	29	29	29	14	101
aGK	2	0	50	50	0	100
Kinder (ohne a und G)	77	62	33	4	1	100
Mädchen	34	68	27	6	0	101
aK (Mä)	7	43	43	14	0	100
GK (Mä)	2	50	0	0	0	100
aGK (Mä)	1	0	0	0	0	100
Mädchen (ohne a und G)	26	73	23	4	0	100
Jungen	67	55	34	6	5	100
aK (Ju)	12	58	25	8	8	99
GK (Ju)	5	20	40	20	20	100
aGK (Ju)	1	0	100	0	0	100
Jungen (ohne a und G)	51	57	37	4	2	100

aK - ausländische Kinder GK - Gutachtenkinder

o die Lernziele des Grundschulrahmenplans der entsprechenden Jahrgangsstufe wurden zumindest erreicht
x geringe Rückstände
x̄ größere Rückstände in einzelnen Lernbereichen
xx größere Rückstände in fast allen Lernbereichen, bezogen auf die Anforderungen des Grundschulrahmenplans für die entsprechende Klassenstufe

Simone sonnt sich.

9 Der Übergang auf die Oberschulen

(Ulf Preuss-Lausitz)

9.1 Die Entstehung einer Konzeption

Im Antrag und im Genehmigungsschreiben für den Schulversuch war die Frage des Übergangs der behinderten Kinder bzw. der Gutachtenkinder auf die Sekundarstufe I, die in Berlin im 7. Schuljahr beginnt, nicht geregelt. Alle Beteiligten wollten erst die Probleme in der Grundschule lösen und mehr Erfahrungen gewinnen.

Dennoch gab es eine informelle Übereinstimmung darüber, daß die Prinzipien des Schulversuchs - Wohnortnähe der 'Beschulung', 'Normalität' in der Häufung von sog. Behinderungen in einer Lerngruppe und Individualisierung der Förderung - auch für die Sekundarstufe Anwendung finden sollten. Die behinderten Schüler sollten in keinem Fall allein, sondern mit einer Gruppe anderer Uckermark-Schüler in eine Oberschulklasse wechseln. Der Schultyp war dabei nicht festgelegt. Es war von vornherein nicht geplant, *ganze* Grundschulklassen der Uckermark-Schule zusammen mit ihren 'Gutachtenkindern' geschlossen in eine Sekundarschule, die dann logischerweise eine Gesamtschule sein müßte, übergehen zu lassen. Das letztere Konzept wird seit 1983 zwischen der Schöneberger Fläming-Grundschule und der Sophie-Scholl-Gesamtschule als der bis dahin einzigen integrativen Oberschule Berlins verwirklicht. Dabei geht eine der Lehrer/innen aus dem 6. Grundschuljahr sowie der Pädagogische Mitarbeiter der Klasse für vier Sekundarschuljahre mit durchschnittlich 10-12 Fläming-Schülern mit in die Gesamtschule und betreut zugleich die zu fördernden Schüler. Die Klassen werden dann bis zu 20 Schülern aufgefüllt. Über die Erfahrungen und Erfolge wird ausführlich im 'Fläming-Buch' (Projektgruppe 1988) berichtet.

Erst 1986, also im 5. Schulversuchs-Jahr, begannen innerhalb der Uckermark-Schule intensivere Erörterungen über die konkreten Integrationsformen in der Oberschule für die eigenen Schüler. Daran waren vor allem diejenigen Lehrer/innen beteiligt, die den ältesten Schulversuchs-Jahrgang unterrichteten, die Eltern dieses Jahrganges und die Gesamtelternvertretung, die Schulleitung und die Wiss. Begleitung. Mit dem zuständigen Beamten der Senatsverwaltung konnte eine Übereinkunft für diejenigen Kinder getroffen werden, die zwar eine Hauptschulempfehlung erhalten sollten, für die aber eine zusätzliche (sonder)pädagogische Förderung geboten erschien; für sie sollte auf dem üblichen Berliner Formular "Gutachten für den Übergang in die Oberschule" Art und Umfang der vorgeschlagenen Förderung vermerkt werden. Dieser Förderbedarf sollte dann von der Schulbehörde des Bezirks wohlwollend geprüft und ggf. der Schule zugewiesen werden.

Ein solcher Vermerk, der dann tatsächlich für wenige Kinder des ersten Jahrganges formuliert (und teilweise auch bewilligt) wurde, lautete z.B. bei einem Schüler mit noch bestehenden Auffälligkeiten im Verhaltensbereich: "Nach Rücksprache mit der Wiss. Begleitung und dem Schulpsychologischen Dienst empfehlen wir: individuelle Betreuung durch eine konstante Bezugsperson (Lehrer, Sozialarbeiter), mindestens 30 Min. täglich." Bei anderen Schülern wurden unterrichtsbezogene, sonderpädagogische Förderungen empfohlen.

Mit dieser Vereinbarung war jedoch noch nicht ein zentrales Problem gelöst: Was geschieht, wenn ein Gutachenkind nicht mindestens eine Hauptschulempfehlung erhält - auch nicht unter der Voraussetzung einer zusätzlichen Förderung? Im Januar 1987 bekamen alle Integrationsschulen Berlins eine Mitteilung des Landesschulrats, des höchsten Beamten der Schulverwaltung, daß für diese Fälle"die Zuweisung zur Sonderschule nach Klasse 6 .. im Bedarfsfall rechtzeitig vorzubereiten (ist), d.h. spätestens mit Beginn des 2. Halbjahres." Dieser Brief, der durch einen spezifischen Konflikt an der Fläming-Schule bzw. der Sophie-Scholl-Schule veranlaßt war (vgl. LAU und LAU 1987), trug innerhalb der Uckermark-Schule stark zur Verunsicherung bei. Er stellte nicht klar, was unter "Bedarfsfall" zu verstehen sei. Informell erfuhr die Schule, daß damit die Nichtvergabe von (mindestens) einer Hauptschulempfehlung gemeint sei. Eine verbindliche Klärung gelang nicht; die Schule vertraute vorläufig darauf, daß unter den Gutachtenkindern des ersten Übergangsjahrganges alle Schüler mindestens eine Hauptschulempfehlung (einschließlich zusätzlicher Förderempfehlungen) erhalten könnten, und daß die öffentliche Diskussion darüber weitergeführt und rechtzeitig für den nachfolgenden Schülerjahrgang in ihrem Sinne entschieden würde.

Im Juli 1987, also noch im 5. Schulversuchs-Jahr, forderte die konservativ-liberale Regierungsmehrheit des Abgeordnetenhauses von Berlin den Senat auf, ein Planungskonzept zur "Integration behinderter Kinder in die Regelschule" vorzulegen. (Weitergehende Anträge der Opposition wurden abgewiesen.) Darin war die Aufforderung enthalten, "eine Ausweitung des Angebots von Integrationsklassen und verstärkte Angebote der Einzelintegration im Bereich der Sekundarstufe I unter besonderer Beachtung der Erfahrungen der Sophie-Scholl-Gesamtschule" zu berücksichtigen und zu prüfen, "wobei die gutachterliche Prognose entscheiden soll, in welcher Schulart das behinderte Kind am besten gefördert werden soll. Dazu ist ein flexibles

Lernangebot für Behinderte im Sekundarbereich I anzubieten." (Beschluß v. 2.7.1987) Das Konzept sollte bis zum 30. März 1988 vorgelegt werden.

Da die Übergangsentscheidungen in der Uckermark-Schule jedoch frühzeitig vorbereitet werden sollten und die Einhaltung des Zeitplans nicht sicher schien (tatsächlich wurde die Vorlage erst im Juni 1988, am letzten Tag der Parlamentsperiode, den Abgeordneten zur Kenntnis gegeben), wurden Eltern, Kollegium und Wiss. Begleitung aktiv, um selbst Vorschläge für den Übergang auf die Oberschule zu erarbeiten.

Die Wiss. Begleitung legte im November 1987 ein neunseitiges Papier vor, in dem Vorschläge für den Übergang aus Integrationsklassen in Berlin gemacht und Argumente gegen die Begrenzung auf mindestens eine Hauptschulempfehlung vorgelegt wurden. Die wichtigsten Aspekte waren:

* Es sollten nicht nur Gutachtenkinder aus Integrationsklassen, sondern auch Rückwanderer aus Sonderschulen in ein Gesamtkonzept einbezogen werden.

* Es sollte den Eltern von Gutachtenkindern bzw. Behinderten überlassen werden, ob sie eine integrative oder sonderschulische Unterrichtung ihrer Kinder in der Sekundarstufe I wollten.

* Der ggf. erforderliche (sonder)pädagogische Förderbedarf sollte nicht durch die Ausführungsvorschriften zur Sonderschulüberweisung oder "in Anlehnung daran" geregelt werden, wie dies der Brief des Landesschulrates vom Januar 1987 vorsah, sondern durch eine fachlich gemischte Kommission, an der die Eltern beteiligt sind. Diese Kommission sollte auch die regelmäßige Überprüfung des Förderbedarfs während der Oberschulzeit vornehmen und den Übergang in die Berufsausbildung begleiten.

* Die Empfehlung der Kommission sollte nicht auf dem Übergangsgutachten, sondern als gesondertes Fördergutachten im Sinne einer Kind-Umfeld-Analyse vorgelegt werden.

* Schließlich sollten sämtliche Fälle integrativer Unterrichtung in der Sekundarstufe - nicht nur mit Kindern aus der Uckermark-Grundschule - in einem landesweiten Schulversuch wissenschaftlich begleitet und ausgewertet werden.

Die Gesamtelternvertretung verabschiedete im Januar 1988, die Gesamtkonferenz nochmals im März 1988 ausführliche Stellungnahmen zur Frage des Übergangs. Die Gesamtelternvertretung schlug folgendes konkrete Verfahren vor:

* Die integrativen Gruppen von Grund- und Oberschule sollten in der Lehrerbegleitung verzahnt werden. Wie, solle flexibel gehandhabt werden.

* Die Integrationsklassen der Sek. I sollten möglichst von einem festen Lehrerteam über längere Zeit hinweg begleitet werden. Dabei sollte ein Beratungslehrer für integrationsspezifische Fragen zugeordnet werden.
* Die bisherige Frequenz von 20 Schülern pro Klasse sollte auch in der Se-

kundarstufe beibehalten werden, ebenso der 'normale' Anteil an sog. Behinderten.

* Für die sog. Behinderten sollte die Möglichkeit eröffnet werden, individuelle Pläne für den Unterricht zu entwickeln.

* Bis zum Ende der 8. Jahrgangsstufe sollte in integrativ arbeitenden Gesamtschulklassen auf jahrgangsbezogene Normarbeiten und äußere Fachleistungsdifferenzierung verzichtet werden.

* Bei behinderten Schülern sollte auf die Mindesterwartung einer Hauptschulempfehlung verzichtet werden.

Auch die Gesamtkonferenz der Schule beschloß am 17. 3. 1988 eine eigene Stellungnahme zur Übergangsproblematik. Sie forderte u.a.:

* Auf eine Mindestnorm (Hauptschulempfehlung) zur Übernahme in integrative Oberschulklassen sollte verzichtet werden; Überweisungen aus integrativen Grundschulklassen auf Sonderschulen sollten prinzipiell nicht erfolgen.

* Alle Oberschularten sollten grundsätzlich integrative Maßnahmen realisieren können, nicht nur Gesamtschulen.

* Für integrative Oberschulklassen müßten allgemeine Rahmenbedingungen wie Frequenzsenkung und Verzahnung der Lehrerbegleitung geschaffen werden.

* Für die Kinder mit (sonder)pädagogischer Zusatzförderung sollten allgemeine Bedingungen des jeweiligen Schultyps ausgesetzt werden können, wenn dies erforderlich erscheint; statt dessen sollten individuelle Regelungen geschaffen werden.

* Die individuellen Empfehlungen sollten von einer Kommission entsprechend dem Vorschlag der Wiss. Begleitung erarbeitet werden.

* Für das Schuljahr 1988/89 sollte ein Lehrer (aus dem Etat für pädagogische Verbesserungen) für die Vorbereitung des 2. Schulversuchs-Jahrganges und die Begleitung der ersten Kinder freigestellt und diese Stelle in der Uckermark-Schule verankert werden; dies, da noch unklar war, welche der Oberschulen - und ob nur eine - sich bereit erklären würde, die Gutachtenkinder zu übernehmen.

* Wie von Gesamtelternvertretung und Wiss. Begleitung wird für das gesamte Projekt eine Wiss. Begleitung gefordert.

Im März 1988 fanden mehrere Veranstaltungen in der Schule, in umliegenden Oberschulen, Gespräche mit der Schulaufsicht des Bezirks und mit Parteienvertretern statt. Seitens der Schulaufsicht wurde auf die noch ausstehende Entscheidung des Senats verwiesen, die erst den allgemeinen Rahmen für die konkreten Übergangsmöglichkeiten jener Gutachtenkinder ohne Hauptschulempfehlung schaffen würde.

Der tatsächliche Übergang des ersten Integrations-Jahrganges erfolgte aufgrund der ungeklärten Lage so wie an allen übrigen Berliner Schulen auch. Vier Schüler entschieden sich für die Hauptschule, 6 für die Realschule, 14 für ein Gymnasium und 23 für eine Gesamtschule. Von den verbliebenen drei Gutachtenkindern gingen alle (mit Hauptschul- plus Zusatzempfehlung) an Gesamtschulen. Sie waren alle mit einigen anderen Uckermark-Kindern in den neuen Klassen, so daß die konzeptionelle Absicht, Gutachtenkinder immer nur zusammen mit einigen anderen Uckermark-Schülern, d.h. in vertrauten Bezugsgruppen, auf Oberschulklassen übergehen zu lassen - ohne daß dies die jeweilige ganze ehemalige Grundschulkasse sein konnte und sollte -, für diesen Jahrgang verwirklicht werden konnte.

9.2 Die Bröndby-Gesamtschule als integrative Oberschule für Uckermark-Schüler

Der Senat entschied in seiner Vorlage für das Abgeordnetenhaus vom Juni 1988, daß es in den Oberschulen nur "zielidentische" Integration - als Einzelintegration - geben dürfe. Das bedeutete, daß integrativ unterrichtete Schüler/innen aus dem Grundschulbereich - auch aus der Uckermark-Schule - ohne Hauptschulempfehlung nach Erhalt ihres Zwischenzeugnisses im 6. Schuljahr per Sonderschulüberweisungsverfahren als Zwölfjährige auf eine Sonderschule hätten überwiesen werden müssen.

Dennoch beantragte die Steglitzer Bröndby-Oberschule, eine Gesamtschule mit gymnasialer Oberstufe, im November 1988 die Genehmigung einer "Abweichenden Organisationsform", um integrativ arbeitende Kerngruppen mit Schülern aus der Uckermark-Schule bilden zu können.

Die Bröndby-Schule war schon immer von denjenigen Uckermark-Schülern gewählt worden, die eine Gesamtschule besuchen wollten, aber aufgrund von Kapazitätsengpässen in die näher gelegene Schöneberger Sophie-Scholl-Gesamtschule nicht aufgenommen werden konnten. Verkehrsmäßig liegt auch die Steglitzer Bröndby-Gesamtschule noch relativ günstig. - Schon seit 1986 fanden informelle, später auch offizielle Gespräche zwischen Lehrkräften der Uckermark-Schule und der Bröndby-Schule, zwischen den Schulleitungen und unter engagierten Eltern statt. Ziel war, auf dem Hintergrund der konzeptionellen Vorschläge von Wissenschaftlicher Begleitung, Gesamtelternvertretung und Gesamtkonferenz zwei integrative Kerngruppen aus den drei Jahrgangsklassen der Uckermark-Grundschule bilden zu können, und dabei möglichst auch solche Eltern bzw. Kinder aus der Grundschule für die Gesamtschule zu gewinnen, die eine Realschul- oder eine Gymnasialempfehlung erhalten. Zugleich sollten die pädagogischen Rahmenbedingungen, wie sie an der Uckermark-Schule bestehen, übertragen werden (Frequenz 20, davon zwei Gutachtenkinder). Die üblichen gesamtschul-spezifischen formalen Bedingungen sollten jedoch außer für die Behinderten nicht verändert werden. Als 'Gutachtenkinder' sollten alle aufgenommen werden, die auch bisher als solche bezeichnet wurden und die voraussichtlich weiterhin eine zusätzliche (sonder)pädagogische Förderung brauchen. Im übrigen sollte dieser Bedarf jährlich überprüft werden.

9.3 Bessere Bedingungen für die gemeinsame Erziehung in der Oberschule durch veränderte politische Verhältnisse

Der Berliner Wahlkampf (die Wahl war Ende Januar 1989) brachte - ebenso wie bei der Entstehung des Schulversuchs an der Uckermark-Schule im Jahr 1981/82 - schließlich die Wende. In den letzten Januartagen des Wahlkampfes kündigte die Senatorin für Schulwesen an, den integrativen Schulversuch an der Bröndby-Gesamtschule zu genehmigen, und zwar einschließlich der Aufnahme jener Gutachtenkinder, die keine Hauptschulempfehlung erhalten würden.

Die neue rot-grüne Regierung, die Mitte März gebildet wurde, übernahm entsprechend den Wahlaussagen der beiden nun regierenden Parteien diese Entscheidung. Seit Schuljahr 1989/90 werden zwei Kerngruppen mit je 20 Schülern an der Bröndby-Gesamtschule geführt, die jeweils zwei 'Gutachtenkinder' aufnehmen, wobei ein unteres Qualifikationsniveau nicht festgelegt ist. Die sonderpädagogischen zusätzlichen Mittel entsprechen denen der Uckermark-Schule (pro Gutachtenkind vier Lehrerstunden), außerdem wurden noch für den Freizeitbereich und für Fortbildung zusätzliche Mittel gewährt.

Die neue Regierung hat in ihrem Koalitionsprogramm (vgl. Senat von Berlin 1989) aber nicht nur die beiden integrativen Schulversuche an der Sophie-Scholl- und an der Bröndby-Gesamtschule übernommen. Vielmehr wurde beschlossen, für den gesamten Sekundarbereich einen landesweiten Schulversuch ab Schuljahr 1990/91 durchzuführen, der alle diejenigen Klassen und Schulen (einschließlich der Bröndy-Schule) koordinieren, betreuen und wissenschaftlich auswerten soll, in denen behinderte Kinder im Sinne der 'Gutachtendefinition' mit besonderer Unterstützung aufgenommen werden. Außerdem erhalten schon ab Schuljahr 1989/90 alle Lehrkräfte an integrativen Grund- und Sekundarschulen zwei Stunden Ermäßigung für nachgewiesene Fortbildung, wenn sie erstmals integrativ unterrichten. Ein integrationspädagogisches Fortbildungsprogramm wird ab September 1989 erstmals für Berlin systematisch angeboten.

Mit diesen neuen Bedingungen wurde für alle behinderten und schulleistungsschwachen Kinder, die die Möglichkeit einer integrativen Unterrichtung in der allgemeinen Grundschule hatten, die Perspektive der Fortsetzung der gemeinsamen Lernsituation in der Oberschule eröffnet. Die Einrichtung einer Wiss. Begleitung für den landesweiten Schulversuch im Sekundarbereich - der auf 4 Jahre begrenzt ist - sichert die systematische Auswertung der Erfahrungen. Ebenso wie im Grundschulbereich, in dem in Berlin im Schuljahr 1989/90 schon 23 Schulen mit 96 Klassen integrativ arbeiten, sichert nur die Ausdehnung der konkreten Erfahrungsmöglichkeiten eine breitere Grundlage für die Entwicklung fachlicher und didaktischer Materialien, für Lehrerfortbildungskonzepte im Oberschulbereich, für Erkenntnisse über soziale und psychische Prozesse unter integrativen Bedingungen im Jugendalter und über die erfolgreichen und weniger erfolgreichen Varianten im organisatorischen, finanziellen und personellen Bereich.

Wie bei den ersten Schulversuchen im Grundschulbereich geht es nicht darum, ob, sondern wie behinderte und/oder schulleistungsschwache Jugendliche zusammen mit anderen bis zum Ende der Schulpflichtzeit - und ggf. darüber hinaus - lernen können.

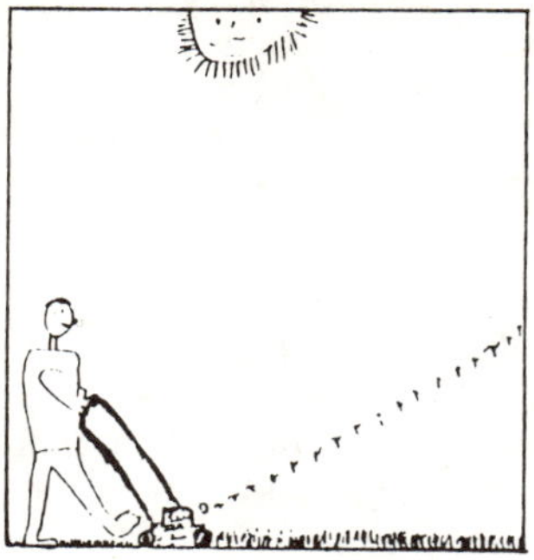

Roland radiert Rasen.

10 Aufgaben und Tätigkeiten der Sonderpädagoginnen und Sonderpädagogen

(Gitta Zielke)

10.1 Vorbemerkung

Die Uckermark-Grundschule verfügt über sechs Sonderpädagogenstellen sowie über eine Stelle für eine 'Vorklassenleiterin mit heilpädagogischer Zusatzausbildung'. Eine Sonderpädagogenstelle ist jeweils einem Jahrgang mit drei Klassen zugeordnet.

Die Einrichtung der Integrationsklassen erfolgte stufenweise und war erst zu Beginn des Schuljahres 1986/87 vollständig abgeschlossen. Deshalb waren auch erst zu diesem Zeitpunkt alle Sonderpädagogenstellen besetzt.

Am Ende des Schuljahres 1988/89 waren dies acht Sonderpädagogen (vier mit halber Stelle) mit folgenden Fachrichtungen:

* Lernbehinderten- und Verhaltensauffälligenpädagogik (5 Personen);
* Sprachbehinderten- und Lernbehindertenpädagogik (2 Personen);
* Sprachbehinderten- und Körperbehindertenpädagogik (1 Person);
* eine Erzieherin mit heilpädagogischer Zusatzausbildung für die Vorklassen.

Die Aufgaben und Tätigkeiten der Sonderpädagogen an der Uckermark-Schule wurden immer wieder, z.T. kontrovers, diskutiert, da von den Klassenlehrern, den Sonderpädagogen selbst, den Eltern und auch der Wissenschaftlichen Begleitung teilweise unterschiedliche Erwartungen bzw. Selbstdefinitionen formuliert wurden.

Übereinstimmung herrschte darüber, daß sich die Sonderpädagogen nicht nur für die 'Gutachtenkinder' jeder Jahrgangsstufe zuständig und verantwortlich fühlen sollten. Sie hatten zwar eine besondere Verantwortung für diese Kinder, waren aber darüber hinaus wie alle anderen Lehrer (Klassenlehrer, Kooperationslehrer, Fachlehrer) für bestimmte Aufgaben im Rahmen des integrativen Unterrichts zuständig.

Ihre spezifisch sonderpädagogischen Aufgaben sind entweder direkt in die Unterrichtstätigkeit innerhalb 'ihrer' Klassenstufe integriert oder stehen in unmittelbarem Zusammenhang dazu. Die integrationspädagogische Arbeit der Uckermark-Grundschule ist das Ergebnis der Zusammenarbeit innerhalb und außerhalb des Unterrichts *aller* Lehrerinnen und Lehrer, einschließlich der Sonderpädagogen.

Für die über die unterrichtliche Tätigkeit hinausgehenden sonderpädagogischen Aufgaben wurde ein Konzept entwickelt (vgl. Abb. 10-1), dessen wichtigste Bereiche im folgenden dargestellt werden (vgl. dazu auch ZIELKE 1988).

10.2 Zur Unterrichtstätigkeit der Sonderpädagogen

An der Uckermark-Grundschule unterrichten die Sonderpädagogen mit neun Stunden gemäß der Berliner Stundentafel für Grundschulen. Für die übrigen 15 Unterrichtsstunden im Rahmen ihrer Gesamtarbeitszeit kann die Klassenstufenkonferenz, d.h. die Gesamtheit der auf einer Jahrgangsstufe unterrichtenden Lehrer, entscheiden, auf welche Weise die konkreten sonderpädagogischen Aufgaben der Jahrgangsstufe innerhalb und außerhalb des Unterrichts bearbeitet werden sollen. Es gehört inzwischen zur generellen Praxis der Uckermark-Grundschule, daß die Lehrerinnen und Lehrer, die gemeinsam in den drei Klassen einer Jahrgangsstufe unterrichten, ihren Unterricht weitgehend selbständig im Rahmen der vorgegebenen Richtlinien organisieren und z.B. auch von vornherein an der Festlegung der Stundenplanung beteiligt sind.

Das Mitwirken des Sonderpädagogen am gemeinsamen Unterricht wird als Grundlage der Zusammenarbeit unter den Lehrern und als Voraussetzung für einen wirkungsvollen Kompetenztransfer angesehen.

Oft entspricht die *Unterrichtstätigkeit* der Sonderpädagogen der der Kooperationslehrer und Fachlehrer, d.h. sie haben eine unterstützende bzw. auf bestimmte Lernbereiche eingegrenzte Verantwortlichkeit. Nach dem Konzept der Schule werden sie Klassenlehrerfunktionen erst dann übernehmen können, wenn der Kompetenztransfer innerhalb des Kollegiums so weit fortgeschritten ist, daß auch die nicht sonderpädagogisch ausgebildeten Lehrer die erforderlichen und im folgenden erläuterten Aufgaben übernehmen können.

Abb. 10-1:

Aufgaben von Sonderpädagogen in Integrationsschulen

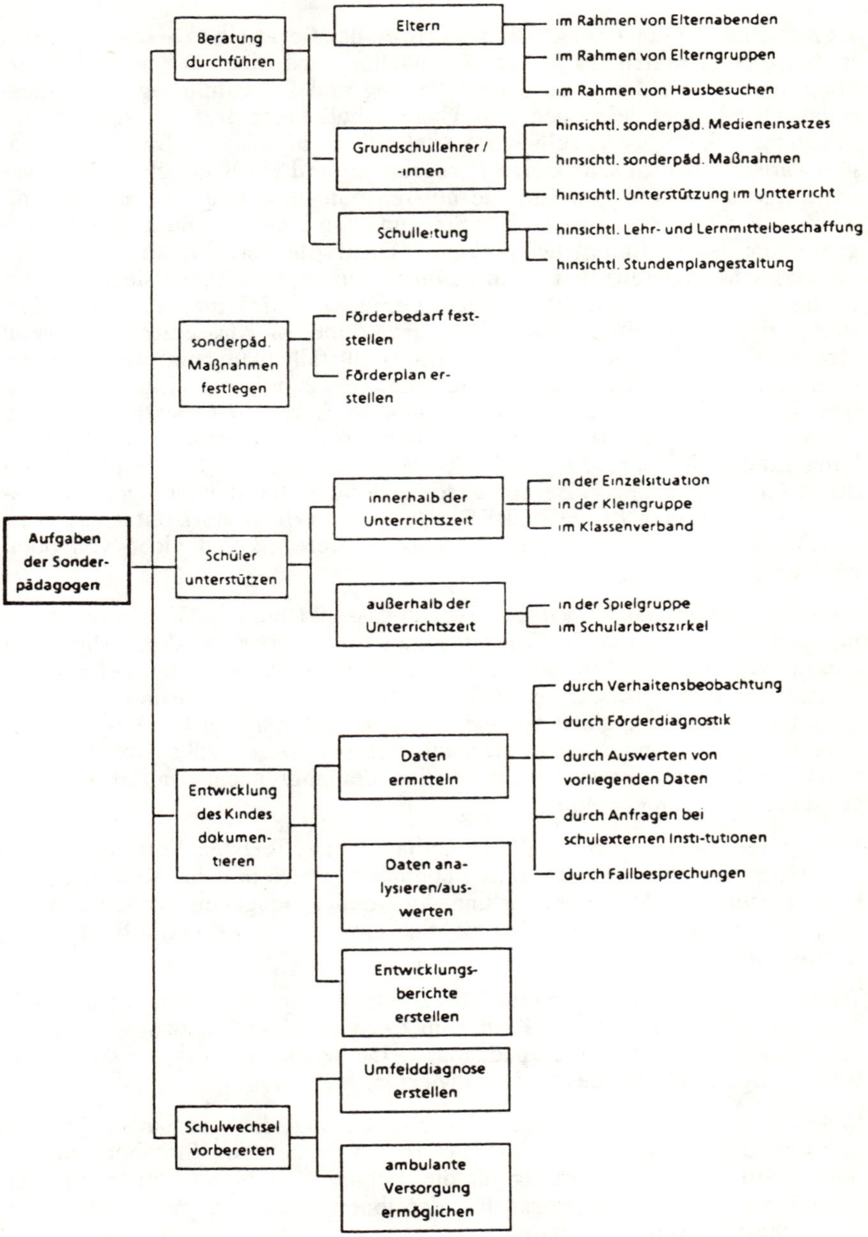

Quelle: ZIELKE 1988, S. 228.

10.3 Aufgabenbereich: Beratung durchführen

Es zeigte sich in der Praxis, daß der Prozeß der Beratung in Schulversuchen, in denen der Unterricht kooperativ praktiziert wird, einen hohen Stellenwert einnimmt. Durch die gemeinsame Planung und Durchführung des Unterrichts von Sonderpädagogen und Grundschullehrern treten Fachvertreter mit unterschiedlicher beruflicher Sozialisation aufeinander. Sonderpädagogen waren bisher an sehr kleine Lerngruppen und ein Klientel von z.T. wenig kritischen Eltern gewöhnt; sie müssen nun umlernen und sich u.a. auf größere Klassen mit einer breiten Streuung von Kindern und ihrem heterogenen familiären Hintergrund einlassen. Dazu sollen sie ihre sonderpädagogische Fachkompetenz den Grundschullehrern vermitteln, wo sie selbst erst im Bereich der Grundschulpädagogik Lernende sind. Umgekehrt verändert sich notwendigerweise die Rolle der traditionellen Klassenlehrerin, wenn eine Sonderpädagogin mit ihr den Unterricht teilt. Aufgrund dieser Gegebenheiten muß der Komplex der Beratung, der häufig einseitig den Aufgaben der Sonderpädagogen zugeschrieben wird, erneut reflektiert werden. Sinnvolle Beratung durch Sonderpädagogen sollte immer eine Wechselwirkung miteinschließen, d.h. zugleich eine Beratung der Sonderpädagogen durch Grundschullehrer. Beratung, so verstanden, hat demzufolge einen reflektiven Charakter (vgl. KLEBER 1983) und erfolgt horizontal zwischen gleichberechtigten Partnern als ein Austauschprozeß und nicht 'von oben nach unten'.

An dieser Stelle soll jedoch der Beratungsaspekt eher im Zusammenhang mit den Aufgaben der Sonderpädagogen beschrieben werden. Allgemein kann gesagt werden, daß eine reflektive, horizontale Beratung dadurch gekennzeichnet ist, daß spezifische Kompetenzen (Sonder-/Grundschulpädagogik) als einander ergänzende Aspekte einer integrativen Pädagogik, nicht aber als gegeneinander konkurrierende Kompetenzen gesehen werden, was zur Folge hat, daß sie sich nicht voneinander abgrenzen, sondern sich gegenseitig inhaltlich erweitern.

Wenn Sonderpädagogen auf der Grundlage der reflektiven Form der Beratung tätig sind, sollten die Grundschullehrer zugleich in ihren Kompetenzen bestätigt und der Mitverantwortung der Sonderpädagogen versichert werden, wodurch die Grundschullehrer eine gewisse Entlastung, z.B. in einer Konfliktsituation, erfahren.

Wenn die Sonderpädagogen eine Mitverantwortung übernehmen, u.a. durch ihre Unterstützung einzelner Kinder im Klassenverband, kann sich zwischen Grundschullehrer und Sonderpädagogen eine beidseitige Abhängigkeit ohne Entmündigungseffekte des einen entwickeln.

Indem Grundschullehrer zu verschiedenen sonderpädagogischen Fragen beraten werden, lernen sie langfristig über den Prozeß des 'Sich-beraten-lassens' selbst die Verantwortung für die 'behinderten' Kinder zu tragen. Es kann somit ein Kompetenztransfer, der ihnen Sicherheit im Gefühl ihrer Handlungsfähigkeit gibt, entstehen.

Kompetenztransfer vollzieht sich aber nicht eingleisig nur in der Richtung von Sonderpädagogen zu Grundschullehrern, sondern auch auf umgekehrtem Weg, indem die Sonderpädagogen beim Prozeß des Beratens vor Ort, durch ihre Mitwirkung am Unterrichtsgeschehen Wissen um die didaktisch-methodischen Prinzipien des Grundschulunterrichts erlangen.

Die Gesichtspunkte der reflektiven Beratung sind selbstverständlich bei allen Beratungsgesprächen, so auch bei Elterngesprächen, zu berücksichtigen, wobei Eltern, insbesondere Eltern ausländischer Kinder und Arbeitereltern häufig unter Informationsmängeln leiden und nach unserer Erfahrung für Beratung, auch in Erziehungsfragen, ausgesprochen dankbar sind.

Das Aufgabenfeld "Beratung durchführen" gegenüber Eltern wurde von den Sonderpädagogen kooperativ mit den Klassenlehrern meist im Rahmen von Elternabenden, Elterngesprächen und Hausbesuchen wahrgenommen.

Die Sonderpädagoginnen und Sonderpädagogen wurden insgesamt von den Eltern akzeptiert. Ihre Arbeit wurde positiv gewertet. In zwei Fällen lehnten es Eltern zu Schulbeginn ab, sich mit einer Sonderpädagogin zu unterhalten, weil ihr Kind nicht behindert sei. Gerade diese Kinder hatten erhebliche Entwicklungsverzögerungen und Defizite im Sozial- und Leistungsverhalten, so daß sie ohne diesen Schulversuch eine Sonderschule für Lernbehinderte hätten besuchen müssen. Erst nach zahlreichen Gesprächen, auch mit der Wiss. Begleitung, haben diese Eltern die Problematik ihrer Kinder klarer erkannt und akzeptierten danach die unterstützende Arbeit der Sonderpädagogin in der Klasse.

Elterngruppen, die mit Unterstützung eines Sonderpädagogen über Erziehungsfragen sprechen, bildeten sich nicht, obwohl nach unserer Auffassung dies wünschenswert gewesen wäre. Vielleicht läßt sich das Nichtzustandekommen zum einen durch die zeitliche Belastung, zum anderen durch die dafür unzureichende Ausbildung der Sonderpädagogen erklären.

Während die Beratung der Schulleitung durch Sonderpädagogen eher organisatorische und technische Detailfragen umfaßte und deshalb ohne Schwierigkeiten stattfand, war die Beratung der Grundschullehrer/innen aus den oben aufgeführten Gründen nicht immer so reibungslos. Ein Problem war sicher die fehlende Kompetenz, reflexive Beratungsgespräche führen zu können, und zwar sowohl von seiten der Sonderpädagogen als auch von seiten der Grundschullehrer.

Drei Sonderpädagogen wechselten im Laufe des Schulversuchs die von ihnen zu betreuenden Klassen (wobei eine Sonderpädagogin die Schule verließ), weil eine effektive Kooperation trotz zahlreicher Beratungsgespräche durch Schulleitung und Wiss. Begleitung nicht mehr möglich war. In allen drei Fällen lagen die Ursachen für die mißlungene Kooperation im zwischenmenschlichen Bereich, also auf der 'Beziehungsebene', und waren nur teilweise mitbedingt durch unterschiedliche pädagogische Vorstellungen (vgl. auch FITTKAU u.a. 1977, KREIE 1985).

Ein Beispiel soll die Problematik verdeutlichen: Frau X, Berufsanfängerin nach dem Studium der Sonderpädagogik (Schwerpunkt Lern- und Verhaltensauffälligenpädagogik), erhielt an der Uckermark-Schule ihre erste feste Stelle. Da die Zahl der Sonderpädagogen mit jedem weiteren Schulversuchs-Jahr aufgestockt wurde und eine Erzieherin mit heilpädagogischer Zusatzausbildung noch fehlte, wurde Frau X aus organisatorischen Gründen zur Unterstützung der Arbeit den Vorklassen zugeteilt. Hier kam es zu keinen nennenswerten Konflikten, da die Vorklassenleiterinnen die Fachkompetenz von Frau X nicht in Frage stellten.

Zu Beginn des folgenden Schuljahres übernahmen drei Grundschullehrerinnen mit langjähriger, bis zu 35jähriger, Berufserfahrung die drei ersten Klassen, und Frau X die sonderpädagogische Unterstützung dieser Klassen. Im Laufe des Jahres eskalierten die Konflikte zwischen der Sonderpädagogin und den Klassenlehrerinnen derart, daß Frau X die Schule wechselte. Nachträglich zeigte sich, daß sie als nicht integrationspädagogisch ausgebildete Berufsanfängerin mit den vielfältigen Aufgaben einer Sonderpädagogin an der Grundschule, insbesondere den Beratungsaufgaben, überfordert war - was wohl generell der Fall sein wird.

Erschwerend kam ferner hinzu, daß eine besondere Fachkompetenz in der Lern- und Verhaltensauffälligenpädagogik von Grundschullehrern zu recht hinterfragt wird, weil Spezialwissen und -fähigkeit in diesen Bereichen nur schwer zu definieren sind.

Einerseits wurde der Berufsanfängerin zu wenig Zeit zur eigenen Entwicklung gelassen; andererseits fehlte die Bereitschaft der Klassenlehrerinnen, ihr Theoriewissen zu akzeptieren. Darüber hinaus war die Sonderpädagogin noch nicht in der Lage, Praxiserfahrungen gelten zu lassen und dialogische Situationen auf der Basis der reflektiven Beratung herzustellen.

Wie die Praxis zeigte, kann sich eine gestörte Kooperation auf alle weiteren Tätigkeiten von Lehrern auswirken. Um das zu vermeiden, fanden immer wieder Gesprächsrunden mit der Wiss. Begleitung statt in der Absicht, Konflikten vorzubeugen bzw. sie zu bearbeiten; das ist in zahlreichen Fällen auch gelungen.

Nach sechs Jahren Schulversuch haben die Lehrerinnen und Lehrer im allgemeinen gelernt, Teams zu bilden, die miteinander auch die üblichen Alltagsprobleme bearbeiten können. Wahrscheinlich war die Phase der Auseinandersetzung und Abgrenzung notwendig, um zu wissen, mit welchen Menschen eine Kooperation gut möglich, mit welchen sie erschwert ist. Von der Schulleitung werden deshalb Wünsche bei der Teamzusammensetzung so weit es geht berücksichtigt.

10.4 Aufgabenbereich: sonderpädagogische Maßnahmen festlegen

Bei den Aufnahmegutachten vor Beginn der Einschulung wird der Förderbedarf für das einzelne Kind von der Wiss. Begleitung und dem Schulpsychologischen Dienst festgestellt (vgl. Kap. 5). Aufgrund dieser Empfehlung erstellen die Sonderpädagogen in Zusammenarbeit mit den Klassenlehrern nach einer Beobachtungszeit, die ca. sechs Wochen beträgt, einen Förderplan für jedes Gutachtenkind. In diesem Förderplan wird der Umfang und der Inhalt der Fördermaßnahmen beschrieben. Diese Fördermaßnahmen werden kontinuierlich, u.a. im Rahmen von Fallbesprechungen, überprüft und ggf. ergänzt.

Förderpläne sollten, je nach Bedarf des Kindes, zwei bis vier mal im Schuljahr erstellt bzw. modifiziert werden. Durch sie soll die Förderpraxis auf eine diskussionsfähige Grundlage gestellt werden. Sie dienen zugleich als Ausgangsbasis für die Entwicklungsberichte, die jedes Jahr zum Schuljahresende erarbeitet werden (vgl. Kap. 5). Die jährlichen Entwicklungsberichte enden wiederum mit einer konkreten Empfehlung für die Förderung im kommenden Schuljahr.

10.5 Aufgabenbereich: Schülerinnen und Schüler unterstützen

Die spezielle sonderpädagogische Unterstützung der Schüler erfolgt jeweils nach Absprache mit den Klassenlehrern auf der Grundlage der Förderpläne meist innerhalb der Unterrichtszeit. Je nach Art des Förderbedarfs wird das betreffende Kind zunächst in der Einzelsituation, in einer Kleingruppe oder im Klassenverband unterstützt. Angestrebtes Ziel ist es, daß auch diese Schüler so wie alle anderen im Rahmen des allgemeinen, binnendifferenzierenden Unterrichts innerhalb des Klassenverbandes gefördert werden. Dennoch war es in Einzelfällen nötig, z.B. bei einem Kind mit erheblichen emotionalen und sozialen Defiziten, in der Einzelsituation erst einmal einen Bezug zu dem Kind aufzubauen. Das erfolgte meist in Anlehnung an Grundsätze der klientenzentrierten Spieltherapie oder der Verhaltensmodifikation. Für Rückzugsmöglichkeiten stand pro Jahrgang ein Gruppenraum zur Verfügung.

Kleingruppenförderung ist bei der Erarbeitung spezieller Lernprogramme erforderlich, wenn es sich um Kinder handelt, die extrem reizempflindlich sind und durch die Großgruppe in ihrer Aufnahmekapazität zur Zeit noch eingeschränkt werden.

Der Hauptteil der sonderpädagogischen Förderung findet, wie eingangs dargestellt, von vornherein im Klassenverband statt, um allen Kindern weitestgehend ein Lernen im sozialen Kontext zu ermöglichen. Auch hier wird je nach den Erfordernissen differenziert. Speziell zu fördernde Kinder arbeiten mit anderen an einem Gruppentisch oder in der Leseecke, oder sie bearbeiten ein individuelles Lernprogramm in den Stunden der 'freien Arbeit' (oder der 'Wochenplanarbeit') wie alle anderen Kinder. Die Sonderpädagogen haben dann eher eine helfende Funktion, kooperativ mit den Klassenlehrern, wenn Kinder Unterstützung brauchen.

Alle Sonderpädagogen unterrichten für einige Stunden auch die ganze Klasse. Das Interesse daran, für den Unterricht in einem bestimmten Lernbereich voll verantwortlich zu sein, ist bei den Sonderpädagogen unterschiedlich stark ausgeprägt. Ihre eigenen Wünsche reichen von der Vorstellung, am liebsten Klassenlehrer/in zu sein, bis zur Vorstellung, ausschließlich für die spezielle Förderung einzelner Kinder arbeiten zu wollen.

Eine zusätzliche Förderung außerhalb der Unterrichtszeit erfolgte seltener. Es gab jedoch seit dem 3. Schulversuchs-Jahr einige wenige Spielgruppen, eine davon sogar für die Dauer von drei Jahren; dabei wurde darauf geachtet, eine Häufung von 'Problemschülern' in den Spielgruppen zu vermeiden. Von Lehrern und Schülern wurden diese Spielgruppen positiv bewertet. Auch eine Kochgruppe, für Jungen der 6. Klasse, fand große Zustimmung.

Derartige Angebote müßten unseres Erachtens ausgeweitet werden. Erstrebenswert wäre, daß jeder Sonderpädagoge zumindest eine außerunterrichtliche sonderpädagogische Aktivität für die Kinder eines Jahrganges anbietet. Probleme bei der Durchführung solcher Vorhaben ergeben sich aus Zeitgründen, da dann die Sonderpädagogen zwei bis vier Stunden weniger innerhalb der Unterrichtszeit zur Verfügung stehen würden.

Aus allen Integrationsschulversuchen wird berichtet, daß für bestimmte Kinder der außerunterrichtliche Aufbau sozialer Beziehungen eine basale Voraussetzung für die Überwindung von Lernblockaden darstellt. Dies müßte verstärkt in der innerschulischen Fortbildung deutlich gemacht werden.

10.6 Aufgabenbereich: Entwicklung des Kindes dokumentieren

Zum Schuljahresende fertigen die Sonderpädagogen Entwicklungsberichte für die Kinder an, die einer besonderen pädagogischen Unterstützung bedurften (vgl. Kap. 5). Die Aussagen der Entwicklungsberichte beruhen auf:

* Verhaltensbeobachtungen im Unterricht, in den Pausen, in der Familie, im Hort usw.;
* förderdiagnostischen Verfahrensweisen: Durchführung von Tests und Untertests im Bereich der Psychomotorik, der visuellen Wahrnehmung, der Merkfähigkeit, des Mengenverständnisses u.a.m.;
* Auswertungen vorliegender medizinischer und psychologischer Gutachten;
* Kontakten und Gesprächen mit verschiedenen Institutionen: Sonderschulen, Schulpsychologischer Beratungsstelle, Kinder- und Jugendpsychiatrischem Dienst, Familien- und Behindertenfürsorge, den Erzie-

hungsberatungsstellen, den Schulärzten und Kinderärzten, Psychologen, Therapeuten und Horterziehern...;

* Fallbesprechungen mit und ohne Eltern des betroffenen Kindes.

Die so gewonnenen Daten müssen in einem zweiten Schritt analysiert und ausgewertet werden, um auf dieser Grundlage ggf. für die Dauer des Schulversuchs in Zusammenarbeit mit der Wiss. Begleitung die Entwicklungsberichte anfertigen zu können, die dann mit den Klassenlehrern im Entwurf diskutiert und evt. ergänzt werden. Die Entwicklungsberichte enden jeweils mit konkreten Empfehlungen hinsichtlich des Förderbedarfs und der Fördermaßnahmen für das kommende Schuljahr. Diese Empfehlungen wiederum bilden die Ausgangsbasis für die Erstellung weiterer Förderpläne.

10.7 Aufgabenbereich: Schulwechsel vorbereiten

Der Sonderpädagoge des 6. Jahrgangs bereitet gemeinsam mit den Klassenlehrern dieser Stufe den Übergang auf die Sekundarstufe I vor (vgl. dazu Kap. 9), vor allem für diejenigen Schülerinnen und Schüler, die voraussichtlich auch in der Oberschule eine zusätzliche (sonder)pädagogische Unterstützung brauchen. Dazu ist es nötig, Kontakte zu den Sekundarschulen aufzunehmen und Gespräche mit der Schulleitung und den evt. künftigen Klassenlehrern zu führen, um auf den individuellen Lern- und Entwicklungsstand der betroffenen Kinder hinzuweisen.

Ferner müssen die Eltern beraten werden, welche Schule für ihr Kind am geeignetsten sein könnte und in welcher sozialen Gruppe ihr Kind in die Sekundarstufe I wechseln sollte; gewachsene Bindungen sollen bei der Entscheidung so weit wie möglich berücksichtigt werden.

Die Sonderpädagogen sind an der Formulierung des prognostizierten Förderbedarfs mitbeteiligt (vgl. Kap. 9).

Schulwechsel wird jedoch nicht nur für Schüler aus den 6. Klassen vorbereitet. Insgesamt wechselten acht 'Gutachtenkinder' in ihrer Grundschulzeit die Schule aus unterschiedlichsten Gründen wie Umzug, Heimeinweisung usw. (vgl. Kap. 5).

Nach dem Schulwechsel fand zumindest anfangs ein regelmäßiger Informationsaustausch zwischen aufnehmender und abgebender Schule statt. Bei auftretenden Schwierigkeiten nahm der ehemalige Sonderpädagoge Kontakt zu den Eltern und Lehrern der Schule auf.

10.8 Empfehlungen

Wie eingangs erörtert, wurde die Rolle und der Einsatz der Sonderpädagogen und Sonderpädagoginnen an der Uckermark-Grundschule ständig reflektiert. Insgesamt wurde festgestellt, daß die Sicherung der Wahrnehmung sonderpädagogischer Aufgaben, wie sie oben beschrieben wurde, nur kooperativ von Grundschullehrern und Sonderpädagogen bewältigt werden können. Beide gemeinsam müssen nach Lösungen für die gegebenen und entstehenden Probleme suchen und klären, wer für welche Aufgaben konkret verantwortlich ist. Insgesamt hat sich das von der Uckermark-Grundschule erprobte Modell - ein Sonderpädagoge zusätzlich zu drei Klassen einer Jahrgangsstufe - bewährt. Sofern diese Struktur übernommen wird, empfehlen wir aus unseren sechsjährigen Erfahrungen im Schulversuch folgende Grundsätze für die Organisation der künftigen Tätigkeiten der Sonderpädagogen in integrativen Klassen:

1. Die Sonderpädagogen sind jeweils gemeinsam mit allen in einer Klasse unterrichtenden Lehrern für die Verwirklichung eines integrativen Unterrichts verantwortlich, eines Unterrichts, in dem Kinder mit unterschiedlichen Lernmöglichkeiten und Förderbedürfnissen gut zusammen lernen können.

2. Die Vorklassenleiterin mit heilpädagogischer Zusatzausbildung ist den Vorklassen, die übrigen Sonderpädagogen sind jeweils den (drei) Klassen eines Jahrganges zugeordnet. Diese Klassen sollen von ihnen möglichst *langfristig* betreut werden. Wird dennoch ein Wechsel erforderlich, muß die Kontinuität der sonderpädagogischen Förderung und Unterstützung gewährleistet bleiben.

3. Die Sonderpädagogen sind dafür *verantwortlich*, daß die verabredete Förderung auch tatsächlich *realisiert* wird; nach ihrem Vorschlag entscheidet die Klassenkonferenz, wer diese Förderung am sinnvollsten übernimmt.

4. Die Sonderpädagogen erarbeiten in Absprache mit den Klassenlehrern mindestens zweimal jährlich individuelle *Förderpläne* für alle Kinder mit einem sonderpädagogischen Förderbedarf. Die Fördermaßnahmen sind kontinuierlich den aktuellen Lernbedingungen anzupassen. Die Förderpläne müssen ggf. von den Sonderpädagogen modifiziert werden.

5. Die Sonderpädagogen fertigen zum Ende jeden Schuljahres *Entwicklungsberichte* für jene Kinder an, die sonderpädagogisch gefördert wurden.

6. Sonderpädagogen sollten nur in dem Umfang zur *Vertretung* auf ihrer Jahrgangsstufe herangezogen werden, in dem die erforderliche sonderpädagogische Förderung und Unterstützung gesichert bleibt.

7. Alle Sonderpädagogen sollten in ihrer Klassenstufe im Rahmen ihrer Pflichtstunden zumindest ein *außerunterrichtliches Förderangebot* (z.B. Spiel- oder Elterngruppe) machen.

8. Alle Sonderpädagogen sollten nach Festlegung auf der Gesamtkonferenz für ein spezielles sonderpädagogisches Fachgebiet den Lehrern *aller Klassenstufen* unterstützend zur Verfügung stehen. Solche Fachgebiete könnten u.a. sein:

* Auffälligkeiten bei der Sprachentwicklung;
* Auffälligkeiten in der Motorik;
* Auffälligkeiten im Verhalten;
* Auffälligkeiten bei der Aneignung der Schriftsprache;

* Auffälligkeiten beim Aufbau mathematischer Strukturen.

Für diese Aufgabe sollen je nach Bedarf ein bis vier Wochenstunden aufgewendet werden.

Darüber hinaus soll auch an dieser Stelle darauf hingewiesen werden, daß sich die Lehrerbildung in der Weise ändern muß, daß integrationspädagogische Grundlagen zum Studium bei allen Lehrämtern gehören und sonderpädagogische Fachrichtungen im Rahmen der allgemeinen Lehrerbildung neben anderen Fächern studiert werden können (vgl. dazu HEYER/ MEIER 1988, HEYER 1989).

Kk Katze Kerstin kratzt krumme Kanten.

11 Veränderungen in der Rolle der Grundschullehrer/innen

(Peter Heyer)

Ganz unabhängig von den Zielsetzungen der gemeinsamen Erziehung verlangen die Grundschulaufgaben heute vom Grundschullehrer nicht nur, daß er sich mit neuen Inhalten auseinandersetzt und den Kindern zu konkreten Handlungserfahrungen als Grundlage ihres Lernens verhilft, sondern daß er zugleich in stärkerem Maße als bisher Erziehungsaufgaben übernimmt (vgl. Kap. 6.1). Es gilt heute, die Kinder ganzheitlich in ihrer Entwicklung zu fördern und dabei auch Aufgaben mitzuübernehmen, die früher in der Schule keinen Platz beanspruchten (vgl. BECK 1989). Mit den sich ändernden Aufgaben der Grundschule verändert sich für alle zugleich die Lehrerrolle.

11.1 Zusätzliche Aufgaben und Tätigkeiten integrativ arbeitender Grundschullehrer

Selbstverständlich haben Grundschullehrer an Integrationsschulen die gleichen Arbeiten zu leisten wie an allen anderen Grundschulen auch. Zusätzlich ergeben sich als Konsequenz aus den Zielsetzungen der gemeinsamen Unterrichtung weitere Aufgaben und Tätigkeiten; sie bestimmen das Arbeitsfeld der Lehrer in unterschiedlichem Ausmaß, je nachdem, ob sie als Klassenlehrer, Kooperationslehrer[1] oder Fachlehrer tätig sind:

1 Kooperationslehrer sind Lehrer, die allen Berliner Grundschulen für 'Teilungsstunden' zur Verfügung stehen. Sie werden an der Uckermark-Schule - im Gegensatz zu anderen Grundschulen - nicht zur Teilung der Klasse, sondern ausschließlich für einen kooperativen Unterricht verwendet.

* Kontinuierliche Zusammenarbeit der Klassen-, Kooperations- und Fachlehrer sowie der Sonderpädagogen, die in einer Klasse bzw. auf der gemeinsamen Jahrgangsstufe unterrichten (Unterrichtsplanung, Besprechung von Grundsatzfragen, Austausch von Erfahrungen aufgrund unterschiedlicher Fachkompetenz, Bearbeitung aktueller Konflikte).

* Zusammenarbeit von zwei Lehrern innerhalb des Unterrichts.

* Zusammenarbeit mit verschiedenen öffentlichen und privaten Ämtern und Einrichtungen (z.B. mit dem Schulpsychologischen Dienst, der Behindertenfürsorge, mit den Kindertagesstätten und anderen vorschulischen Einrichtungen im Schulbezirk, mit speziellen Beratungsstellen).

* Realisierung eines binnendifferenzierenden Unterrichts, in dem die individuellen Lernvoraussetzungen jedes Kindes beim Lernen Berücksichtigung finden sollen; Auseinandersetzung mit sonderpädagogischen Fragestellungen und Hilfen; Bereitstellung bzw. auch Eigenentwicklung entsprechender Lernmittel.

* Durchführung kontinuierlicher individueller Lernprozeßbeobachtungen sowie Mitwirkung an den erforderlichen förderdiagnostischen Maßnahmen.

* Anfertigung von Zeugnissen in der Form ausführlicher Berichte über die individuelle Lernentwicklung jedes einzelnen Kindes mit gleichzeitigem Bezug zu den Anforderungen der Lehrpläne (vgl. Kap. 6.8).

Einige der zusätzlichen Aufgaben mögen auch an anderen Schulen hin und wieder von Grundschullehrern wahrgenommen werden; bei integrativer Pädagogik gehören sie jedoch zum *notwendigen* Tätigkeitsfeld der Lehrerinnen und Lehrer.

Wenn es zur zentralen Aufgabe des Grundschullehrers wird, jedes Kind im Rahmen gemeinsamer sozialer Beziehungen so in seiner Entwicklung zu unterstützen, daß dabei seine individuellen Bedingungen berücksichtigt werden und es zunehmend lernt, selbständig und selbstverantwortlich den eigenen Lernweg zu gehen, dann verlangt diese Aufgabe nicht nur ein Mehr an Wissensvermittlung, sondern im Grunde auch *eine andere Art Lehrer*. Gebraucht wird dann nicht mehr der Lehrer, der im Mittelpunkt des Lerngeschehens steht, der alles lenkt, organisiert, bestimmt, alles 'unter Kontrolle hat', der immer weiß, 'wo es lang geht', sondern der Lehrer, der die Entwicklung des Kindes behutsam begleitet und unterstützt, der eher am Rande steht, zusieht, beobachtet, das Kind wahrnimmt, so wie es ist, mit dem, was es jetzt kann und will und der mit dem Kind gemeinsam herausfindet, was es jetzt lernen wird. Gebraucht wird dann der Lehrer, der sich immer der Tatsache bewußt bleibt, *daß das Lernen des Kindes die Sache des Kindes selbst ist und bleiben muß, nicht die des Lehrers*, bei aller Verantwortung, die er auch weiterhin für eine gute Unterstützung der Lernentwicklung des Kindes trägt. Gebraucht sind dann Lehrerinnen und Lehrer, die sich ihrer neuen Rolle bewußt sind, denen es also darum geht, das Lernen der Kinder zu ermöglichen, auch zu provozieren, zu schützen, wenn nötig Kurskorrekturen vorzunehmen und Blockierungen, 'Sand im Getriebe', zu beseitigen.

Diese neue Lehrerrolle verstanden und akzeptiert zu haben, ist eine Sache, die Konsequenzen daraus im Schulalltag zu ziehen, eine andere. Am schwersten fiel es manchen Lehrerinnen und Lehrern, auf die tradierte Mittelpunktsrolle zu verzichten und das überhöhte Kontrollbedürfnis auf das absolut Notwendige zu beschränken. Das bedeutete für manche zugleich, ein Stück weit auf eine Art Mutter- bzw. Vaterrolle zu verzichten zugunsten größerer Gleichwertigkeit mit anderen Lehrern, die gleichzeitig emotionale Erwartungen und Einschätzungen in einer Lerngruppe einbringen. Schwierig schien es aber auch, es hinzunehmen und zweckmäßige Folgerungen daraus zu ziehen, *daß heutzutage auch schon Schulkinder nur das lernen, was sie selbst lernen wollen, und daß nicht alle Menschen alles in gleicher Weise lernen können*.

11.2 Kooperation macht die Arbeit der Lehrer öffentlich

Integration verlangt Kooperation der Lehrer (vgl. Kap. 6.1 sowie KREIE 1985). Zu kooperieren haben Lehrer in aller Regel nicht gelernt; es verändert die traditionelle Lehrerrolle entscheidend.

Im Vergleich zu anderen akademischen Berufen, z.B. Ärzten, Architekten oder Rechtsanwälten, ist die berufliche Autonomie der Lehrer eingeengt. Lehrer sind durch staatliche Direktiven auf vielfältige Weise in der Freiheit eines selbstverantwortlichen beruflichen Handelns eingeschränkt. Ihre wissenschaftliche und pädagogische Berufskompetenz wird bei Entscheidungen zur Lösung konkreter wie allgemeiner pädagogischer Probleme wenig in Anspruch genommen. Einen 'Eid des Pestalozzi', der Lehrer ähnlich den Ärzten grundsätzlich in die selbstverantwortliche Pflicht nimmt, hat es nie gegeben. Die (scheinbare) Autonomie des Lehrers beginnt in den vier Wänden seines Klassenraums gegenüber 'seinen' Schülern. Hier kann er bestimmen und muß sein Handeln kaum rechtfertigen. Weil nach wie vor gilt: 'Erfolgreiche Lehrer haben keine Probleme', dringt nur wenig von dem, was im Klassenraum geschieht, nach außen. Das mag sich im Demokratisierungsprozeß unserer Gesellschaft schon hier und da verändert haben: Eltern versuchen Einfluß zu gewinnen; Gerichte beschäftigen sich mit pädagogischen Entscheidungen. Die Grundstruktur der traditionellen Lehrerrolle - *außerhalb der eigenen Klasse keine Entscheidungsbefugnis, innerhalb der Klasse fast entscheidungsautonom* - besteht nach wie vor unverändert.

Die neuen Aufgaben und Bedingungen im integrativen Unterricht der Uckermark-Grundschule trafen mit ihren pädagogischen Konsequenzen deshalb auf einen empfindlichen Nerv. Die Grundschullehrerinnen und -lehrer der Schule mußten - oder durften - auf diese ihre traditionelle Autonomie als Klassenlehrer weitgehend verzichten. Die Klassenlehrer hatten mit Kooperationslehrern zusammenzuarbeiten, mit Sonderpädagogen, mit den Mitgliedern der Wissenschaftlichen Begleitung, mit Schulpsychologen und mit Eltern. Ihre pädagogische Arbeit wurde um ein Vielfaches öffentlicher; sie wurde nun von den Kollegen, von Eltern, von außerschulischen Besuchern und der Wiss. Begleitung wahrgenommen, nicht nur von den Schülern. Die Lehrer standen im Gegensatz zu früher verstärkt und dauerhaft unter Rechtfertigungsdruck. Sie mußten immer wieder begründen, warum sie etwas taten oder nicht taten, für richtig oder falsch hielten.

Das hatte zunächst zur Folge, daß sich manche Lehrerinnen und Lehrer überfordert fühlten. Sie standen vor neuen Aufgaben, für die sie neue Lösungen finden mußten, und mußten erst lernen, Verantwortung abzugeben. Sie hatten zuweilen das Gefühl, Fehler zu machen - 'der erfolgreiche Lehrer macht keine Fehler' -, und dabei auch noch von allen Seiten gesehen zu werden. Außerdem fiel es vielen Lehrern schwer, Ratschläge von Kollegen anzunehmen. 'Der gestandene Lehrer braucht keine Hilfe, schließlich unterrichtet er seit vielen Jahren und versteht sein Fach.' Grundschullehrerinnen und Grundschullehrer in Integrationsklassen sind aber immer wieder auf die Unterstützung von Sonderpädagogen angewiesen und diese wiederum im Zusammenhang mit den ungewohnten Grundschulaufgaben auf die Hilfe eines Grundschulkollegen. Diese gegenseitige Beratung war recht störanfällig und mußte behutsam gelernt werden.

Kooperationslehrer und Sonderpädagogen mußten mit ihrer neuen Rolle einer eher unterstützenden pädagogischen Tätigkeit zurechtkommen. Sie erlebten diese Tätigkeit zuweilen als unbefriedigend im Vergleich zur Klassenlehrerfunktion. Andererseits wurde Kooperation von Anfang an auch *als Hilfe erlebt*, als Gefühl, in problematischen Situationen nicht allein gelassen zu werden.

In der Phase des Einübens in zweckmäßige Formen beruflicher Kooperation verlief die Kommunikation oft relativ unrationell. Als eine Art Absicherungskommunikation fanden eine Vielzahl von Gesprächen auf unterschiedlichen formellen und informellen Ebenen statt. Projektgruppensitzungen und Gesamtkonferenzen, Klassenstufenbesprechungen und Klassenkonferenzen, Fallbesprechungen und Gesprächskreise mit der Wiss. Begleitung, informelle Gesprächskreise unter Kollegen und gemeinsam mit Eltern: Die gleichen Fragen wurden immer wieder neu in wechselnden Gruppierungen besprochen. Häufige Termine führten gelegentlich zu einer objektiven zeitlichen Überforderung. Dabei hat das Kollegium allmählich eine zweckmäßige berufsbezogene Kommunikation aufgebaut. Die Klassenlehrer haben gelernt, Aufgaben abzugeben und auch für einzelne Stunden einen Rollenwechsel mit dem Kooperationslehrer oder dem Sonderpädagogen vorzunehmen, um das Unterrichtsgeschehen aus anderer Perspektive wahrnehmen zu können. Schon jetzt ist es darüber hinaus so, daß in aller Regel beim Klassenlehrerwechsel derjenige das Ordinariat übernimmt, der zuvor in der Klasse als 'Kooperationslehrer' tätig war. In der Schule wird diskutiert, ob ein vergleichbarer Rollenwechsel nicht auch zwischen Klassenlehrer und Sonderpädagogen möglich ist und unter welchen Voraussetzungen.

Das Kollegium der Uckermark-Grundschule ist auf dem Weg zu einem neuen Rollenverständnis. Viele haben bereits ein berufliches Rollenbild des Lehrers entwickelt, zu dem gehört, daß nicht nur die Kinder so akzeptiert werden, wie sie sind, sondern auch die Kolleginnen und Kollegen, mit allen Stärken, Schwächen und Problemen, zu deren Bearbeitung die gegenseitige Unterstützung hilfreich sein kann.

12 Die Eltern innerhalb der integrativen Schule

(Ulf Preuss-Lausitz)

12.1 Elternbeteiligung bei der Entstehung des Schulversuchs

Im Gegensatz zu zahlreichen anderen Schulversuchen zur Integration entstand der Schulversuch an der Uckermark-Grundschule nicht durch Elterninitiative, sondern durch Lehrer, Kommunalpolitiker und Wissenschaftler (vgl. Kap. 3). Dabei war die aktiv unterstützende Rolle der in die Schulkonferenz gewählten Eltern, der Gesamtelternvertretung - insbesondere ihres Vorsitzenden - und des Bezirkselternausschusses sehr wichtig. Diese begleitend-unterstützende Haltung der Elternvertretung in den schulischen und bezirklichen Gremien wurde auch später bei der Lösung konkreter Probleme immer wieder sichtbar.

Alle Eltern hatten bei der Anmeldung ihres Kindes schriftlich ihre Zustimmung zu der Teilnahme am Schulversuch zu bestätigen; trotzdem wurden anfangs auch Bedenken innerhalb der Elternschaft geäußert. So wurde vor und während des ersten Integrations-Jahrganges bei Informationsveranstaltungen der Schule von manchen Eltern die Sorge geäußert, das Leistungsniveau könne absinken. (Die Frage: Lernt mein Kind genug? wird ja in jeder Grundschule von vielen Eltern gestellt.) Auch wurde der Befürchtung Ausdruck gegeben, die Schule werde nun zu einer Art Sonderschule. Schließlich gab es im ersten Jahr mehrfach Gespräche mit besorgten Eltern, die nicht sicher waren, wie sie mit behinderten Kindern umgehen sollten, falls diese von ihren eigenen Kindern mit nach Hause gebracht würden.

Diese Bedenken verloren sich rasch. Es gab auf späteren Elternversammlungen und Informationsveranstaltungen keine grundsätzlichen Einwände mehr. Skeptische Fragen wurden zumeist von anderen Eltern beantwortet, die durch und mit ihrem eigenen Kind schon positive Erfahrungen gemacht hatten. Die generelle Zustimmung - nicht nur der Eltern in Gremien - nahm zu. Dies wird nicht nur durch die Stellungnahme der Gesamtelternvertretung nach fünf Jahren Schulversuch deutlich, sondern auch durch die gesteigerte Eigenaktivität innerhalb der Schule und durch die Ergebnisse einer repräsentativen Elternbefragung. Darüber berichten wir im folgenden.

12.2 Bereiche der Mitwirkung von Eltern innerhalb und außerhalb des Unterrichts

Nach mehrjähriger Praxis hat sich herausgestellt, daß Elternmitarbeit innerhalb des Unterrichts sich vor allem auf drei Bereiche konzentrierte:

* als ‘Leseeltern’ (genauer: als ‘Lesemütter’),
* in Sonnabendprojekten,
* bei ‘besonderen Anlässen’ wie Fahrten nach Ost-Berlin, an die Havel oder ins Landschulheim, aber auch bei bestimmten ‘personalintensiven’ Unterrichtsprojekten.

In nahezu jeder Klasse gibt es eine *Leseecke*, mit Sofa oder Sitzkissen, mit Büchern und selbst erstellten Freien Texten aus der Freinet-Arbeit. Kinder machten immer gern von der Möglichkeit Gebrauch, vor und nach dem ‘Morgenkreis’ zu lesen oder sich vorlesen zu lassen. *Leseeltern* hörten zu oder lasen vor. Auf diese Weise konnten nicht nur atmosphärisch verdichtete Situationen innerhalb der Schule geschaffen werden; kleinere Gruppen konnten auch ihren speziellen Leseneigungen nachgehen, Lesefähigkeit steigern und ihre Sprachartikulation verbessern.

Sonnabendprojekte waren bei vielen Eltern beliebt. Die Einbeziehung in besondere Projekte, die es auch berufstätigen Eltern ermöglichte, das Klassenklima ihrer Kinder konkret - im Projektvollzug - zu erleben, sich selbst miteinbringen zu können, ein Stück andere Schule als zu ihrer Kindheit zu erfahren, verstärkte nicht nur die Akzeptanz der Lehrer und der integrativen Pädagogik; sie stützte zugleich auch die Lernmotivation der Kinder.

Themen solcher Sonnabendprojekte waren:

> Drachen bauen; backen; Möbel und Bänke anstreichen; Klassenzimmer verschönern; Vogelhäuser bauen: Näh-, Häkel- und Strickprojekte; Hausbesuche bei allen Schülern; töpfern; Eltern-Kinder-Frühstück; Picknick; Türkisches Frühstück; Theateraufführungen.

Außerhalb des Unterrichts waren Eltern zuweilen an nachmittäglichen Spielgruppen beteiligt. Diese *Spielgruppen* waren eingerichtet worden, nachdem die isolierte Lage mancher Kinder im Freizeitbereich beobachtet wurde und sich der Eindruck verstärkte, daß die Lernschwierigkeiten und Verhaltensprobleme mancher Schüler/innen nicht nur durch Binnendifferenzierung, sondern auch durch spielpädagogische Erfahrungen bearbeitet werden sollten.

Schließlich wurden Eltern häufig aktiv bei der Vorbereitung und Durchführung von *Schulfesten*, 'türkischen' Frühstücken, bei Ausflügen und Schullandheimaufenthalten, oder sie machten zusammen mit Lehrern eine Theater-Gruppe und einen gemeinsamen Ball, der wegen seines großen Erfolgs wiederholt wurde. Eine Reihe von Eltern nahm auch an den Weiterbildungsabenden teil, die von der Wiss. Begleitung im 4. und 5. Schulversuchs-Jahr angeboten worden und ursprünglich nur für Lehrer geplant waren.

Diese Aktivitäten lassen sich nicht von denen der Elternvertretungen trennen, sondern waren oft miteinander verbunden. Nachdem die Schule in allen Zügen und Jahrgängen integrativ arbeitete, wurde das 'Plenum' der Integrationsklassen, das in der Regel alle 2-3 Wochen tagte, aufgelöst. Die Gesamtkonferenz erörterte und entschied nun alle schulischen, auch integrationsspezifischen Fragen. Um die Eltern, die bislang im 'Plenum' aus jeder Jahrgangsstufe vertreten waren, nun nicht weniger in diese Entscheidungen einzubeziehen als bislang, wurden, über die Rechte nach dem Berliner Schulverfassungsgesetz hinaus, die zwei Eltern in der Gesamtkonferenz vorsieht, weiterhin je ein Elternvertreter pro Jahrgangsstufe einbezogen. Formell wurde jedoch die Struktur nach dem Schulverfassungsgesetz beibehalten. Es wurde, auch nach Absprachen mit der Schulaufsicht, auf eine förmliche Beantragung, vom Schulverfassungsgesetz abweichen zu dürfen, verzichtet. Tatsächlich gab es in der Gesamtkonferenz nie eine Situation, in der die informellen zusätzlichen fünf Elternstimmen ausschlaggebend gewesen wären.

Diese Elternvertretungen waren, zuammen mit der Gesamtelternvertretung der Schule, häufig eigenständig aktiv, beispielsweise als es um die termingerechte Einstellung einer Erzieherin mit heilpädagogischer Zusatzausbildung ging, als die erwünschte Einstellung bzw. Verlängerung eines Mitarbeiters für Theaterarbeit anstand (der über Mittel der Arbeitsbeschaffungsmaßnahmen finanziert wurde), als den Eltern öffentliche Veranstaltungen und Öffentlichkeitsarbeit zur Lösung der ungeklärten Übergangsfrage in die Oberschulen nötig erschienen. Eltern können solche Aufgaben oft flexibler und wirksamer übernehmen als Schulleitung und Lehrer, die an Dienstwege und Vorgaben gebunden sind.

1984 wurde gemeinsam von Eltern und Lehrern ein '*Förderverein* der Freunde der Uckermark-Schule' gegründet. Dieser Förderverein bezahlte aus den ihm zufließenden Beiträgen und Spenden neben Ausgaben für Feste oder kleinere zusätzliche Sachausstattungen Honorare für eine Musikpädagogin der bezirklichen Musikschule. Auf diese Weise konnten zahlreiche zusätzliche musische Aktivitäten innerhalb der Schule verwirklicht werden.

Schließlich haben sich die Eltern stark bei der seit 1985 geplanten *Neugestaltung des Schulhofes*, des Schulgartens und des *Umbaus des Schulgebäudes engagiert*. Dabei kam der Schule zugute, daß der damalige Vorsitzende der Gesamtelternvertretung Architekt ist.

Wie aktiv die Eltern innerhalb der Schule sind, machen die von Eltern getragenen *Arbeitsgruppen* deutlich. Im September 1988 bestanden folgende Arbeitsgemeinschaften:

* Schulhaus-Planung und Schulhofplanung
* Schulversuch allgemein
* Öffentlichkeitsarbeit
* Übergang zur Sekundarstufe I
* Allgemeine Schulbelange
* Türkischer Arbeitskreis
* Festausschuß.

12.3 Stellungnahme der Eltern nach fünf Jahren Schulversuch

Nach fünfeinhalb Jahren integrativer Pädagogik äußerten sich die Eltern im Januar 1988 erstmals schriftlich und zusammenfassend über ihre bisherigen Erfahrungen. Anlaß war die zu dieser Zeit ungeklärte Lage des Übergangs in die Oberschulen für diejenigen 'Gutachtenkinder', die weiterhin eine zusätzliche (sonder)pädagogische Förderung erhalten sollten (vgl. Kap. 9).

In diesem Beschluß der Gesamtelternvertretung, der einstimmig verabschiedet wurde, heißt es u.a.:

> *"Einhellige Meinung der durch die Gesamtelternvertretung repräsentierten Elternschaft ist, daß sich das Modell gemeinsamer Erziehung von behinderten und nichtbehinderten Kindern bewährt hat. Die Integrationsschule als Regelschule ist realisierbar!*
> *Der Schulversuch wurde durch die besonderen Bedingungen, die an der Uckermark-Schule geschaffen wurden, und durch die menschliche Atmosphäre zum Erfolg... Die von vielen Seiten geäußerte Befürchtung, daß durch eine besonders intensive Zuwendung und Förderung der behinderten Kinder die nichtbehinderten Kinder in ihren Lernfortschritten blockiert würden, hat sich nicht bestätigt. Das Gegenteil ist der Fall: Das Leistungsniveau auch der überdurchschnittlich motivierten Schüler/innen wird durch individuelle Förderung entsprechend den bestehenden Lernvoraussetzungen angehoben. Dabei ist wesentlich - sowohl für den sozialen als auch den kognitiven Bereich -, daß die leistungsstärkeren die leistungsschwächeren Kinder unterstützen. Dies führt zu einer ständigen Wiederholung und damit Vertiefung der Lernschritte. Der Verzicht auf Klassenwiederholung und Ziffernzensuren ist nach unseren Erfahrungen wichtiger Bestandteil beim Aufbau eines funktionierenden Integrationsschulsystems. Lernentwicklungsberichte haben sich bewährt. Individuelle Lernfortschritte werden im Rahmen einer integra-*

tiven Pädagogik besser erfaßt... Als Vorteil hat sich herausgestellt, nur Kinder aus dem Einschulungsbezirk aufzunehmen. Dies ist wichtig für die außerschulischen Kontakte und Aktivitäten im Wohnbereich und auf gemeinsamen Schulwegen... Die erfreuliche Kollegialität unter den Lehrer/innen, heutzutage keine Selbstverständlichkeit, das ehrliche Bemühen aller um eine bessere Einbeziehung der Eltern in den Unterricht und vielfältige schulische/außerschulische Veranstaltungen haben zu einer angenehmen, menschlichen Atmosphäre beigetragen." (Beschluß vom Januar 1988)

Die Eltern plädierten abschließend ausführlich für die Ausdehnung gemeinsamer Erziehung in anderen Kindertagesstätten und Grundschulen und für die Fortführung in der Sekundarstufe.

Die Lehrerinnen und Lehrer der Uckermark-Schule, die Schulleitung und die Schulaufsicht bestärkte dieses positive Urteil in der eigenen Einschätzung, auf dem bisherigen Wege fortzufahren. Aber entsprach das Urteil der Gesamtelternvertretung auch dem aller übrigen? Entsprach es auch denjenigen Eltern von 'Gutachtenkindern', die nicht so wortgewandt und eher bildungsfern sind? Waren Eltern, die für ihre Kinder das Gymnasium anstreben, skeptischer als andere? Um diese Fragen zu prüfen, wurde 1988, nach der Stellungnahme der Gesamtelternvertretung und noch während der Unklarheit über den weiteren Weg in die Sekundarstufe, eine repräsentative Elternbefragung durchgeführt.

12.4 Einstellung der Eltern zur gemeinsamen Erziehung: Ergebnisse einer Befragung vom Mai 1988

12.41 Ausgangslage und Methode

1988 lagen schon einige Untersuchungsergebnisse über Elternmeinungen aus Integrationsschulen vor. So hatte MUNDER rd. 80 Eltern aus den Integrationsklassen der Fläming-Schule in Berlin-Schöneberg befragt (MUNDER 1983), 1987 legten WOCKEN für Hamburger und DUHMKE/ SCHÄFER für Bonner Integrationsklassen Ergebnisse vor. Durchweg wurde von hoher Zustimmung berichtet. Allerdings war bei allen diesen Klassen die Integration auf Initiative von Eltern zustandegekommen und jeweils auf einzelne Klassen innerhalb einer Schule begrenzt, so daß ein zustimmendes Urteil möglicherweise nicht sonderlich verwundert.

Hypothetisch wurde von uns angenommen, daß die Zustimmung unter den Eltern der Uckermark-Schule *geringer* sein müßte, da

* die Sozialstruktur der Klassen erheblich 'niedriger' ist als in anderen Integrationsschulen ;

* da *alle* Lehrer/innen integrativ zu arbeiten hatten (wollten sie nicht die Schule und damit langjährig aufgebaute kollegiale Beziehungen verlassen);

* ein im Vergleich höherer Anteil an Kindern ausländischer Herkunft besteht; und vor allem

* die als 'Gutachtenkinder' aufgenommenen Kinder mehrheitlich Kinder mit Lern- und Verhaltensproblemen sind, deren soziale Herkunft häufig zahlreiche Belastungsfaktoren in sich birgt (vgl. Kap. 5), so daß die integrative Arbeit schwieriger wird, als wenn es sich mehrheitlich um sinnes-, körper- oder geistigbehinderte Schüler/innen handelt.

Befragt wurden *alle* Eltern im 1., 3. und 5. Schuljahr. Diese Beschränkung auf die Hälfte aller Eltern erfolgte aufgrund der begrenzten Auswertungskapazität. Der Ausländeranteil lag in den Klassen bei 25%, der Arbeiteranteil lag zwischen 30% und 50%. Je etwa ein Drittel der Eltern hatten das Gymnasium, die Realschule oder die Hauptschule bzw. die türkische Grundschule besucht (vgl. dazu Kap. 4). Von den Eltern der Gutachtenkinder hatten 50% der Mütter und 37% der Väter die Hauptschule bzw. die türkische Grundschule, je 19% die Realschule und 25% der Mütter bzw. 13% der Väter ein Gymnasium besucht (6% der Mütter bzw. 31% der Väter waren nicht in der Familie bzw. äußerten sich nicht zu dieser Frage).

Die Eltern erhielten über ihre Kinder einen verschlossenen Umschlag mit Anschreiben, Fragebogen und Rückantwortumschlag, der entweder über die Post oder über die Kinder an die Wiss. Begleitung zurückgegeben werden sollte. Die Fragen wurden vorher u.a. mit Elternvertretern auf ihre inhaltliche Akzeptanz und ihre Verständlichkeit durchgesprochen und danach überarbeitet. So wurde auf Bitten der Eltern die abschließende Frage nach dem Schul*abschluß* verändert in die nach der besuchten Schul*art*. Anonymität wurde zugesichert. Einzig die Zuordnung zu der jeweiligen Klasse bzw. Jahrgangsstufe wurde auf dem Rückantwortumschlag vermerkt. Vier Eltern verwendeten einen neutralen Umschlag, der diese Zuordnung verhinderte. Ihre Antworten gehen daher in die Gesamtergebnisse, nicht aber in die einzelner Jahrgänge ein.

Die Auswertung erfolgte jahrgangsweise, auch, um festzustellen, ob bei längerer Erfahrung mit gemeinsamer Erziehung wesentliche Unterschiede in den Einstellungen von Eltern erkennbar würden. Die klassenweisen Ergebnisse wurden, soweit dies von den Lehrern gewünscht wurde, mit diesen besprochen. Wie schriftlich zugesagt, wurde auch den Eltern in einer Veranstaltung noch im laufenden Schuljahr - vor der Sommerpause - das Ergebnis vermittelt und mit ihnen diskutiert.

Wir haben uns, auch aus Gründen des allgemeinen Verständnisses bei allen Eltern, auf wenige, grundlegende Fragen konzentriert. Teilweise sind sie direkt oder leicht überarbeitet aus anderen Untersuchungen entnommen, um so Vergleichsmöglichkeiten zu besitzen.

Von 170 Eltern haben 146 geantwortet. Das sind 86%. Dies ist für eine schriftliche Befragung eine sehr hohe Antwortquote. Die Rückantwortquote bei den Eltern von 'Gutachtenkindern' betrug 100%. Das Ergebnis kann als repräsentativ für alle Eltern der Schule angesehen werden.

12.42 Grundsätzliche Einstellung zur gemeinsamen Erziehung

Die allgemeine Zustimmung zur gemeinsamen Erziehung von behinderten und nichtbehinderten Kindern in einer wohnortnahen Schule ist außerordentlich hoch:

* 94% finden es gut, daß alle Kinder aus dem Wohngebiet gemeinsam unterrichtet werden (vgl. Tab. 12-1);
* 94% finden, daß man dies auch in anderen Grundschulen einführen sollte (vgl. Tab. 12-2);
* 90% plädieren dafür, daß man Integration auch in der Oberschule fortsetzt (vgl. Tab. 12-3);

Die *Eltern von Gutachtenkindern* haben eine in der Tendenz noch positivere Einstellung (vgl. Tab. 12-1 bis -3). Dabei ist besonders zu würdigen, daß viele Gutachtenkinder in der Uckermark-Schule, wie erwähnt, aus sozial belasteten und eher 'schulfernen' Familien stammen.

Die *Unterschiede zwischen den ausgewählten Jahrgängen* sind gering. Nur bei der Frage nach der Fortsetzung in der Sekundarstufe gibt es im 5. Schuljahr etwas mehr Skepsis als im 1. und 3. Schuljahr. Aber noch 85% plädieren für die Fortsetzung der Integration in den Oberschulen.

Die generelle Einstellung zur gemeinsamen Erziehung hängt nicht, wie wir vermutet hatten, von der eigenen *Bildungserfahrung* ab. Die etwas größere Zustimmung bei Eltern mit Gymnasialbildung ist statistisch nicht signifikant. Die einzige Gruppe, deren Zustimmung etwas geringer ist, sind die Eltern, die die türkische Grundschule besuchten. Allerdings ist unsere Datengrundlage bei dieser Gruppe gering, so daß wir dies nur als Trendaussage ansehen, die bei weiteren Studien geprüft werden müßte.

Auf allgemeiner Ebene wird also *gemeinsame Erziehung von allen sozialen Gruppen unterstützt.* Die Zustimmungsquoten sind teilweise höher als in den westdeutschen Integrationsklassen mit sehr engagierten Eltern. Das kann als Ermutigung dafür bewertet werden, gemeinsame Erziehung generell einzuführen und nicht nur auf besondere Initiativen von Eltern zu warten. Dennoch ist deren Unterstützung sehr wichtig.

Jene acht Eltern, die gemeinsame Erziehung weniger gut fanden, waren im Vergleich zu den übrigen Eltern durchschnittlich stärker an Disziplin, Ordnung und Leistung orientiert. Sie hatten mehrheitlich Hauptschul- bzw. türkische Grundschulbildung. Unter ihnen waren keine Eltern von Gutachtenkindern.

12.43 Einschätzung der konkreten Arbeit in der Schule

Aus einer für das gesamte Bundesgebiet repräsentativen Befragung, die im zweijährigen Abstand durchgeführt wird, haben wir drei Fragen entnommen (ROLFF 1988). Haben die Eltern zu den Lehrern ihres Kindes Vertrauen? Gibt sich die Schule nach Meinung der Eltern Mühe, die Kinder zu fördern? Gehen die Kinder gern zur Schule? Im folgenden fügen wir die Ergebnisse der bundesweiten Befragung von Grundschuleltern aus dem Jahr 1987 zum Vergleich in Klammern hinzu.

Die Eltern der Uckermark-Kinder sagen:

* zu 88%, daß sich die Lehrer große oder gar sehr große *Mühe geben* (BRD: nur 48%), zu 8%, daß sie sich etwas Mühe geben (BRD: 39%) und zu 1%, daß sie sich gar keine oder kaum Mühe geben (BRD: 13%) (vgl. Tab. 12-4);

* zu 71%, daß sie zu den Lehrern ihres Kindes *volles Vertrauen* besitzen (BRD: nur 59%), zu 26%, daß sie teilweise Vertrauen haben (BRD: 32%) und zu 2%, daß sie kein Vertrauen haben (BRD: 9%) (vgl. Tab. 12-5);

* zu 58%, daß ihr Kind voll und ganz *gern zur Schule geht* (BRD: 74%), zu 38%, daß es dies teilweise gern tut (BRD: 24%) und zu 2%, daß es nicht gern zur Schule geht (BRD: 2%) (vgl. Tab. 12-7);

* zu 93%, daß sie ihr Kind *wieder in die Uckermark-Schule schicken* würden, wenn sie noch einmal entscheiden müßten (vgl. Tab. 12-6).

Bei den Eltern von Gutachtenkindern entspricht die positive Meinung über die Mühe der Lehrer dem allgemeinen Durchschnitt. Sie haben jedoch noch größeres Vertrauen zu den Lehrern (85% gegenüber 71%) und würden alle ihr Kind wieder in die Uckermark-Schule schicken. Die Zufriedenheit der Kinder wird etwas geringer eingeschätzt. Kein Elternteil sagt, daß sein Kind gar nicht gern in die Schule geht (vgl. Tab. 12-4 bis 12-7).

Die positive Bewertung der Lehrerarbeit ist unabhängig vom eigenen *Bildungsniveau*. Das Vertrauen zu den Lehrern ist jedoch bei Eltern mit türkischer Schulbildung am größten, bei jenen mit Realschulbildung am geringsten (vgl. Tab.12-10).

Im Vergleich zu der bundesweiten Befragung von Grundschuleltern ist also das Vertrauen zu den Lehrer/innen und die positive Bewertung ihrer Bemühungen um Förderung erheblich größer. Das kann die Lehrer ermutigen, ihre bisherige Arbeit fortzusetzen. Es unterstützt aber auch Integrationskonzepte, die *ganze Kollegien* und *alle Klassen* einbeziehen und sich nicht nur auf die besonders engagierten Lehrer stützen. Das zustimmende Urteil der Eltern spricht eine deutliche Sprache. (Es gab auch - zwei - Klassen, in denen es weniger Vertrauen zu den Lehrern gab; ohne sie wären die Gesamtergebnisse noch positiver ausgefallen. In diesen Fällen lagen konkrete Konflikte zwischen Klassenlehrer/in und einzelnen Eltern vor.)

Die Zufriedenheit der Kinder wurde - im Vergleich zur bundesweiten Befragung - zwiespältiger eingeschätzt. Einerseits gab es, nach Einschätzung der Eltern, in der Uckermark-Schule genauso wenig ganz unzufriedene Kinder, andererseits aber mehr, die nur teilweise gern zur Schule gehen. (Die Zufriedenheit in der Uckermark-Schule wird aber besser eingeschätzt als bundesweit in allen anderen Schulformen. Vgl. ROLFF 1988). Die bundesweiten Daten sind nicht für Großstadtkinder extra ausgewiesen. Es könnte durchaus sein, daß insgesamt die Zufriedenheit von Grundschülern in Großstädten geringer ist als auf dem Land, da es mehr soziale Probleme geben dürfte. Dadurch müssen sich die Schüler/innen häufiger mit den Problemen anderer Kinder auseinandersetzen. Das gilt auch für die Kinder in integrativen Klassen. Darin liegt eine Chance, aber auch eine dauerhafte pädagogische Aufgabe: der *Zwang*, sich in einer nichtaussondernden Klasse mit allen Kindern auseinandersetzen zu müssen, kann zu mehr Verständnis füreinander führen. Er kann aber auch unproduktiv einfach die Spannungen erhöhen. Unsere regelmäßig durchgeführten Soziogramme (vgl. Kap. 7) belegen, daß für die Uckermark-Schule offenkundig und glücklicherweise das gegenseitige Verständnis eine große Rolle spielt; ebenso gibt es aber auch - in den Augen der Eltern - mehr ambivalente Gefühle bei den Schülern.

12.44 Ergebnisse zur Einschätzung der Unterrichts- und Erziehungsarbeit

Wir haben - in Anlehnung an eine Frage aus der Untersuchung von MUNDER in der Fläming-Schule - nach der Einschätzung der Eltern in bezug auf Selbständigkeitserziehung, Individualitätsförderung, Leistungserwartung, Förderung und Beziehungen zwischen behinderten und nichtbehinderten Kindern gefragt. Aus Tab. 12-8 wird deutlich, daß entschiedene Kritik immer nur von weniger als 10% geäußert wird, und daß die volle und uneingeschränkte Zustimmung durchweg über 50% liegt.

Die Zustimmung der *Eltern von Gutachtenkindern* ist insgesamt höher. Allerdings mit einer Ausnahme: Sie sind, was Ordnung und Disziplin angeht, häufiger nur teilweise einverstanden. Das dürfte eine Folge schichtspezifisch geprägter Erziehungsvorstellungen sein.

Die Unterschiede zwischen den Jahrgängen sind durchweg gering (Tab. 12-9). Während die Einschätzung der Selbständigkeitsförderung bei allen Jahrgängen etwa gleich groß ist, stimmen die Eltern des 5. Jahrganges häufiger zu, daß sowohl die Problemkinder als auch die 'Nichtbehinderten' genügend gefördert werden. Gleichzeitig, und in einem gewissen Widerspruch dazu, haben aber unter ihnen mehr als in anderen Jahrgängen Bedenken, ob ausreichend Leistung verlangt wird. Offenbar ist "Förderung" im Bewußtsein mancher Eltern etwas anderes als "Leistung". Förderung zielt im Bewußtsein von Eltern möglicherweise stärker auf die Unterstützung der *allgemeinen* Persönlichkeitsentwicklung außerhalb der Kulturtechniken.

Das Bildungsniveau und die damit verbundenen eigenen pädagogischen Vorstellungen haben, wie Tab. 12-11 zeigt, teilweise Auswirkungen auf die Wahrnehmung der unterrichtlichen und erzieherischen Arbeit der Schule. Eltern mit gymnasialer Bildung waren überdurchschnittlich zufrieden mit der Selbständigkeitserziehung, der Leistungsförderung (!), dem Umfang der Ordnungs- und Disziplinerziehung und der Förderung der nichtbehinderten Kinder. Dagegen war bei ihnen häufiger Skepsis gegenüber ausreichender Förderung der 'Behinderten' und derem Verhältnis zu den übrigen Schülern als auch in bezug auf genügende Beachtung der individuellen Schülerinteressen verbreitet.

Eltern mit Hauptschulbildung sind mit dem Leistungsanspruch ebenso zufrieden wie die mit gymnasialer Bildung. Sie sind die 'zufriedenste' Gruppe. Nur ihr Eindruck über ausreichende Ordnungserziehung ist zwiespältiger: Es ist zu vermuten, daß diese Eltern generell mehr Wert auf Ordnung und Disziplin legen.

Eltern mit Realschulbesuch sind am wenigsten zufrieden mit dem Leistungsanspruch der Schule; es ist zu vermuten, daß darin sich allgemeine, besonders stark leistungsorientierte Werte dieser Elterngruppe niederschlagen.

Die Eltern mit türkischer Grundschulbildung weichen, wie die Tab. 12-11 zeigt, in mehreren Bereichen von allen anderen Gruppen in ihrer Einschätzung der Unterrichts- und Erziehungsarbeit der Schule ab. Sie möchten offenkundig entschieden mehr Ordnungserziehung, mehr Förderung der 'Nichtbehinderten', schätzen die allgemeine Schulfreude insgesamt geringer ein als die übrigen Eltern (nicht jedoch die ihrer eigenen Kinder!, vgl. Tab. 12-10), ebenso das Verhältnis zwischen den behinderten und den nichtbehinderten Schülerinnen und Schülern. Diese Ergebnisse scheinen mit dem großen Vertrauen zu den Lehrern in gewisser Weise im Widerspruch zu stehen, spiegelt möglicherweise die ambivalente Lage vieler türkischer Eltern gegenüber der deutschen Schule wider. Es ist unübersehbar, daß der Umgang der Schule mit den Eltern ausländischer - insbesondere muslimischer - Tradition eine nicht ausreichend gelöste Aufgabe der Schule ist.

Einschätzungen der Schule sind nicht nur von der tatsächlichen Arbeit in der Schule abhängig, sondern von den Erziehungszielen, die die Eltern selbst besitzen und zu Hause praktizieren. Bei einer derart breit zusammengesetzen Elternschaft wie an der Uckermark-Schule ist daher die positive Zustimmungstendenz hoch einzuschätzen. Zugleich muß es weiterhin als eine dauerhafte Aufgabe der Schule angesehen werden, daß sich Lehrer/innen und Eltern über die pädagogischen Ziele und konkreten Wege zur Verwirklichung austauschen.

Die Antworten aus der benachbarten, ebenfalls teilweise integrativ arbeitenden Fläming-Schule (MUNDER 1983, S. 50) sind in der Tendenz ähnlich, dennoch weichen sie einheitlich ab: die Anteile derer, die keine Urteile abgaben, waren durchweg geringer (unter 5%), und die volle Zustimmung zu den Aussagen lagen um rd. 15% höher; dafür waren die nur teilweisen Zustimmungen entsprechend geringer, die Ablehnungen waren jedoch gleich niedrig. Diese Differenzen können durch zwei Faktoren bewirkt worden sein: In der Fläming-Schule wurden die Eltern mündlich befragt. Die Bereitschaft, 'sozial erwünschte' Antworten vor einem Mitglied der Wissenschaftlichen Begleitung abzugeben, könnte höher sein, als wenn die Antworten anonym gegeben werden. Auch ist es schwerer, sich einer Antwort überhaupt zu enthalten, wenn die Befragerin direkt vor einem sitzt. Zweitens könnte die Tatsache, daß Skeptiker aus den Integrationsklassen der Fläming-Schule in eine der nichtintegrativen Parallelklassen ausweichen konnten, die Zustimmungsquote erhöht haben.

12.45 Individuelle Stellungnahmen: Lob und Kritik

Zu zwei 'offenen' Fragen konnten die Eltern in Stichworten aufschreiben, was sie besonders gut, was weniger gut fanden, und was sie gern geändert haben wollten. Von 146 Eltern haben 102 Eltern positive und 51 kritische Anmerkungen bzw. Verbesserungsvorschläge gemacht.

Einwände bzw. Verbesserungsvorschläge

Sie lassen sich zu wenigen Komplexen bündeln:

* Intensivierung der Eltern-Lehrer-Zusammenarbeit; mehr Information über den Schulversuch vor Beginn der Schulzeit; mehr Elternarbeit; mehr Unterstützung des Fördervereins durch die übrigen Eltern; mehr Eltern-Lehrer-Treffen zu pädagogischen Themen;

* Intensivierung der musisch-kreativen Aktivitäten an der Schule wie Theaterspielen, Musik, psychomotorische Aktivitäten, Ästhetisierung des Schulgebäudes durch Kinder und Künstler;

* Intensivierung von didaktischen Prinzipien wie offener Unterricht oder besondere Förderung für Gutachtenkinder;

* Erweiterung des Schulkonzepts durch: Schularbeitshilfen am Nachmittag;

* Mehr Unterstützung durch den Senat bei der Fortführung in der Oberschule;

* Kritik am Ausfall des Kooperationsunterrichts durch Krankheit einzelner Lehrer; bessere Unterrichtsvorbereitung der Lehrer;

* Einzelkritik: es gebe zu wenig körperbehinderte und zu viel verhaltensauffällige Schüler; die 'normalen' Schüler würden zu wenig gefordert; der Unterricht werde zu häufig durch Besucher gestört.

Während die ersten drei Punkte quantitativ eine größere Rolle spielen, gehört zu den letzten beiden Punkten nur jeweils eine Stimme. Es wird also keine Kritik der integrativen Pädagogik, sondern im Gegenteil der Ausbau der entsprechenden Aktivitäten gewünscht. In der geäußerten Kritik ist ein 'noch mehr von diesem Guten' enthalten. Erstaunlich auch, daß es keine Bemerkungen (weder in negativer noch in positiver Weise) zur Existenz und Arbeit der Wiss. Begleitung gab, etwa wegen der Gutachtenerstellung oder der regelmäßigen Schülerbefragungen; aber auch nicht zur Rolle und Existenz der Sonderpädagogen. Sie dürften in der Wahrnehmung der Eltern eben als 'normale' Lehrer mit bestimmten Schwerpunkten erscheinen. Auch zur Gesamtkonzeption gab es keine Kritik.

Was hat den Eltern besonders gefallen?

Es ist schwer, die über 100 Anmerkungen zu wenigen Bereichen zusammenzufassen. Folgende Momente gefielen den Eltern besonders:

* Behinderte und nichtbehinderte Kinder lernen und leben gemeinsam; sie lernen sich gegenseitig zu verstehen; mehr Menschlichkeit komme in den Unterricht hinein; niemand werde ausgeschlossen; mehr Rücksichtnahme werde gelernt usw. (rd. 70% aller positiven Urteile);

* es erfolge keine Stigmatisierung der Gutachtenkinder, da oft nicht bekannt sei, wer eines sei; niemand kümmere sich um die formale Zuordnung;

* die musisch-theaterbezogenen Aktivitäten der Schule seien gut, vor allem durch die zusätzlichen Kräfte (aus der Musikschule und über Arbeitsbeschaffungsmaßnahme finanziert); die gemeinsamen Feste für alle Kinder;

* die Individualität werde stark gefördert, auch Eigenverantwortlichkeit und Selbständigkeit, da auf die individuellen Unterschiede aller Kinder eingegangen werde;

* binnendifferenzierter Unterricht, offener Unterricht, Projektlernen usw. seien etwas Positives, ebenso die Phantasie der Lehrer bei der Unterrichtsgestaltung;

* die Freundlichkeit der Lehrer, ihr zeitliches Engagement, auch ihre zusätzlichen Aktivitäten außerhalb der Unterrichtszeit, die Zusammenarbeit mit den Eltern seien wertvoll;

* kleine Klassen, keine Ziffernzensuren;

* auch die 'Nichtgutachtenkinder' profitierten sowohl im Unterricht als auch durch das soziale Klima ganz besonders von gemeinsamer Erziehung.
Zur Veranschaulichung ein paar Zitate aus den Fragebogen:

> "Keine Aussonderung, miteinander umgehen, sich gegenseitig fördern, soziales Lernen, binnendifferenzierter Unterricht, geringe Klassenfrequenz, Förderunterricht wird nicht als Diskriminierung empfunden" (1. Schj., E. v. Gutachtenkind);
>
> "Kleinere Klassen, auf den sozialen Umgang der Kinder miteinander wird eingegangen, so daß mir bis heute nicht bekannt ist, welche Kinder der Klasse 'Gutachtenkinder' sind" (1. Schj.);
>
> "Ich finde es selbstverständlich, daß behinderte Kinder nicht ausgesondert werden" (3. Schj.); "Behinderte Kinder wachsen nicht isoliert auf, gesunde Kinder lernen mit Behinderung umgehen" (3. Schj.); "das Verhalten der Gutachtenkinder wird besser verstanden" (3. Schj.);
>
> "Relativ stressfreies Lernen, Förderung von lerneifrigen Kindern" (5. Schj.); "Ausgewogenheit, Angstfreiheit, Lernmotivation, Chancenverbesserung, auch Nicht-Gutachtenkinder profitieren davon" (5. Schj.);
>
> "Ausdauer der Lehrer, Wiederholung der Unterrichtsthemen, Zeit für die Kinder" (5. Schj.).

12.46 Zusammenfassung der Untersuchung

1. *Die Zustimmung zur gemeinsamen Erziehung behinderter und nichtbehinderter Kinder schließt alle sozialen Gruppen und Bildungsniveaus ein*. Sie ist außerordentlich hoch. Schwankungen zwischen den Jahrgängen lassen sich nur geringfügig feststellen und sind durch konkrete, schulversuchsunabhängige Bedingungen erklärbar.

2. *Eltern von Gutachtenkindern sind sehr zufrieden*. Dies stimmt mit den Äußerungen der Gutachtenkinder selbst überein (vgl. Kap. 7). Die These, sinnes- bzw. körperbehinderte und schulleistungsschwache Kinder würden bei gemeinsamen Unterrichtssituationen leiden, lassen sich weder durch den Eindruck der Eltern noch durch den der Kinder selbst belegen. Die These kann empirisch zurückgewiesen werden.

3. *Eltern mit gymnasialer Bildung, die vermutlich ein hohes Erwartungsniveau an die Qualifikationsarbeit der Schule hegen, unterstützen gemeinsame Erziehung ebenso stark wie Eltern mit Hauptschulbildung*. Beide Gruppen machen offenbar die Erfahrung, daß ihre Kinder sowohl im Leistungsbereich als auch im sozialen Verhalten profitieren.

4. *Bei der durch eigene Erziehungsvorstellungen gefilterten Einschätzung der konkreten Unterrichts- und Erziehungsarbeit der Uckermark-Schule zeigen sich spezifische bildungs- und kulturbezogene Differenzen*. Sie sind jedoch nicht in einer Skala 'je mehr Schulbildung - desto weniger Zustimmung' angeordnet, sondern haben spezifische Profile. *Wenn* Skepsis vorhanden ist, dann ist sie offenkundig eng mit Ordnungs- und Disziplinvorstellungen verbunden, die eher herkömmlicher Art sind. *Daraus ist der Schluß zu ziehen, daß eine angemessene und verständnisvolle Diskussion von Erziehungsvorstellungen und Lernformen in integrativen Schulen dauerhafter und notwendiger Teil der Zusammenarbeit zwischen Eltern und Lehrern sein muß*. Das gilt insbesondere, wenn Eltern ausländischer Herkunft einen größeren Teil der Elternschaft bilden.

5. *Die Gesamtelternvertretung vertritt offenkundig die Meinung aller Eltern*. Ihre positive Stellungnahme ist daher nicht nur formal, sondern auch inhaltlich legitimiert.

6. *Die Ergebnisse stimmen mit anderen Untersuchungen überein und sind aufgrund der eingangs erwähnten Unterschiede, die uns hypothetisch eher in eine gegenteilige Richtung geführt hatten, von besonders hoher Qualität*.

12.5 Schlußempfehlungen für die Zusammenarbeit von Eltern und Lehrern

Wenn Integration in einer innerstädtischen Schule, die alle Klassen und alle Lehrer einbezieht, eine derartig breite Zustimmung findet, dann kann bildungspolitisch daraus der Schluß gezogen werden, daß eine generelle politische Einführung integrativer Unterrichtung und Erziehung auf eine große zustimmende Resonanz führen würde, zumindest, wenn sie so schrittweise erfolgt wie in der Uckermark-Schule. Die eingangs dargestellten Ängste und Bedenken sind damit nicht vom Tisch: Sie verschwanden auch in der Ukkermark-Schule erst mit der praktischen Erfahrung. Daher ist der positive Schneeballeffekt einzelner Initiativen weiterhin besonders wichtig, weil durch sie für viele Eltern konkrete Erfahrungsmöglichkeiten eröffnet werden.

Insgesamt hat sich gezeigt, daß die Zusammenarbeit von Eltern und Lehrern den Prozeß gemeinsamer Unterrichtung von 'behinderten' und 'nichtbehinderten' Kindern erleichtert. Dabei ist zugleich deutlich geworden, daß die Beratungskompetenz der Lehrer/innen gegenüber den Eltern - zu der auch die Fähigkeit gehört, auf familiäre und kulturelle Besonderheiten solidarisch einzugehen - erhöht werden muß. Zugleich scheint es notwendig, immer wieder inhaltliche pädagogische Gespräche zwischen Lehrern und Erziehungsberechtigten sowohl über grundsätzliche Erziehungsvorstellungen wie auch über praktische Fragen der Erziehung in Schule und Familie zu führen. Uns scheint, daß nur so die Bereitschaft entsteht, eigene Sorgen und Ängste zuzugeben und sich von anderen beraten und unterstützen zu lassen. Das gilt für Lehrerinnen und Lehrer wie für Mütter und Väter.

Tab. 12-1:

Einschätzung gemeinsamer Erziehung

"Sie wissen, daß in der Uckermark-Schule ein Schulversuch zur gemeinsamen Erziehung behinderter und nichtbehinderter Kinder stattfindet. In der Schule reden wir eher von 'Gutachtenkindern' oder 'Problemkindern'. Was meinen Sie: Finden Sie die gemeinsame Erziehung aller Kinder aus dem Wohngebiet gut, weniger gut oder gar nicht gut?

	Gesamt	1.Schj.	3.Schj.	5.Schj.	Elt.v. GK
gut	94	96	91	93	100
weniger gut	5	2	9	7	0
gar nicht gut	0	0	0	0	0
ohne Angaben	1	2	0	0	0
Summe in %	100	100	100	100	100
N	146	50	46	46	16

In Gesamt sind 4 ohne Jahrgangszuordnung enthalten; GK = Gutachtenkinder

Tab 12-2:

Übertragung auf andere Grundschulen

Sollte man die gemeinsame Unterrichtung auch an anderen Grundschulen einführen?

	Gesamt	1.Schj.	3.Schj.	5.Schj.	Elt.v.GK
ja	94	96	93	91	94
nein	5	4	7	4	6
unsicher, w.n.	1	0	0	4	0
Summe in %	100	100	100	99	100
N	146	50	46	46	16

Tab. 12-3:

Integration in der Oberschule

Sollte man die gemeinsame Unterrichtung von behinderten Kindern bzw. 'Gutachtenkindern' mit anderen auch in der Oberschule fortsetzen?

	Gesamt	1.Schj.	3.Schj.	5.Schj.	Elt.v.GK
ja	90	98	87	85	100
nein	8	0	11	13	0
unsicher, w.n.	2	2	2	2	0
Summe in %	100	100	100	100	100

Tab. 12-4:

Mühe der Uckermark-Schule

Was glauben Sie: Gibt sich die Uckermark-Schule Mühe, die Kinder zu fördern?

	Gesamt	1.Schj.	3.Schj.	5.Schj.	Elt.v.GK
gar keine/kaum	1	0	0	0	6
etwas Mühe	8	4	9	13	6
große Mühe	53	54	59	50	50
sehr große Mühe	38	42	30	37	38
ohne Angaben	1	0	2	0	0
Summe in %	101	100	100	100	100

Tab. 12-5:

Vertrauen zu den Lehrern

Wie beurteilen Sie diese Aussage: "Zu den meisten Lehrern meines Kindes habe ich großes Vertrauen"?

	Gesamt	1.Schj.	3.Schj.	5.Schj.	Elt.v.GK
trifft voll zu	71	68	74	72	81
trifft teilw. zu	26	30	22	24	19
trifft gar nicht zu	2	2	2	2	0
ohne Angaben	1	0	2	2	0
Summe in %	100	100	100	100	100

Tab. 12-6:

Richtigkeit der Entscheidung für UckG?

Wenn Sie heute noch einmal entscheiden müßten: Würden Sie Ihr Kind wieder in die Uckermark-Schule einschulen?

	Gesamt	1.Schj.	3.Schj.	5.Schj.	Elt.v.GK
ja	93	98	93	87	100
nein	6	2	7	11	0
ohne Angaben	1	0	0	2	0
Summe in %	100	100	100	100	100

Tab. 12-7:

Schulfreude

Stimmen Sie folgender Aussage zu: "Mein Kind geht gern zur Schule"?

	Gesamt	1.Schj.	3.Schj.	5.Schj.	Elt.v.GK
trifft voll zu	59	60	59	57	50
trifft teilweise zu	37	36	37	39	44
trifft gar nicht zu	2	2	4	0	0
weiß nicht	2	2	0	4	6
Summe in %	100	100	100	100	100

Tab. 12-8:

Urteil über Unterricht

Wie beurteilen Sie den Unterricht in der Schule im allgemeinen?
(Nur Gesamtergebnis)

Ich bin der Meinung, daß	stimmt ganz	stimmt teilweise	stimmt nicht	ohne Meinung	Summe in %
1 die Selbständigkeit der Kinder gefördert wird	60	33	1	6	100
2 genügend Wert auf Ordnung und Disziplin gelegt wird	52	34	6	8	100
3 genügend Leistung von den Kindern verlangt wird	54	28	9	9	100
4 auf individuelle Interessen u.Bedürfnisse eingegangen wird	53	26	8	13	100
5 die Lehrer die nichtbehinderten Kinder ausreichend fördern	61	18	6	15	100
6 die Lehrer die Problemkinder genügend fördern	62	15	1	22	100
7 die behinderten und die nichtbehinderten Kinder sich gut verstehen	63	30	1	7	101
8 den Kindern die Schule Spaß macht	59	38	1	3	101

Tab. 12-9:

Urteil über Unterricht, nach Schuljahren (in %)

Ich bin der Meinung, daß	1. Schj.	3. Schj.	5. Schj.	Gesamt-ergebnis
1 die Selbständigkeit der Kinder gefördert wird	* 58/29/2/10	60/35/0/5	59/41/0/0/	60/33/1/6
2 genügend Wert auf Ordnung und Disziplin gelegt wird	56/31/2/10	51/33/7/9	48/43/4/0	52/34/6/8
3 genügend Leistung von den Kindern verlangt wird	73/13/0/10	44/29/16/11	41/39/13/7/	54/28/9/9
4 auf individuelle Interessen und Bedürfnisse eingegangen wird	56/25/4/15	44/33/9/13	57/22/9/13	53/26/8/13
5 die Lehrer die nichtbehinderten Kinder ausreichend fördern	58/19/4/19	58/22/7/13/	67/17/4/11	61/18/6/15
6 die Lehrer die Problemkinder genügend fördern	63/13/0/25	58/22/2/18	70/9/2/20	62/15/1/22
7 die behinderten und die nichtbehinderten Kinder sich gut verstehen	60/27/0/13	49/44/2/5	78/20/0/2	63/30/1/7
8 den Kindern die Schule Spaß macht	65/33/0/2	56/38/2/5	50/48/0/2	59/38/1/3

* Zahlenangaben in folgender Reihenfolge: stimmt ganz/stimmt teilweise/stimmt nicht/ohne Meinung

Tab. 12-10:

Allgemeine Urteile über Integration, nach Schulartbesuch der Eltern (Angaben in %)

	alle	tG	OH	OR	Gym
Zustimmung zu gemeinsamer Erziehung allgemein	94	78	96	93	98
Integration auch in anderen Grundschulen	94	89	93	93	98
Integration auch in Oberschulen	90	67	89	91	96
große/sehr große Mühe der Lehrer	91	89	93	92	91
Würde Kind wieder in UckG schicken	93	100	89	89	94
Eigenes Kind geht gern zur Schule	58	67	48	59	59
N	136	9	27	46	54

tG = türkische Grundschule; OH = Hauptschule; OR = Realschule; Gym = Gymnasium

Tab. 12-11:

Urteil über Unterricht, nach Schulartbesuch der Eltern (nur volle Zustimmung; Angaben in %)

Ich bin der Meinung, daß	alle	tG	OH	OR	Gym
1 die Selbständigkeit der Kinder gefördert wird	60	44	67	52	70
2 genügend Wert auf Ordnung und Disziplin gelegt wird	52	22	48	50	65
3 genügend Leistung von den Kindern verlangt wird	54	67	63	48	63
4 auf individuelle Interessen und Bedürfnisse eingegangen wird	53	44	67	59	48
5 die Lehrer die nichtbehinderten Kinder ausreichend fördern	61	11	78	61	66
6 die Lehrer die Problemkinder genügend fördern	62	56	70	63	56
7 die behinderten und die nichtbehinderten Kinder sich gut verstehen	63	22	59	81	52
8 den Kindern die Schule Spaß macht	59	22	59	61	59
N	136	9	27	46	54

tG = türkische Grundschule; OH = Hauptschule; OR = Realschule; Gym = Gymnasium

Thomas träumt Türme.

13 Fortbildungspraxis und Fortbildungserfordernisse

(Peter Heyer / Gitta Zielke)

Um Kindern das gemeinsame Lernen in so heterogenen Gruppen, wie sie die schulische Erziehung behinderter und nichtbehinderter Kinder mit sich bringt, zu ermöglichen, muß sich der Unterricht verändern. Die Ablösung des traditionellen Frontalunterrichts nach dem 'Erzieher-Zögling-Prinzip' und die Entwicklung kind- und handlungsorientierter, binnendifferenzierter Unterrichtsformen ist heute für jeglichen Grundschulunterricht anzustreben, für die gemeinsame schulische Förderung von behindertern und nichtbehinderten Schülern ist sie jedoch eine unerläßliche Voraussetzung (vgl. Kap. 6). Die Umsetzung des Konzepts der gemeinsamen Erziehung auf breiter Basis verlangt eine Lehrerbildung, die sich dieser Aufgabe stellt und auf die integrationspädagogische Arbeit vorbereitet. Eine integrative Lehrerbildung kann weder von der bisherigen allgemeinen Pädagogik noch von der bisherigen Sonderpädagogik geleistet werden, sondern nur von einer die defizitäre Einseitigkeit beider Disziplinen überwindenden integrativen Pädagogik (vgl. HEYER/MEIER 1989). Solange diese Ausbildung fehlt, solange die Lehrerbildungsgesetze der Länder, die Prüfungs- und Studienordnungen nicht so geändert sind, daß sonderpädagogische Fächer im Rahmen der allgemeinen Lehrerbildung studiert werden können und daß darüber hinaus alle Pädagoginnen und Pädagogen in ihrer Ausbildung lernen, auf besondere Lernprobleme einzelner Kinder und Jugendlicher zweckmäßig einzugehen, wird einer entsprechenden Fortbildung eine über das Normale hinausgehende Rolle zukommen. Dies gehört auch zu den Erfahrungen aus dem Schulversuch an der Uckermark-Schule.

Die verbindliche Teilnahme an einer auf die Integrationsziele bezogenen Fortbildung gehörte nicht zu den Rahmenbedingungen des Schulversuchs. Es wurde den Lehrerinnen und Lehrern, vor allem, soweit sie Klassenlehrerfunktionen erfüllten, in den ersten Jahren zwar einige Ermäßigungsstunden informell zugebilligt, diese waren jedoch nicht an eine Fortbildungspflicht gebunden. Unabhängig davon nahmen die meisten der Lehrerinnen und Lehrer freiwillig an vielen Fortbildungsveranstaltungen teil. Darüber hinaus kann natürlich der Schulversuch an sich als eine Art komplexe Fortbildungsveranstaltung angesehen werden. In einer Vielzahl von Gesamt- und Teilkonferenzen, aber auch in informellen Gesprächsrunden im Lehrerzimmer, in der großen Pause oder nach Schluß des Unterrichts, kam es, oft unter Einbeziehung von Mitgliedern der Wiss. Begleitung oder von speziell qualifizierten Besuchern, zu Fachgesprächen, deren Effizienz vermutlich diejenige so mancher offiziellen 'Fortbildungsveranstaltung' bei weitem übertraf.

Folgende Fortbildungsveranstaltungen haben sich im Schulversuch mehr oder minder bewährt:

Plenum und Gesamtkonferenz. In den ersten drei Jahren des Schulversuchs, solange erst ein Teil der Klassen integrativ geführt wurde, tagte vierzehntägig das 'Plenum' der Integrationsklassen. Hier wurden Informationen ausgetauscht, über pädagogische Fragen der einzelnen Klassenstufen und über spezielle Probleme gesprochen. Solche Themen waren u.a.: 'zum Behindertenbegriff'; 'Fördermöglichkeiten mit der Rechtschreibkartei'; 'zum Problem der Schwerhörigkeit'.

Nachdem fast alle Lehrerinnen und Lehrer in Integrationsklassen arbeiteten, wurde das Plenum zugunsten der Gesamtkonferenz aufgelöst. Der Gesamtkonferenz gehörten neben der Wiss. Begleitung auch zusätzliche Elternvertreter der einzelnen Klassenstufen an. Auf den Gesamtkonferenzen stand meist ein pädagogisches Thema zur Diskussion, das besonderen Bezug zum Schulversuch hatte, z.B.: 'MCD-Kinder'; 'Probleme sexuell mißbrauchter Kinder'; 'Freinetpädagogik'; 'Montessoripädagogik'; 'Integration ab Klasse 7'; 'Ergebnisse von Untersuchungen der Wissenschaftlichen Begleitungen'.- Wenn erforderlich, wurden zu einzelnen Themen spezielle Referenten eingeladen.

Fallbesprechungen: Im Zusammenhang mit besonderen Problemen einzelner Kinder oder ihrem Umfeld luden die Klassenlehrer/innen, meist in Verbindung mit dem der Stufe zugeordneten Sonderpädagogen, zu einer 'Fallbesprechung' ein. Dazu wurden jeweils diejenigen hinzugebeten, von denen erwartet wurde, daß sie zur Lösung oder mindestens Klärung des Problems beitragen konnten: andere Lehrer, die in der Klasse unterrichteten oder früher unterrichtet haben; die für die Schule zuständige Mitarbeiterin des Schulpsychologischen Dienstes; der Horterzieher; Mitglieder der Wissenschaftlichen Begleitung; die Eltern, soweit dies in der speziellen Situation als unterstützend angesehen wurde. Diese Fallbesprechungen wurden, je nach Situation in größeren oder kleineren Abständen, so lange weitergeführt, bis das zu lösende Problem entweder nicht mehr bestand oder aber bis die Beteiligten gelernt hatten, mit ihm zweckmäßig umzugehen (vgl. HEYER in: ECK 1984).

Fortbildungstage: Als eine gute Fortbildungsmöglichkeit haben sich die sog. Fortbildungstage erwiesen, wie sie inzwischen von allen Berliner Grundschulen einmal jährlich praktiziert werden können.[2] Diese Fortbildungstage sind grundsätzlich praxisorientiert und wurden vom Kollegium, im Falle der Uckermark-Schule unter Einbeziehung der Wiss. Begleitung, selbst organisiert. Sie dienten einerseits der gegenseitigen Vermittlung von neuen pädagogischen Erfahrungen - dazu gehörte auch das Vorstellen selbst entwikkelter Unterrichtsmaterialien -, andererseits der vertieften Auseinandersetzung mit aktuellen pädagogischen Fragestellungen. An der Uckermark-Grundschule fanden in den vergangenen Jahren u.a. Fortbildungstage zu folgenden Schwerpunkten statt: 'Wege zu einem binnendifferenzierenden, handlungsorientierten Unterricht'; 'Zeugnisse in Berichtsform'; 'Unterrichtsprojekte'.

Für den Ablauf hat sich dabei eine Struktur bewährt, die zwischen Plenum und Arbeitsgruppen wechselt und sowohl offene als auch stärker festgelegte Formen enthält.

Im folgenden wird als Beispiel der Fortbildungstag der Uckermark-Grundschule zum Thema 'Wege zu einem binnendifferenzierenden und handlungsorientierten Unterricht' in seinem Ablauf dargestellt:

10.00-11.00	Plenum Einführung in das Thema Vorstellen der sechs Arbeitsgruppen
11.15-12.45	Arbeitsgruppen AG 1 Druckwerkstatt (Vorklassen, Klassen 1-6) AG 2 Mathematik in der 1. und 2. Klasse AG 3 Lese- und Schreibhilfe für lernschwache Kinder (Vorklassen, Klassen 1-6)
12.45-14.15	Mittagspause: Imbiß im Haus Rundgang durch die Räume der Arbeitsgruppen Zeit für Gespräche
14.15-15.15	Arbeitsgruppen AG 4 Differenzierte Lernangebote für die 1. und 2. Klassen AG 5 Psychomotorik im Unterricht (Vorklassen, Klassen 1-6) AG 6 Projektorientierter Biologieunterricht (Vorklassen, Klassen 1-6)
16.00-17.00	Plenum Berichte der AGs; Auswertung des Fortbildungstages; Diskussion und Festlegung des nächsten Fortbildungstages.

Alle Arbeitsgruppen wurden von Lehrerinnen und Lehrern der Schule geleitet, meist im Zweier-Team. Für die Einführung in das Thema und für die Auswertung des Fortbildungstages wurden Außenstehende hinzugebeten, in diesem Fall für die Einführung ein Mitglied der Wiss. Begleitung, für die Auswertung eine Referentin des Pädagogischen Zentrums, die sich in allen

2 Eine Erweiterung auf zwei Fortbildungstage pro Jahr ist in den Vereinbarungen der rot-grünen Koalition vorgesehen.

sechs Arbeitsgruppen umgesehen hatte und ihre persönlichen Eindrücke zur Diskussion stellte.

Pädagogische Runden: Auf Wunsch einzelner Mitglieder des Kollegiums wurden in einem Schuljahr von der Wiss. Begleitung einmal monatlich, abends, sog. Pädagogische Runden angeboten, deren Thematik sich an den Wünschen des Kollegiums orientierte. Dieses Angebot wurde allerdings in erster Linie von interessierten Eltern, die miteingeladen waren, wahrgenommen. Ob dies daran lag, daß Lehrer bei ihrer Fortbildung lieber unter sich sind?

Fortbildungsangebote der Schulverwaltung: Darüber hinaus haben die Lehrerinnen und Lehrer an unterschiedlichen Fortbildungsangeboten der Schulverwaltung teilgenommen. Bei einer schriftlichen Befragung zeigte sich, daß folgende Angebote (in der Reihenfolge der Nennung) am häufigsten wahrgenommen wurde:

* Gemeinsamer Unterricht behinderter und nichtbehinderter Schüler;

* Binnendifferenzierung;

* Erstleselehrgang;

* Mathematik im Anfangsunterricht;

* Rhythmik/Musik;

* Psychomotorik;

* Interaktionsspiele;

* Freinetpädagogik;

* Montessoripädagogik;

* Schulspiel/Theaterpädagogik.

Auch wenn die Ergebnisse dieser Befragung nicht repräsentativ sind, so fällt doch auf, daß, bis auf 'Psychomotorik', keine speziell sonderpädagogischen Themen genannt wurden.

Empfehlungen für Fortbildungserfordernisse: Über die Bedeutung der Gewährleistung von Fortbildung im Zusammenhang der gemeinsamen schulischen Förderung behinderter und nichtbehinderter Kinder ist zu Beginn dieses Kapitels bereits etwas gesagt worden. Das soll durch zwei Empfehlungen ergänzt werden:

* Insbesondere für Schulen, die beginnen, integrationspädagogisch zu arbeiten, ist eine praxisbegleitende verbindliche Fortbildung unerläßlich. An der Organisation dieser Fortbildung sollten die Betroffenen beteiligt werden.

* Eigentlich sollten alle Menschen, deren Beruf es ist, Menschen beim Lern- und Entwicklungsprozeß zu unterstützen, zur kontrollierten Reflexion ihres Handelns, also zur Supervision, verpflichtet werden. Für Lehrer in Integrationsklassen mit ihren vielfältigen Kooperationsaufgaben halten wir dies für besonders wichtig.

14 Schlußfolgerungen aus dem Schulversuch für eine flächendeckende gemeinsame Erziehung behinderter und nichtbehinderter Kinder und Jugendlicher

(Peter Heyer / Ulf Preuss-Lausitz / Gitta Zielke)

Nach sechs Jahren Schulversuch kann auf der Grundlage der Erfahrungen und Untersuchungen, die in diesem Bericht zusammenfassend dargestellt wurden, festgestellt werden, daß sich die Konzeption der wohnortnahen Integration bewährt hat und die Struktur des Schulversuchs grundsätzlich übertragbar ist.

Die wichtigsten konzeptionellen Grundsätze waren:

* Wohnortnähe der integrativen Beschulung, auch für 'behinderte' Kinder;
* Normalität in der Zusammensetzung der Klassen, entsprechend der Sozialstruktur des Einzugsgebietes;
* Einbeziehung aller Klassen und Lehrer in die integrative Arbeit;
* Gewährleistung der erforderlichen Individualisierung pädagogischer Förderung im sozialen Zusammenhang der Lerngruppen;
* Unterstützung der sozialen Beziehungen der Schüler, auch der 'behinderten', über Unterricht und Schule hinaus;
* Auf Übertragbarkeit angelegte finanzielle Ausstattung.

Diese Grundsätze können von anderen integrativ arbeitenden Schulen übernommen werden.

Faßt man die wichtigsten *Ergebnisse* aus der Wissenschaftlichen Begleitforschung des sechsjährigen Schulversuchs zusammen, so lassen sich folgende Punkte festhalten:

1. Die *Zustimmung* zur gemeinsamen Erziehung ist unter den Eltern außerordentlich groß und umfaßt alle sozialen Gruppen.

2. Die soziale und leistungssmäßige *Entwicklung* der 'behinderten' (Gutachten-)Kinder war im Laufe der sechsjährigen Grundschule *positiv*. Soziale Integration und Leistungsförderung werden erreicht.

3. Die sozialen und kognitiven *Wirkungen* auf die sog. *nichtbehinderten* Schülerinnen und Schüler sind ebenfalls *positiv*. Negative Auswirkungen der gemeinsamen Erziehung wurden nicht festgestellt.

4. Das Konzept, *alle Lehrerinnen und Lehrer* und alle Klassen einer Schule einzubeziehen, läßt sich, bei entsprechender regelmäßiger schulinterner Fortbildung, *verwirklichen*.

5. Gemeinsame Erziehung in einer wohnortnahen Grundschule ist *finanziell realisierbar*. Die zusätzlichen finanziellen Aufwendungen kommen allen Schülern zugute. Sie müssen im übrigen zu den entfallenden Kosten im Sonderschulsystem und beim öffentlich finanzierten Behindertentransport in Beziehung gesetzt werden.

6. Gemeinsame Erziehung bewirkt in der Praxis eine *Intensivierung der allgemeinen pädagogischen Arbeit* an der Schule.

Zusammenfassend können wir für die integrationspädagogische Arbeit an Grundschulen (Vorklassen, Klassen 1 bis 6) aus der Überprüfung der Konzeption und der Untersuchung der langjährigen Praxis folgende *Empfehlungen* aussprechen:

1. Integrativ arbeitende Grundschulen sollten in *allen Klassen* nach den gleichen integrationspädagogischen Grundsätzen - bei aller Vielfältigkeit in der Arbeit einzelner Pädagogen - arbeiten.

2. Die 'behinderten' und 'nichtbehinderten' Schülerinnen und Schüler sollten unbedingt *im Umfeld der Schule wohnen*, damit außerschulische soziale Kontakte auch ohne besondere Unterstützung Erwachsener möglich werden.

3. Die *Klassenfrequenz* sollte in den Vorklassen bei 12-15 liegen, in den übrigen Klassen bei 18-20; auf die 'Normalität' entsprechender Zusammensetzung der Klassen- bzw. Lerngruppen ist besonders zu achten (Geschlecht, Nationalität, Schichtzugehörigkeit, besondere Probleme).

4. An integrativen Grundschulen muß der Unterricht als *binnendifferenzierender* Unterricht gestaltet werden; auf diese Weise bleibt das gemeinsame Lernen der gleichaltrigen Kinder des Wohnumfeldes der Schule in einer für die Grundschulzeit stabilen Lerngruppe auch für Kinder mit größeren Lernentwicklungsverzögerungen oder -abweichungen und mit körperlichen Behinderungen möglich.

5. Integrationsklassen müssen *in einem Teil der Unterrichtsstunden* nach dem 'Zwei-Pädagogen-System' unterrichtet werden. Der Stundenanteil mit kooperativem Unterricht sollte in den unteren Klassenstufen (einschließlich der Vorklassen) mehr als die Hälfte der Zeit umfassen; ab Klasse 3 oder 4 könnte dieser Anteil, wenn nicht besondere Probleme einzelner Kinder dagegen sprechen, deutlich geringer werden. (Die in Berlin für alle Grundschulklassen gegebenen Teilungsstunden führen zusammen mit den gewährten Sonderpädagogik-Stunden in den unteren Klassen fast zu durchgehender Doppelbesetzung.)

6. Für die normalerweise erforderliche *zusätzliche sonderpädagogische Förderung* pro Integrationsklasse werden im allgemeinen acht zusätzliche Lehrerstunden eines Sonderpädagogen ausreichend sein. Im Sonderfall des speziellen Förderbedarfs eines behinderten Kindes müssen ggf. zusätzliche personelle Ressourcen zur Verfügung gestellt werden. Die an einer integrativen Grundschule arbeitenden *Sonderpädagogen sollten zum Grundschulkollegium* gehören. Für spezielle Behinderungsprobleme kann darüber hinaus eine spezielle ambulante Unterstützung auf Zeit erforderlich sein.

7. Alle Kinder integrativer Klassen sollten *Zeugnisse in Berichtsform* erhalten. Die Zeugnisse sollten über die individuelle Lernentwicklung eines Schülers in bezug auf die Anforderungen der geltenden Rahmenpläne berichten. Da die Zeugnisse in Berichtsform ausführlich den Leistungsstand eines jeden Kindes beschreiben, sollten sie nur einmal zum Schuljahresende erteilt werden. Die Zwischenzeugnisse können durch eine verpflichtende Beratung zwischen Klassenlehrer, Eltern und Schüler ersetzt werden. Für abgehende oder in die Sekundarstufe I übergehende Schüler sollten die Zeugnisse in Berichtsform durch Notenstufen ergänzt werden, die auch beschreibend in Form eines Satzes ausgedrückt werden können.

8. Für die integrative Arbeit innerstädtischer und sozial belasteter Grundschulen ist die Bereitstellung personeller Ressourcen für einige *zusätzliche fakultative Freizeitangebote unerläßlich*. Dies gilt besonders für Spielgruppen und Arbeitsgruppen zu musisch-künstlerischen Tätigkeiten.

9. Integrationspädagogische Arbeit erfordert von Lehrern erhöhten Zeitaufwand für Kooperation und Kommunikation: Dies ist bei der Festlegung der Pflicht-Unterrichtsstunden innerhalb der Arbeitszeit zu berücksichtigen. Für Lehrer an Integrationsschulen sollten deshalb die *Unterrichtsstunden um zwei Stunden reduziert werden*.

10. Lehrer an Integrationsschulen brauchen eine *integrationspädagogische Fortbildung*, die sich auf die veränderten Aufgaben bezieht und als unterrichtsbegleitender Prozeß angelegt ist.

11. Die integrationspädagogische Arbeit der Grundschule ist wegen der Kontinuität der schulischen und außerschulischen Integration *auch in der Sekundarstufe weiterzuführen*.

Wir sind der Auffassung, daß sowohl die Erfahrungen in der Uckermark-Grundschule als auch die der weiteren Berliner und bundesdeutschen - rd. 100 - Integrationsschulen eine historisch einmalig umfangreiche Grundlage für gesetzliche schulpolitische Entscheidungen möglich gemacht haben: Es kann nun die Forderung der Reichsschulkonferenz von 1920 nach der

'Grundschule für alle' auch wirklich für alle realisiert werden! Was würde dies quantitativ, organisatorisch, pädagogisch und finanziell bedeuten? (Vgl. zum folgenden PREUSS-LAUSITZ 1988, S. 316 ff.)

Bei tatsächlich flächendeckender gemeinsamer Erziehung unter Anwendung der Prinzipien der Wohnortnähe, Individualisierung und Normalisierung darf man davon ausgehen, daß in sozial durchschnittlich zusammengesetzten Wohngebieten rd. 5% aller Schüler eine ständige und weitere 5% eine gelegentliche zusätzliche Unterstützung über die normale Förderung durch die 'Regel'-Lehrer hinaus brauchen. Diese 10% Kinder haben zu 90% sozial bedingte Entwicklungsverzögerungen und Verhaltensprobleme, die zu Lernproblemen führen. In der Bundesrepublik waren 1984 darüber hinaus nur 0,52% aller 6-15jährigen wegen erheblicher körperlicher Behinderungen oder Seh- und Hörschäden in Sonderschulen, weitere 0,7% in Schulen oder Klassen für sog. Geistigbehinderte (PREUSS-LAUSITZ 1986, S. 102). Dieser geringe Anteil muß immer wieder bei der Planung flächendeckender gemeinsamer Erziehung genannt werden, da die Furcht vieler Lehrer und Eltern, es kämen evt. 'Kolonnen' von körperlich beeinträchtigten, sinnesgeschädigten oder geistig behinderten Kindern auf sie zu, auf den realistischen Kern zurückgeführt werden muß. Die gleiche Furcht beherrscht gelegentlich Bauplaner und Kommunalpolitiker; zwar ist es richtig, künftige Schulgebäude nur noch rollstuhlfahrergerecht zu bauen; aber bei einer allgemeinen wohnortnahen Beschulung aller Kinder mit Rollstühlen oder mit stärkeren motorischen Behinderungen würde im Durchschnitt etwa alle 20 Klassen solch ein Kind aufzunehmen sein. Für dieses Kind können kurzfristig auch andere als bauliche Lösungen gefunden werden.

Für flächendeckende Integration böte sich also das 18+2-Modell an. Es entspricht am ehesten der 'normalen' Häufung von pädagogisch relevanten Problemen. Es ist einerseits dem 15+5-Modell überlegen, als es eine ansonsten in der Lebenswelt der Kinder unnormale Häufung von Problemkindern vermeidet, und andererseits der Einzelintegration, weil die Frequenzsenkung *und* der größere Anteil (sonder)pädagogischer zusätzlicher Hilfe sowohl für die 'Regel'-Lehrer, für die Sonderpädagogen als auch für die Klasse günstigere Kommunikations- und Lernbedingungen schafft.

Für die flächendeckende gemeinsame Erziehung zumindest im Grundschul- und Förderstufenbereich lassen sich folgende Empfehlungen formulieren:

* In der Schule werden *alle* Kinder des Wohnumfeldes aufgenommen. Die Anmeldung muß bei der zuständigen Grundschule erfolgen, auch wenn eine medizinisch relevante Behinderung vorliegt. In einer Übergangszeit sollte den Eltern die Wahl zwischen noch vorhandener Sonderschule oder der Regelschule überlassen werden. Dies setzt die Schaffung eines Wahlrechts für diese Zeit voraus.

* Liegt eine medizinisch relevante Behinderung oder eine pädagogisch bedeutsame Auffälligkeit vor, tritt nach der Anmeldung (also i.d.R. im Februar) ein *gemischtfachliches* Team zusammen, das aus mindestens einem Sonderpädagogen, einem Sozialarbeiter, einem Schulpsychologen, einem Regelschullehrer und den Eltern besteht. Diese sollten sich auch durch Personen ihres Vertrauens vertreten lassen können. Dieses Team erarbeitet eine integrierte *Förderempfehlung* für die pädagogische bzw.

therapeutische zusätzliche Förderung und bespricht dies später mit der zuständigen Klassenlehrer. Das Schulamt genehmigt die erforderlichen zusätzlichen Stunden.

* Der Sonderpädagoge der aufnehmenden Klasse entwickelt einen *Förderplan*, der zur Grundlage der konkreten Arbeit wird. In regelmäßigen Abständen wird dieses Konzept weitergeschrieben bzw. revidiert. Dies geschieht unter Einbeziehung der Klassenkonferenz und der Eltern.

* Am Schuljahresende wird ein ganzheitlicher und auch außerschulische Entwicklungen und Förderungen einbeziehender *Entwicklungsbericht* geschrieben und eine weiterführende förderdiagnostische Empfehlung für das nächste Schuljahr abgegeben. Sind quantitative Veränderungen nötig, entscheidet das Schulamt auf der Grundlage des Berichts und einer Stellungnahme der Schulleitung.

Bislang war der schulische 'Behinderten'begriff immer an die separate Sonderschule - als "Sonderschulbedürftigkeit" - gebunden. Bei gemeinsamer Erziehung kann nun ein grundsätzlicher Wandel in der Betrachtung - ein 'Paradigmenwechsel', wie die Fachleute sagen - vollzogen werden: Es ist nicht mehr nötig, solch eine auf Institutionen bezogene Bedürftigkeit zu konstruieren; es wird nun ein Förderbedarf bestimmt, der auf eine ganzheitliche Unterstützung der Persönlichkeit bezogen ist, und der logischerweise die mit dieser Persönlichkeit verbundene schulische und außerschulische Lebenswelt mit einbezieht. Auch die Rolle der Sonderpädagogen verändert sich: Während sie einerseits klassische Unterrichtsarbeit beibehält, wird sie andererseits um stärker kommunikative, beratende und außerschulische Tätigkeitsfelder erweitert. Die Rolle wird insgesamt interessanter, individualistischer und komplexer.

Flächendeckende Integration verändert die herkömmliche Schule und die Zusammenarbeit all jener, die mit und für ein behindertes Kind professionell arbeiten. Zum einen wird bei gemeinsamer Erziehung der Unterricht notwendigerweise binnendifferenzierter, d.h. stärker auf individuelle Interessen, Lerngeschwindigkeiten und physische , soziale und motorische Bedingungen Rücksicht nehmen müssen. Zum anderen muß grundsätzlich akzeptiert werden, daß von einem 'durchschnittlichen Schüler' - auch bei den sog. Nichtbehinderten - heutzutage nicht mehr ausgegangen werden kann: Integration entspricht dem Individualisierungsprozeß in der Gesellschaft, der sich in der Schule allerdings noch zu wenig niederschlägt (vgl. PREUSS-LAUSITZ 1988).

Nicht zuletzt wird die Schule auch dadurch lebensnäher, als integrativer Unterricht endgültig Abschied nehmen muß von einer einseitig kognitiven Orientierung, und verstärkt handwerkliche, motorisch-sinnesorientierte, musische und soziale Lernprozesse ermöglicht. Ohne diese Ganzheitlichkeit würde Integration scheitern.

Darüber hinaus geht der Blick, bei der Planung eines ganzheitlichen Entwicklungskonzepts für behinderte Kinder, über die Schule hinaus: auf die Familiensituation, auf die Einbeziehung der Hortarbeit, auf die Pflege von

Freizeitkontakten und -aktivitäten, auf die therapeutischen Hilfen und die realen Möglichkeiten der Kooperation im lokalen Umfeld.

Die einzelne integrative Schule kann jedoch mit diesen vielfältigen Aufgaben nicht allein gelassen werden. In der Uckermark-Schule haben die Mitglieder der Wissenschaftlichen Begleitung zahlreiche unterstützende Hilfen geleistet. Bei flächendeckender Integration kann jedoch nicht für jede Schule ein zusätzliches Team bereit gestellt werden. Daher braucht jeder Stadtteil, jede Gemeinde ein Haus, das die Aufgabe hätte, die nichtaussondernde, integrative Arbeit zu unterstützen, ggf. die sächlichen und personellen Kapazitäten zu organisieren, die verschiedenen Beteiligten zu beraten und an einer entsprechenden Fortbildung und Öffentlichkeitsarbeit mitzuwirken. Auch die erwähnten gemischtfachlichen Teams zur Ermittlung des Förderbedarfs sollten dort verankert sein. Solch ein Haus, in dem auch Eltern, wenn sie es wünschen, die Möglichkeit haben sollten, ein eigenes Büro und Versammlungsmöglichkeiten zu haben, nennen wir Förderzentrum. In Berlin wurde bei der Regierungsbildung im März 1989 beschlossen, in jedem der 12 Bezirke ein *Förderzentrum* einzurichten und im Schuljahr 1990/91 die ersten zu eröffnen.

Förderzentren sollten alle jene sozialen Dienste umfassen, die für die Arbeit mit behinderten Kindern und Jugendlichen relevant sind - sowohl im Vorschul- als auch im Schulalter. Entscheidend wäre, daß die Familien *ein* Haus für die verschiedenen Kontakte mit Amtsstellen, Therapeuten, Schulärzten, Schulpsychologen, Behindertenfürsorge usw. haben, und daß vor allem diese Bereiche miteinander verbunden sind. Es müßte ein Haus sein, das auch von den Eltern als ihr Haus angesehen wird, indem beispielsweise Elternvertreter in die Leitung einbezogen und Räume für Elterntreffen vorhanden sind, sie dort ein Büro selbständig nutzen können usw. Es könnte der Ort sein, wo jene Sonderpädagogen stellenmäßig geführt werden, deren besondere Qualifikationen relativ selten nachgefragt werden (alle anderen sind bei flächendeckender Integration in den allgemeinen Schulen), und die nach Bedarf teilweise oder ganz an die Schulen 'ausgeliehen' werden. Es könnte der Ort sein, wo ein Medienwart behinderungsspezifische Wartung und Beratung für Eltern und Lehrer durchführt. Es könnte der Ort sein, wo ein gewisser Stellenpool für die Versorgung von längerfristig kranken Kindern vorhanden ist, damit der Kontakt zwischen der Klasse und dem kranken Kind nicht unterbrochen und dessen Lernentwicklung weitergeführt wird. Es könnte der Ort sein, wo Initiativen für gemeinsame Lebenssituationen von Behinderten und Nichtbehinderten auch über die Schule hinaus entstehen können: Kurzum ein Ort, der den Prozeß der allmählichen Überwindung von Sondereinrichtungen und der Verlagerung der besonderen Förderung in die regulären Einrichtungen, Wohnbereiche und Lebenswelten gemeindenah unterstützt. Ehemalige Sonderschulen könnten gut für diese Zwecke umgebaut werden.

Flächendeckende Integration kommt nicht von selbst und ergibt sich auch nicht aus einzelnen Initiativen allein. Sie kann nur durch einen entsprechenden politischen Willen umgesetzt werden. Gegenwärtig wären aufgrund der bisherigen Erfahrungen und wissenschaftlichen Auswertungen folgende Schritte machbar:

* Auflösung der Sondereinrichtungen im Vorschulbereich und flächendeckende Schaffung von sog. Integrationsgruppen in den Kindertagesstätten bzw. Kindergärten;
* Schaffung eines Wahlrechts von Eltern behinderter Kinder im Schulbereich, solange integrative und separate Systeme nebeneinander bestehen;
* Schrittweise Auflösung von primarstufenbezogenen Sonderschulteilen und zunehmende Schaffung flächendeckender Integration im Grundschulbereich;
* Weiterentwicklung der allgemeinen und sonderpädagogischen Lehrerbildung zur integrationspädagogischen Lehrerbildung und umfassende Fortbildung aller Beteiligten;
* Gründung gemeindenaher Förderzentren für den Vorschul- und den Schulbereich;
* Einrichtung von Schulversuchen im Sekundarbereich, die jeweils alle Oberschulen einer Gemeinde oder eines größeren Stadtbereichs umfassen.

Nilpferd nascht nasse Nüsse.

Literatur

Im Text zitierte Literatur

ALLERBECK, K./HOAG, W.: Jugend ohne Zukunft? München 1985

BÄCHTOLD, A.: Die Bedeutung lokalspezifischer Ausprägungen des Schulsystems für das Gelingen oder Mißlingen integrativer Prozesse in Integrationsklassen. In: EBERWEIN, H. (Hrsg.): Behinderte und Nichtbehinderte lernen gemeinsam. Weinheim 1988, S. 268-274

BECK, G.: Grundschule zwischen heute und morgen. In: Die Grundschulzeitschrift, 21/1989, S. 14-19

BEGEMANN, E.: Die Erziehung der sozio-kulturell benachteiligten Schüler. Hannover 1970

Berichte I - IV des Projekts 'Planung und Realisierung integrativer Grundschulen im Bezirk Schöneberg zur Vermeidung der Überweisung in Sonderschulen'. Leitung: U. PREUSS-LAUSITZ. TU Berlin, 1981 f.

BERG, G./JACOB, J.: Verkehr und Wohnumfeld im Alltag von Kindern. Berlin 1986

BONFADELLI, H. u. a.: Jugend und Medien. Frankfurt 1986

BRONFENBRENNER, U.: Ökologische Sozialisationsforschung. Stuttgart 1976

BÜHLOW, G./CLEMENS, W./MÜLLER, G./PREUSS-LAUSITZ, U./ WEIßBACH, H.-J.: Soziale Lage von Gesamtschülern. Soziale Erfahrungen von Gesamtschülern Teil I. Weinheim 1977

BUNDSCHUH, K.: Dimensionen der Förderdiagnostik bei Kindern mit Lern-, Verhaltens- und Entwicklungsproblemen. München 1985

DEPPE-WOLFINGER, H./PRENGEL, A./REISER, H.: Konzepte der Integration im Primarbereich (Forschungsbericht), Frankfurt 1989

DEUTSCHER BILDUNGSRAT: Empfehlungen der Bildungskommission: Zur pädagogischen Förderung behinderter und von Behinderung bedrohter Kinder und Jugendlicher. Bonn 1973

DEUTSCHER BILDUNGSRAT: Materialien zur Bildungsplanung, Heft 6: Schulversuche zur Integration behinderter Kinder in den allgemeinen Unterricht. Hrsg. von MUTH, J./ KNIEL, A./ TOPSCH, W., Braunschweig 1976

DUHMKE, D./BRABECK, H.: Wohnortnahe Integration. In: Grundschule 11/1988, S. 37-41

DUHMKE, D./SCHÄFER, G.: Integrationsklassen in der Beurteilung von Eltern. Berichte aus dem Seminar für Psychologie der Päd. Fakultät der Universität Bonn, Nr. 11, 1987

EBERWEIN, H.: Zum Stand der Integrationsentwicklung und Integrationsforschung in der Bundesrepublik Deutschland. Dargestellt am Beispiel der Uckermark-Schule in Berlin. In: Z.f.Heilpäd. 10/1984, S. 677-691

EBERWEIN, H. (Hrsg.): Behinderte und Nichtbehinderte lernen gemeinsam. Handbuch der Integrationspädagogik. Weinheim 1988

ECK, CHR. u.a.: Schule ohne Aussonderung - Uckermark-Grundschule. Eineinhalb Jahre Schulversuch. In: VALTIN, R./SANDER, A./ REINARTZ, A.(Hrsg.): Gemeinsam leben - gemeinsam lernen. Behinderte Kinder in der Grundschule. Frankfurt 1984 (Arbeitskreis Grundschule), S. 139-188

FITTKAU, B. u.a.: Kommunizieren lernen (und umlernen). Braunschweig 1977

FÖLLING-ALBERS, M.: Kinder leben heute anders. In: PORTMANN, R. (Hrsg.): Kinder kommen zur Schule. Hilfen und Hinweise für eine kindorientierte Einschulungspraxis. Frankfurt 1988, S. 33-43

GGG (Hrsg.) (Gemeinnützige Gesellschaft Gesamtschule): Zur integrativen Förderung von Schülern mit abweichendem Lern- und Sozialverhalten. Teil I: Konzept. Teil II: Projektberichte. Arbeitsmaterialien 1/1976 und 5/1976

GGG (Hrsg.) (Gemeinnützige Gesellschaft Gesamtschule): Arbeitsgruppe TKM: Das Team-Kleingruppen-Modell. Anregungen zur Realisierung sozialen Lernens. Aurich 1989 (4. Aufl.)

GEW: Weiterentwicklung der Grundschule. Beschluß des Gewerkschaftstages vom 31. 10. - 4. 11. 1980. In: Die Grundschulzeitschrift 21/1989, S. 66 ff.

HAEBERLIN, U./AMREIN, C. (Hrsg.): Forschung und Lehre für die sonderpädagogische Praxis. Berlin 1987

HAEBERLIN, U. u.a.: Wirkungen separierender und integrierender Schulformen auf schulleistungsschwache Schüler. 1. und 2. Zwischenbericht. Freiburg (Schweiz) 1987, 1988

HARMS, G./PREISSING, Chr./RICHTEMEIER, A.: Kinder und Jugendliche in der Großstadt. Berlin 1985

HETZNER, R.: Schulleistungen der Schüler in Integrationsklassen. In: Projektgruppe Integrationsversuch (Hrsg.): Das Fläming-Modell. Weinheim 1988, S. 251-254

HEYER, P.: Fallbesprechungen. In: ECK, Chr. u.a.: Schule ohne Aussonderung - Uckermark-Grundschule, a.a.O., 1984, S. 183 f.

HEYER, P.: Schule ohne Aussonderung. Herausforderungen an alle. In: Verein Behinderte und Nichtbehinderte gemeinsam in Schulen (Hrsg.): Schule ohne Aussonderung. Tagungsbericht. Markt Allhau (Österreich) 1986

HEYER, P.: Bericht über die 10jährige Tätigkeit einer gewerkschaftlichen Arbeitsgruppe zur Integration. In: EBERWEIN, H. (Hrsg.), a.a.O., 1988, S. 326-336

HEYER, P.: Grundsätze zur Gestaltung des Unterrichts. In: ROSENBERGER, M. (Hrsg.): Ratgeber gegen Aussonderung. Heidelberg 1988, S.107-114

HEYER, P.: Die Berliner Schule auf dem Weg zur Nicht-Aussonderung. In: Die Grundschulzeitung, Heft 24, Mai 1989, S. 2 f.

HEYER, P.: Welche Lehrerbildung braucht die integrative Grundschule? In: Grundschule 9/1989, S. 24-26

HEYER, P./MEIER, R.: Zur Lehrerbildung für die integrationspädagogische Arbeit an Grundschulen. In: EBERWEIN, H. (Hrsg.), a.a.O., 1988, S. 337-342

JUGENDSTUDIEN DER DEUTSCHEN SHELL. Opladen 1981, 1985

KEIM, W.: Soziales Lernen zwischen ‘angstfreier Erziehung’ und ‘politischer Sozialisation’. In: Ders. (Hrsg.): Gesamtschule. Bilanz ihrer Praxis. Hamburg 1973, S. 289-296

KLEBER, E.W.: Pädagogische Beratung. Weinheim 1983

KLEINING, G./MOORE, H.: Soziale Selbsteinstufung. In: Kölner Zeitschrift für Soziologie und Sozialpsychologie, 1968, S. 502-522

KORFMACHER, E.: Rechenkartei für den Anfangsunterricht. In: Die Grundschulzeitschrift, 10/1987, S.12-16

KORNMANN, R. u.a. (Hrsg.): Förderdiagnostik. Heidelberg 1986

KRAPPMANN, L.: Lernen die Schüler untereinander, voneinander? In: GEW Berlin (Hrsg.): Haben unsere Kinder die Schule, die sie brauchen? Berlin 1986, S.59-61

KREIE, G.: Integrative Kooperation. Über die Zusammenarbeit von Sonderschullehrer und Grundschullehrer. Weinheim 1985

LANGFELDT, H.P.: Wissenschaftliche Begleitung von Integrationsversuchen als Forschungsproblem. In: EBERWEIN, H.(Hrsg.), a.a.O., 1988, S. 282-290

LAU, G. und W.-D. (Hrsg.): Jenny darf nicht in die Oberschule. Dokumentation. Berlin 1987

MAIKOWSKI, R./PODLESCH, W.: Zur Sozialentwicklung behinderter und nichtbehinderter Kinder. In: Projektgruppe Integrationsversuch (Hrsg.): Das Fläming-Modell. Weinheim 1988, S. 232-250 (a)

MAIKOWSKI, R./PODLESCH, W.: Zur Sozialentwicklung behinderter und nichtbehinderter Kinder in der Grundschule. In: EBERWEIN, H. (Hrsg.), a.a.O., 1988, S. 275-281 (b)

MEIER, R./HEYER, P.: Grundschule - Schule für alle Kinder. Voraussetzungen und Prozesse zur Entwicklung integrativer Arbeit. In: EBERWEIN, H. (Hrsg.), a.a.O., 1988, S.179-188

MUNDER, R.: Meinungen der beteiligten Eltern zum Integrationsversuch (der Fläming-Schule). Pädagogisches Zentrum Berlin, 1983

PETTILON, H.: Soziale Beziehungen in Schulklassen. Weinheim 1980

PREUSS-LAUSITZ, U./ BLIN, J./ KROSS, E./ LAU, W.-D.: Integrative Schule. Vorschlag für die Struktur von Modellschulen bzw. Schulversuchen. In: Berliner Lehrerzeitung 12/1979, S. 10 ff.

PREUSS-LAUSITZ, U.: Fördern ohne Sonderschule. Konzepte und Erfahrungen zur integrativen Förderung in der Regelschule. Weinheim 1981

PREUSS-LAUSITZ, U.: Statt Sonderschulen - Schulen ohne Aussonderung. Über das Konzept einer gemeindenahen, integrierten Schule. In: päd. extra 5/1982, S. 17-20 (a)

PREUSS-LAUSITZ, U.: Die vielfältige Schule für alle Kinder. Überlegungen zur integrativen Förderung in einer reformierten Regelschule. In: Behinderte in Familie, Schule und Gesellschaft (Graz), 2/1982, S. 14-20 (b)

PREUSS-LAUSITZ, U. u.a.: Kriegskinder, Konsumkinder, Krisenkinder. Zur Sozialisationsgeschichte seit dem Zweiten Weltkrieg. Weinheim 1983, 1989 (2. Aufl.)

PREUSS-LAUSITZ, U.: Sozialstruktur im Haushalt der Schüler. Ergebnisse einer Erhebung in den Einschulungsjahrgängen 1982/83 und 1983/84. Berlin (TU/PZ) 1984

PREUSS-LAUSITZ, U.: Zum Stand der Integrationsforschung. In: EBERWEIN, H. (Hrsg.) a.a.O., 1988, S. 241-247 (a)

PREUSS-LAUSITZ, U.: Förderzentren für Integration: Wohnortnahe Unterstützung. In: Berliner Lehrerzeitung 7-8/1988, S. 5-7 (b)

PREUSS-LAUSITZ, U./HITZLER, S.: Soziale Beziehungen und Freizeitaktivitäten von Grundschülern. Berlin (TU/PZ) 1988

PROJEKTGRUPPE INTEGRATIONSVERSUCH (Hrsg.): Das Fläming-Modell. Weinheim 1988

REICHEN, J. u. a.: Lesen durch Schreiben. Hamburg 1987

RIES, B./MAASS, N.: Theaterspielen mit ersten Klassen. Berlin (PZ) 1989

ROLFF, H.G. u.a. (Hrsg.): Jahrbuch der Schulentwicklung, Bd. 5, Weinheim und München 1988. Kapitel I: IFS-Umfrage: Die Schule im Spiegel der öffentlichen Meinung, S. 13-48

SANDER, A.: Zum Problem der Klassifikation in der Sonderpädagogik. Ein ökologischer Ansatz. In: Vierteljahreszeitschrift für Heilpädagogik und ihre Nachbargebiete, 54 (1985), H. 1, S. 15-31

SCHLÖMERKEMPER, J.: Lernen im Team-Kleingruppen-Modell. Frankfurt 1987

SCHWARZ, H.: Prinzipien und Formen einer offenen Grundschule. Empfehlungen für die Regelschule. Friedrich Forum. Velber 1986

SENATOR FÜR SCHULWESEN, BERUFSAUSBILDUNG UND SPORT: Das Schuljahr 1987/88 in Zahlen. Berlin 1988

SUCHAROWSKI, W.: Berichte und Dokumentationen der Wissenschaftlichen Begleitung. Hrsg. am Landesinstitut Schleswig-Holstein für Praxis und Theorie der Schule. Kiel 1987 ff.

WALTER, H. (Hrsg.): Region und Sozialisation. Stuttgart 1980

WALTER, H.: Ökologische Ansätze in der Sozialisationsforschung. In: HURRELMANN, K./GEULEN, D. (Hrsg.): Handbuch der Sozialisationsforschung. Weinheim 1980, S. 285-298

WARNOCK-REPORT: Special Educational Needs. Report of the Commitee of Enquiery into the Education of Handicapped Children and Young People. London 1978

WEIGT, M. (Hrsg.): Schulische Integration von Behinderten. Weinheim 1977

WIEHN, E.R./MAYER, K.U.: Soziale Schichtung und Mobilität. Eine kritische Einführung. München 1975

WOCKEN, H./ANTOR, G. (Hrsg.): Integrationsklassen in Hamburg. Oberbiel 1987

WOCKEN, H.: Eltern und schulische Integration. In: WOCKEN, H./ANTOR, G. (Hrsg.), a.a.O., 1987, S. 125-202

WOCKEN, H.: Soziale Integration behinderter Kinder. In WOCKEN, H./ANTOR, G. (Hrsg.) a.a.O., 1987, S. 203-275

WOCKEN, H.: Schulleistungen in Integrationsklassen. In WOCKEN, H./ANTOR, G. (Hrsg.), a.a.O., S.276-306

WOCKEN, H.: Kooperation von Pädagogen in Integrationsklassen. Hamburg 1987 (Skript)

WOCKEN, H.: Leistung und Integration. In: WOCKEN, H./ANTOR, G./HINZ, (Hrsg.): Integrationsklassen in Hamburger Grundschulen. Hamburg 1988, S.379-396

WÖHLER, K.: Behindertenbegriff und Behinderungskarriere. In: Z.f.Heilpäd. 3/1978, S. 131-144

WOTTAWA, H.: Evaluation. In: WEIDEMANN, B./KRAPP, A. u.a. (Hrsg.): Pädagogische Psychologie. Weinheim 1986, S. 703-734

WULF, Chr. (Hrsg.): Evaluation. München 1972

ZEIHER, H: Die vielen Räume der Kinder. Zum Wandel räumlicher Lebensbedingungen seit 1945. In: PREUSS-LAUSITZ, U. u.a.: Kriegskinder, Konsumkinder, Krisenkinder. Weinheim 1983, S. 176-195

ZIELKE, G.: Einsatz von Sonderpädagogen/innen in integrativ arbeitenden Grundschulen. In: Eberwein, H. (Hrsg.) a.a.O., 1988, S.

ZINGG, W./ZIPP, G.: Basale Soziologie: Soziale Ungleichheit. Opladen 1979

Veröffentlichungen über die Uckermark-Grundschule 1982-1988

Im folgenden führen wir in chronologischer Reihenfolge diejenigen Texte auf, die ausschließlich oder teilweise den Uckermark-Schulversuch darstellen.

PREUSS-LAUSITZ, U.: Die vielfältige Schule für alle Kinder. Überlegungen zur integrativen Förderung in einer reformierten Regelschule. In: Behinderte in Familie, Schule und Gesellschaft (Graz) 2/1982, S. 14-20

JWL: Jetzt wird Jürgen eingeladen. In der Uckermark-Grundschule in Berlin-Schöneberg lernen behinderte und nichtbehinderte Kinder gemeinsam. In: Erziehung und Wissenschaft 3/1983, S. 7-10

PROJEKTGRUPPE UCKERMARK-GRUNDSCHULE: Uckermark-Grundschule - Schule ohne Aussonderung Behinderter. In: Grundschule 10/1983, S. 23-25

ECK, Chr. u.a.: Schule ohne Aussonderung - Uckermark-Grundschule. Eineinhalb Jahre Schulversuch. In: VALTIN, R./SANDER, A./REINARTZ, A.(Hrsg.): Gemeinsam leben - gemeinsam lernen. Behinderte Kinder in der Grundschule. Frankfurt 1984 (Arbeitskreis Grundschule), S. 139-188

EBERWEIN, H.: Zum Stand der Integrationsentwicklung und -forschung in der Bundesrepublik Deutschland. Dargestellt am Beispiel der Uckermark-Schule in Berlin. In: Z.f.Heilpäd. 10/1984, S. 677-691

MUTH, J.: Sonderschule oder Integration. Zur Geschichte eines Orientierungswechsels. In: Recht der Jugend und des Bildungswesens 3/1985, S. 169

PREUSS-LAUSITZ, U.: Wie funktioniert eine integrierte Grundschule? Das Beispiel Uckermark-Grundschule. In: Auch 'Behinderte' gehören in die Grundschule. Bericht vom zweiten bundesweiten Elterntreffen gegen die Aussonderung 'behinderter' Kinder. Bonn/Berlin 1985, S. 90-94

PREUSS-LAUSITZ, U.: Uckermark-Grundschule - veränderte Unterrichtsformen. In: PREUSS-LAUSITZ, U./ RICHTER, U./ SCHÖLER, J. (Hrsg.): Integrative Förderung Behinderter in pädagogischen Feldern Berlins. Berlin 1985, S. 92-96

SCHULTE, W.: Zur Rolle der Sonderschullehrer in der Regelschule. In: PREUSS-LAUSITZ, U./RICHTER, U./SCHÖLER, J. (Hrsg.) a.a.O., 1985, S. 118-122

ZÜRN, L.: Was Hänschen nicht lernt...(Ein Bericht aus Berlin). In: Sozialmagazin 7-8/1985, S. 29-34

SCHULTE, W.: Exemplarischer Fallbericht über die Förderung eines körperbehinderten Schülers in einer integrierten Grundschule. In: Forschungsgemeinschaft Das körperbehinderte Kind e.V., Tagungsbericht zum 2ojährigen Bestehen. Köln 1986

HEYER, P.: Schule ohne Aussonderung. Herausforderungen an alle (Beispiele, Probleme, Perspektiven). In: Verein Behinderte und Nichtbehinderte gemeinsam in Schulen (Hrsg.): Schule ohne Aussonderung. Tagungsbericht Markt Allhau (Österreich) 1986

HEYER, P./ PODLESCH, W./MAIKOWSKI, R: Gemeinsames Lernen Behinderter und Nichtbehinderter an Berliner Grundschulen. In: PZ-Nachrichten Nr. 2, Berlin 1986, S. 1-3

KÖNIG, U.: Wie in einer Berliner Grundschule behinderte Kinder integriert werden. Klasse für alle. In: 'Stern' H. 18/1986 (24. 4. 1986), S. 58-67

PREUSS-LAUSITZ, U: Schule ohne Aussonderung - Stadtteilschule für alle. Konzeption und Erfahrungen mit ihrer Realisierung. In: AG Integration Würzburg (Hrsg.): Wege zur Integration. Würzburg 1986, S. 111-124.- Auch in: GEW BV Lüneburg (Hrsg.): Beiträge zur Gestaltung einer anderen Schule für alle Kinder. Hannover 1986, S. 12-25

ZIELKE, G.: Nichtaussonderung von verhaltensauffälligen Schülern aus der Regelschule - ein Schulversuch an der Uckermark-Grundschule in Berlin-Schöneberg. In: DATLER, W. (Hrsg.): Verhaltensauffälligkeit und Schule. Konsequenzen von Schulversuchen für die Pädagogik der 'Verhaltensgestörten'. Frankfurt/Bern/New York/Paris 1987, S. 198-214

RICHTER, H.: Sonderpädagogik in Berlin. In: Der Senator für Schulwesen, Berufsausbildung und Sport (Hrsg.): Sonderpädagogik in Berlin. Berlin 1987, S. 1o f.

SOMMERLATTE, D.: Gemeinsamer Unterricht für behinderte und nichtbehinderte Kinder in der Grundschule. In: Der Senator für Schulwesen, Berufsausbildung und Sport (Hrsg.) a.a.O., 1987, S. 22-25

HEYER, P.: Schule ohne Aussonderung. In: Behinderte (Zeitschrift für Fragen der Prävention und Rehabilitation) (Graz) 4/1988, S. 5-21

DEPPE-WOLFINGER, H./PRENGEL, A./REISER, H.: Konzepte der Integration im Primarbereich (Forschungsbericht). Frankfurt 1989

Von der Wissenschaftlichen Begleitung erstellte 'Graue Literatur'

EBERWEIN, H./HEYER, P./PREUSSS-LAUSITZ, U.: 1. Jahresbericht über den Stand des Schulversuchs. Schuljahr 1982/83. Unter Mitarbeit von A. MOELLER-BELUSA. Berlin (PZ) Juli 1983, 178 S.

HEYER, P./PREUSS-LAUSITZ, U./ZIELKE, G.: 2. Jahresbericht über den Stand des Schulversuchs. Schuljahr 1983/84. Berlin (PZ) September 1984, 144 S.

Dies.: 3. Jahresbericht über den Stand des Schulversuchs. Schuljahr 1984/85. Berlin (PZ) November 1985, 138 S.

Dies.: 4. Jahresbericht über den Stand des Schulversuchs. Schuljahr 1985/86. Berlin (PZ) November 1986, 125 S.

Dies.: 5. Jahresbericht über den Stand des Schulversuchs. Schuljahr 1986/87. Berlin (PZ) November 1987, 151 S.

Dies.: Wohnortnahe Integration. Abschlußbericht der Wissenschaftlichen Begleitung über sechs Jahre Schulversuch an der Uckermark-Grundschule in Berlin-Schöneberg (1982-1988). Berlin (PZ) Februar 1989, 202 S. (vergriffen)

PREUSS-LAUSITZ, U.: Sozialstruktur im Haushalt der Schüler. Ergebnisse einer Erhebung in den Einschulungsjahrgängen 1982/83 und 1983/84. Berlin (TU/PZ) Dezember 1984, 35 S.

BERG-LAASE, G./PREUSS-LAUSITZ,U.: Soziale Beziehungen und Freizeitaktivitäten von Schülern einer Schule für Lernbehinderte im Vergleich zu Grundschülern. Berlin (TU/PZ) Dezember 1985, 21 S.

PREUSS-LAUSITZ, U./RAABE-KLEBERG, U.: Spielpartner, Spiele, Freizeitaktivitäten I. Ergebnisse einer Befragung bei Schülern der zweiten Klassen. Berlin (TU/PZ) Mai 1984, 37 S.

BERG-LAASE, G./PREUSS-LAUSITZ, U.: Spielpartner, Spiele, Freizeitaktivitäten II. Ergebnisse einer Befragung von Schülern der dritten Klassen. Berlin (TU/PZ) Mai 1985, 42 S.

PREUSS-LAUSITZ, U.: Spielpartner, Spiele, Freizeitaktivitäten III. Ergebnisse einer Befragung von Schülern der vierten Klassen. Berlin (TU/PZ) Mai 1986, 62 S.

PREUSS-LAUSITZ,U./HITZLER, S.: Spielpartner, Spiele, Freizeitaktivitäten IV. Ergebnisse einer Befragung von Schülern der fünften Klassen im Vergleich zu den Schuljahren 2-4. Berlin (TU/PZ) Mai 1987, 102 S.

PREUSS-LAUSITZ, U./HITZLER, S.: Soziale Beziehungen und Freizeitaktivitäten von Grundschülern. Spielpartner, Spiele, Freizeitaktivitäten V. Ergebnisse einer Untersuchung in sechsten Klassen im Vergleich zu den Klassen 1-5. Berlin (TU/PZ) Juni 1988

HEYER, P.: Diskussionsmaterial zum Thema Zeugnisschreiben an der Ukkermark-Schule. Berlin (PZ) September 1987, 41 S.